KULTUR-REISEFÜHRER

ALBANIEN

211 Ausflugsziele
5 Übersichtskarten
5 Stadtpläne

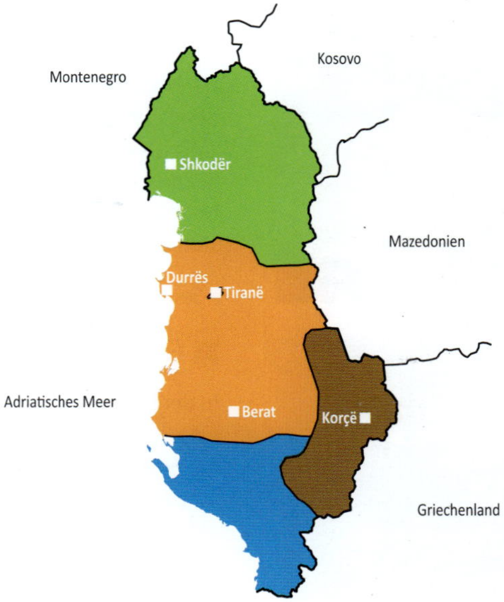

freytag & berndt
www.freytagberndt.com

14384 - 2086 • 2. Auflage 2018
ISBN 978-3-7079-1676-8

office@freytagberndt.at, www.freytagberndt.com
Printed in Austria

Bild: Wander.al

Tiranë

Die lebendige Hauptstadt Tiranë zeichnet sich durch ihre gelungene Mischung von Orient und Okzident aus und ist überdies der perfekte Ausgangspunkt, um das interessante Land zu erforschen.

• Seite 36

Bild: Albania National Tourism Agency

Theth

Fast noch als Geheimtipp gehandelt, besticht der Nationalpark Theth durch hohe Gipfel mit atemberaubender Aussicht, alte Baumriesen, malerische Bäche und Wasserfälle sowie seine überaus reiche Flora und Fauna.

• Seite 125

Bild: Wander.al

Butrint

Der Archäologiepark Butrint inmitten des gleichnamigen Nationalparks zählt als eine der bedeutendsten historischen Ausgrabungsstätten des Mittelmeerraums nicht ohne Grund zum UNESCO-Weltkulturerbe.

• Seite 172

Bild: Josef Hora

Gjirokastër

In der Stadt Gjirokastër gibt es kaum eine Straße ohne Steigung, doch die Anstrengung lohnt sich, da auch sie zum UNESCO-Weltkulturerbe zählt und über viele herausragende historischen Stätten verfügt.

• Seite 183

Bild: M. K.

Berat

Berat, als älteste Stadt des Landes ebenfalls auf der Liste des UNESCO-Weltkulturerbes, muss man gesehen haben, denn die osmanische Altstadt sowie die hoch über dem Zentrum thronende Festung sind einzigartig.

• Seite 89

Divjakë-Karavasta

Im Nationalpark Divjakë-Karavasta trifft man auf die größte Lagune des Landes, doch auch für seinen Fisch- und Vogelreichtum ist er berühmt, wobei zum Beispiel der mittlerweile seltene Krauskopfpelikan hier brütet.

• Seite 77

Bild: Josef Hora

Apollonia

Beim Archäologiepark Apollonia handelte es sich um die größte, dem Gott Apollo geweihte Stadt, doch heute wird sie oft in einem Atemzug mit dem nahen, ähnlich bedeutenden Archäologiepark Byllis genannt.

• Seite 81

Bild: Milosk 50 | Fotolia

Lurë

Eine landschaftliche Perle, die leider relativ stark unter mangelhaften Schutzmaßnahmen zu leiden hatte, ist der seenreiche Nationalpark Lurë, dessen Fauna und Flora jedoch von der abgeschiedenen Lage profitiert.

• Seite 146

Bild: Josef Hora

Shkodër

Die überaus abwechslungsreiche, von der Festung Rozafë überragte Stadt Shkodër verlor im Laufe der Geschichte nie ihre Bedeutung, weshalb hier historische ebenso wie moderne Gebäude anzutreffen sind.

• Seite 110

Bild: Albert Vataj Foto

Korcë

Obwohl die ansprechend wirkende Stadt Korcë von den Osmanen neu gegründet wurde, spielte sie während der Rilindja eine bedeutende Rolle und selbst heute noch ist der Einfluss des nahen Griechenlands spürbar.

• Seite 196

Bild: Josef Hora

☐ Apotheken

Bei einer Reise nach Albanien sollte man sich mit einer gut sortierten Urlaubsapotheke ausrüsten, denn die Möglichkeiten vor Ort sind aus unserer Sicht oftmals begrenzt, obwohl viele Produkte günstiger und teilweise sogar rezeptfrei erhältlich sind. Muss man regelmäßig Medikamente einnehmen, sollte man neben einem entsprechenden Vorrat auch das Rezept vom Arzt mitführen.

Bild: Josef Hora

☐ Amtssprache

Als einzige Amtssprache gilt Albanisch, welches auch knapp 99 Prozent der Bevölkerung als ihre Muttersprache angeben. Unterschieden werden lediglich zwei Dialekte, nämlich der toskische im Süden und der gegische im Norden. In einigen Gemeinden sind außerdem die mazedonische und die griechische Sprache vertreten, vor allem nahe der entsprechenden Landesgrenzen. Als häufigste Fremdsprache wird Italienisch genannt, doch die meisten Albaner sprechen auch Englisch.

☐ Autoverkehr

Da der Besitz privater Kraftfahrzeuge bis zum Jahr 1990 untersagt war, wurde das Straßennetz lange Zeit stark vernachlässigt. Auch heute noch sind besonders Nebenstraßen oft in einem schlechten Zustand, doch konnten die wichtigsten Fernstraßen mittlerweile saniert werden und im Jahr 2000 wurde außerdem die erste Autobahn eröffnet. Die erlaubte Höchstgeschwindigkeit liegt hier bei 110 Kilometern pro Stunde. Im Ortsgebiet darf man zwischen 35 und vierzig Kilometer pro Stunde fahren, außerhalb beziehungsweise auf Schnellstraßen zwischen achtzig und neunzig. Im Winter beziehungsweise nach langen Regenfällen muss man damit rechnen, dass einige Strecken im Gebirge längere Zeit über nicht befahrbar sind. Ist man mit dem eigenen Auto beziehungsweise einem Mietwagen eines lokalen oder internationalen Anbieters unterwegs, sollte man aufgrund der riskanten Fahrweise vieler Verkehrsteilnehmer unbedingt auf defensive Fahrweise achten, sich auf jeden Fall an die Geschwindigkeitsbeschränkungen sowie das absolute Alkoholverbot halten und von Fahrten in der Nacht absehen. Außerdem empfiehlt es sich, neben Führerschein, Fahrzeugpapieren, Verbandskasten, Pannendreieck und Warnweste auch die wichtigsten Ersatzteile wie Reservereifen oder -lampen mitzuführen. Kinder unter zwölf Jahren benötigen einen Kindersitz. Tankstellen gibt es in ausreichender Dichte, doch Werkstätten sind außerhalb von Städten nur in geringer Häufigkeit anzutreffen.

Bild: Nina Galenska I Pixabay

☐ Bahnverbindungen

Das Schienennetz existiert in Albanien zwar bereits seit dem Ende des Zweiten Weltkrieges, doch ist der Personenverkehr heute lediglich von untergeordneter Bedeutung, da quasi alle Reisenden die schnelleren Busse nutzen. Züge erreichen höchstens Geschwindigkeiten von vierzig bis fünfzig Kilometer pro Stunde und erinnern ein wenig an historische Museumsbahnen, doch zeichnen sie sich durch ihre unschlagbar günstigen Preise und die zumeist sehr pünktliche Ankunft am Zielort aus. Fahrkarten müssen allerdings bereits vor Reiseantritt gekauft werden, da sie im Zug nicht ausgestellt werden können. Eine Anbindung ans europäische Eisenbahnnetz besteht übrigens nicht, weshalb die Anreise per Zug nicht möglich ist.

☐ Banken

Banken haben in der Regel von Montag bis Freitag zwischen 8.00 und 16.00 Uhr geöffnet, einige zusätzlich am Samstag zwischen 8.00 und 12.00 Uhr.

☐ Besichtigung

Albanien verfügt über unglaublich viele kulturhistorisch bedeutsame Orte, aber auch Sakralbauten, Gedenkstätten und Naturschönheiten. Eintrittsgelder werden oft gestaffelt eingehoben, sind also für Albaner günstiger als für Touristen, wobei vor allem Einrichtungen in weniger frequentierten Regionen nur unter der Woche geöffnet haben, oft sogar nur von Dienstag oder Mittwoch bis Freitag. Leider sind vor allem bedeutende Gotteshäuser häufig versperrt und es ist kaum möglich, diese auf eigene Faust zu besichtigen, weshalb man sich eventuell vor Ort mit lokalen Reisebüros in Verbindung setzen sollte. Auch das Auffinden historischer Stätten, indem man den Hinweisschildern folgt, kann oft zu ungeahnten Schwierigkeiten führen, denn Entfernungsangaben fehlen entweder ganz oder erweisen sich als falsch und die ausgeschilderten Routen verlieren sich mitunter schnell im Nichts.

☐ Bevölkerung

Das Land wies bei der letzten Volkszählung im Jahr 2011 rund 2,8 Millionen Einwohner auf, wobei die leichte Abnahme der Bevölkerung im Vergleich zu vorangegangenen Erhebungen durch Emigration begründet wird. Die Menschen bezeichnen sich zu fast 83 Prozent als Albaner, doch verweigerten rund sechzehn Prozent jegliche Angabe. In kultureller und sprachlicher Hinsicht teilt man die Albaner ihrerseits in zwei große Gruppen ein, nämlich

Bild: M. K.

Bild: Josef Hora

in Gegen und Tosken. Erstere leben in erster Linie im Norden, wo die historische Stammeskultur von großer Bedeutung ist, letztere im Süden, wo sie lange Zeit über stark vom Osmanischen Reich beeinflusst wurden. Als größte Minderheit gelten in Albanien die Griechen, gefolgt von Roma, Aromunen und Mazedoniern. Pro Quadratkilometer leben durchschnittlich 104 Einwohner und die Lebenserwartung liegt im Mittel bei 77 Jahren, während das Durchschnittsalter nur rund 35 Jahre beträgt. Durch die nach wie vor starke Abwanderung, die vor allem junge Menschen betrifft, steigt letzteres jedoch ungewöhnlich rasch an.

□ Bildung

Im Bereich der Bildung wurden in den letzten Jahren verschiedene Reformen durchgeführt, wodurch unter anderem die Schulpflicht auf neun Jahre erhöht wurde. Bemerkenswert ist, dass sich die Zahl der Studierenden zwischen 2008 und 2013 fast verdoppelte. Auch die Einschulungsraten konnten enorm verbessert werden, denn sie lagen 2008 noch bei etwa 68 Prozent, im Jahr 2013 hingegen bereits bei knapp über neunzig Prozent. Dennoch legen wohlhabende Eltern großen Wert darauf, ihre Kinder auf private Schulen oder Einrichtungen im Ausland zu schicken, da diese ein höheres Niveau aufweisen.

□ Botschaft

Die österreichische Botschaft befindet sich in Tiranë, Rruga Xibrakeve 4 und ist unter der Telefonnummer 00355/4/227 48 55/56 erreichbar. Geöffnet ist sie von Montag bis Donnerstag zwischen 8.00 und 13.00 Uhr. Außerhalb der Öffnungszeiten kann man die Botschaft in dringenden Fällen über die Notfallnummer 00355/69/202 30 51 erreichen.

□ Busverbindungen

Busse zählen zu den beliebtesten öffentlichen Verkehrsmitteln, denn sie sind zwar teurer, aber dafür deutlich schneller als die Bahn. Ihr Zustand lässt jedoch für unseren Geschmack manchmal zu wünschen übrig. Dies gilt gleichermaßen für den innerstädtischen wie auch den Überlandverkehr. Private Unternehmer bieten sogenannte Furgone, also Minibusse, an. Sie bieten den Vorteil, dass sie auf Wunsch überall anhalten, doch ist ihr Zustand meist nicht besser als jener der öffentlichen Autobusse. Möchte man sie nutzen, um in die nächste Stadt zu gelangen, wartet man einfach an der Ausfallstraße, oft sogar weniger als eine halbe Stunde, denn sie verkehren nach Bedarf. Die großen

Bild: M. K.

Bild: Josef Hora

Buslinien folgen hingegen einem fixen Fahrplan, doch muss man die Fahrzeiten erfragen, da diese nicht an den Stationen ersichtlich sind.

☐ Einkaufen

Neben den großen Supermärkten im städtischen Raum gibt es so gut wie überall Minimärkte und Kioske, die über ein zufriedenstellendes Warensortiment verfügen. Die Öffnungszeiten von Geschäften sind meist von Montag bis Freitag zwischen 8.30 und 19.00 Uhr, wobei oft von 12.00 bis 15.00 Uhr eine Mittagspause eingehalten wird. Am Samstag haben die meisten Geschäfte von 8.30 bis 16.00 Uhr geöffnet und in eingen Orten kann man selbst

Bild: M. K.

am Sonntag einkaufen. Basare werden meist von 7.00 bis 14.00 Uhr abgehalten und bieten alle Dinge des täglichen Bedarfs an. Feilschen ist beim Einkaufen übrigens nicht üblich, denn die Verdienstspannen der Händler sind ohnehin nicht sehr groß.

☐ Einreise

Österreicher benötigen für die Einreise nach Albanien bei Aufenthalten unter neunzig Tagen kein Visum, jedoch einen noch mindestens drei Monate gültigen Reisepass oder Personalausweis und Kinder müssen über ein eigenes Ausweisdokument verfügen. Reist man mit dem eigenen Auto an, muss man abgesehen von Führerschein und Zulassungsschein außerdem die grüne Versicherungskarte mitführen und es ist ratsam, eine befristete Vollkaskoversicherung abzuschließen.

Bild: Josef Hora

☐ Essen und Trinken

Aufgrund der eher schlechten hygienischen Verhältnisse sollte man davon absehen, Leitungswasser zu trinken und sich mit Mineralwasser versorgen, obwohl es sich theoretisch um Trinkwasser handelt. Heiß servierte Speisen gelten als unbedenklich, wobei man an Straßenständen Vorsicht walten lassen sollte. Rohes Obst und Gemüse sollte man ausschließlich geschält konsumieren und auch bei Salat ist es ratsam, ihn nur zu verzehren, wenn man sicher ist, dass er bei der Zubereitung mit sauberem Wasser gewaschen wurde. Auch bei Getränken ist es besser, auf Eiswürfel zu verzichten.

☐ Fährverbindungen

In Durrës befindet sich der wichtigste Hafen des Landes, doch auch von Vlorë aus bestehen regelmäßige Fährverbindungen nach Italien, zum Beispiel nach Brindisi, Bari, Ancona, Triest oder Venedig. Außerdem erreicht man von der nahegelegenen griechischen Insel Korfu aus die Stadt Sarandë in Südalbanien.

☐ Feiertage

Neben den fixen Feiertagen bestehen auch einige, deren Datum variabel ist, nämlich das katholische sowie das orthodoxe Osterfest, das islamische Fest des Fastenbrechens sowie das islamische Opferfest. Fällt ein Feiertag auf das Wochenende, ist dafür der nachfolgende Montag arbeitsfrei.

1. Jänner	Neujahr
2. Jänner	Neujahr
22. März	Nouruz
1. Mai	Tag der Arbeit
19. Oktober	Tag der Seligsprechung Mutter Teresas
28. November	Unabhängigkeitstag
29. November	Tag der Befreiung
8. Dezember	Tag der Jugend
25. Dezember	Weihnachten

☐ Flagge

Die Flagge existiert in ihrer heutigen Form seit dem Jahr 1992. Ihr roter Grund wird von einem schwarzen Doppeladler geziert, dessen 25 Federn die Anzahl jener Schlachten, die der Nationalheld Skanderbeg gegen die Osmanen ausgetragen hat, symbolisieren sollen.

Bild: Websi I Pixabay

☐ Flugverbindungen

Reist man mit dem Flugzeug an, so landet man zwangsweise in Tiranë, denn dort befindet sich der einzige zivile Flughafen des Landes. Dieser wird vor allem von Gesellschaften aus Südosteuropa angesteuert, doch auch einige westeuropäische Airlines

Bild: Derchemiker I Pixabay

fliegen die Hauptstadt an, denn über eine eigene Fluglinie verfügt Albanien derzeit nicht.

☐ Fotografieren

Dem Fotografieren steht nichts im Wege, sofern man Personen vorher um Erlaubnis bittet, vor allem in ländlichen Regionen, wo Touristen nicht alltäglich sind, und keine militärischen Ziele anvisiert. Aufgrund der großen Vielfalt an Pflanzen und Insekten kann die Mitnahme eines Makroobjektivs ratsam sein.

☐ Gastfreundschaft

Wie in fast allen Balkanländern ist auch in Albanien die Gastfreundschaft überaus groß, was sich zum Beispiel in sehr üppiger Bewirtung und der Aufforderung zum Weiteressen zeigt, wobei es nicht als unhöflich erachtet wird, wenn man dies ablehnt. Wird man zu einer Familie nach Hause eingeladen, sollte man aber unbedingt die Schuhe gegen die bereitgestellten Hausschlapfen eintauschen. Möchte man sein Zelt auf dem Grundstück eines Bauern aufschlagen, wird eine Bezahlung meist abgelehnt, doch sollte man in diesem Fall zumindest ein Geschenk, wie zum Beispiel eine Flasche Schnaps oder Wein überreichen. Kinder freuen sich über Luftballons oder Seifenblasen, aber auch die hier nicht erhältlichen Gummibärchen.

☐ Geld

Offizielle Währung ist der albanische Lek, kurz ALL, dessen Kurs sich zum Euro relativ stabil verhält. Ein Lek entspricht hundert Quindraka, doch werden sämtliche Preise mittlerweile ausschließlich ganzzahlig angegeben. Sehr oft werden diese noch mit einer Null mehr angegeben, als tatsächlich zu bezahlen ist, obwohl die Währungsreform, welcher der Wegfall dieser Zahl zu verdanken ist, bereits in den 1960er Jahren stattfand. Es ist wohl die Macht der Gewohnheit, die für Touristen aber nur schwer nachvollziehbar ist.

Bild: M. K.

Geld umzuwechseln ist im Prinzip problemlos möglich und zwar sowohl bei Banken als auch in offiziellen Wechselstuben, doch kann es oft praktisch sein, Euronoten in kleinen Scheinen im Gepäck zu haben. Diese werden manchmal sogar als Zahlungsmittel akzeptiert, aber der Kurs ist dann im Normalfall schlecht. Bankfilialen und Geldautomaten gibt es in so gut wie allen größeren Städten, wobei die Behebung von Bargeld mit Kreditkarte und an einigen Automaten auch mit der EC-Karte möglich ist. Das Bezahlen mit Kreditkarte ist hingegen unüblich und fast ausschließlich in größeren Hotels möglich.

☐ Gesten

Für uns äußerst ungewöhnlich ist es, dass die Albaner den Kopf schütteln beziehungsweise nach rechts drehen, wenn sie Zustimmung signalisieren wollen, Ablehnung hingegen mit einem Nicken zum Ausdruck bringen. So sehr man sich auch bemüht, dies nicht zu vergessen, ist im Laufe der Reise das eine oder andere Missverständnis vorprogrammiert.

☐ Handicap

Eine neue Initiative sind mit einem Rollstuhlsymbol gekennzeichnete Parkplätze. Generell wird Menschen, die mit Einschränkungen zu kämpfen haben, viel Verständnis entgegengebracht, was vielleicht darauf zurückzuführen ist, dass sich viele Albaner eine teure medizinische Versorgung nicht leisten können.

☐ Haustiere

Wer mit seinem Haustier unterwegs ist, muss bei der Einreise einen internationalen Impfausweis mit gültiger Tollwutimpfung sowie eine amtstierärztliche Bescheinigung vorlegen. Außerdem muss jedes Tier durch eine gut erkennbare Tätowierung oder einen Chip identifizierbar sein. Im Hotel sollte man sich auf jeden Fall bereits vor dem Antritt der Reise erkundigen, ob Haustiere erlaubt sind. Außerdem muss man bedenken, dass man unterwegs mit Sicherheit streunenden Hunden und Katzen begegnet.

Bild: M. K.

☐ Impfungen

Für einen Aufenthalt in Albanien sind keine Impfungen vorgeschrieben, doch wird Schutz gegen Tetanus, Diphterie, Polio, Typhus und Hepatitis A und B sowie FSME empfohlen.

☐ Internet

In größeren Städten findet man Internetcafés und teilweise WLAN-Hotspots. Auch große Hotels bieten Zugang zum Internet, doch kleinere Hotels verfügen oft nicht über einen Festnetzanschluss und somit auch über keinen Internetzugang.

Bild: Josef Hora

☐ Kinder

Spezielle Angebote für Kinder fehlen zwar, doch machen die Albaner dies durch ihre enorme Freundlichkeit gegenüber den kleinen Gästen mehr als wett. Sonnencreme mit hohem Schutzfaktor sollte man am besten von zu Hause mitnehmen, doch abgesehen davon reicht das Angebot in den Supermärkten von Babynahrung bis zu Schwimmtieren. Hat man keine Kinder, muss man mit verwunderten Gesichtern rechnen, denn Familie gilt in Albanien als wichtigstes Gut im Leben.

☐ Kleidung

An die Kleidung stellt Albanien keine besonderen Ansprüche, doch sollte man auf Regenschutz nicht vergessen. Im Sommer sind leichte, atmungsaktive Stoffe empfehlenswert, aber im Bergland sollte man trotzdem Pullover und Jacken im Gepäck haben, da vor allem die Abende und Nächte sehr kühl sein können. Beim Besuch von Kirchen und Moscheen ist auf jeden Fall auf angemessene Kleidung zu achten.

☐ Krankenhäuser

Aus westeuropäischer Sicht ist die medizinische Versorgung in Albanien eindeutig unzureichend, weshalb bei ernsthaften Erkrankungen eine Rückkehr ins Heimatland anzuraten ist. Aus diesem Grund ist der Abschluss einer Zusatzversicherung für den Urlaub sowie einer Reiserücktransportversicherung sehr empfehlenswert. Private Krankenhäuser verfügen hingegen oft über eine moderne Ausstattung und über gut geschultes Personal.

☐ Medien

Nennenswert sind vor allem Radio und Fernsehen, wobei neben dem staatlichen Sender Radio Televizioni Shqiptar auch private existieren, die sich jedoch nicht unbedingt durch ihre politisch neutrale Haltung auszeichnen. Zeitungen erscheinen nur in sehr kleiner Auflage und sind generell nicht besonders verbreitet. Am beliebtesten sind die Blätter Shqip, also Albanisch, und Shekulli,

Bild: Josef Hora

also Jahrhundert. Zeitungen aus der Heimat sind so gut wie gar nicht erhältlich, bestenfalls am Flughafen oder in der Hauptstadt Tiranë.

☐ Notrufnummern

18 Feuerwehr
19 Polizei
17 Rettung
00355/4/238 70 11 Pannendienst ACA

☐ Post

Filialen der albanischen Post haben von Montag bis Freitag zwischen 8.00 und 17.00 Uhr sowie am Samstag von 8.00 bis 13.00 Uhr geöffnet. Bis die Urlaubsgrüße im Heimatland eintreffen, vergehen in der Regel zehn bis fünfzehn Tage.

☐ Rauchen

Theoretisch besteht in Albanien seit dem Jahr 2007 ein absolutes Rauchverbot an öffentlichen Orten, doch die Praxis sieht anders aus.

☐ Reisezeit

Als beste Reisezeit gelten Frühling und Herbst, denn das typische Mittelmeerklima beschert dem Land sehr heiße, trockene Sommer an der Küste, während die Winter im gebirgigen Hinterland ausgesprochen hart sein können und die Heizung in den Hotelzimmern in der kalten Jahreszeit nicht immer ausreichend ist. Zum Baden bieten sich Juni und September an, denn während der Hauptsaison im Juli und August sind die Strände meist überfüllt und es kann an der Küste sehr laut zugehen.

Bild: M. K.

Bild: Joe Pwijsbek | Pixabay

☐ Religion

Rund 57 Prozent der Bevölkerung bekennen sich zum Islam, unter anderem auch zum in Albanien weit verbreiteten Derwischorden Bektashi, und 17 Prozent zum Christentum, wobei vor allem die römisch-katholische sowie die albanisch-orthodoxe Glaubensgemeinschaft vertreten sind. Ab 1968 war jegliche Religionsausübung im damals ersten atheistischen Staat der Welt strengstens untersagt, doch nach der Aufhebung des Verbotes im Jahr 1990 konnten sich wieder verschiedene Gemeinschaften etablieren. Generell ist in Albanien ein hohes Maß an Toleranz gegenüber anderen Religionen bemerkbar und so stehen zum Beispiel interkonfessionelle Ehen auf der Tagesordnung und religiöse Feste werden oft gemeinsam gefeiert.

☐ Sicherheit

Die Wahrscheinlichkeit, hier Opfer von Kleinkriminalität zu werden, ist statistisch gesehen nicht höher als in anderen europäischen Ländern. Vorsichtshalber empfiehlt es sich jedoch, auf seine Taschen zu achten, speziell in großen Menschenmengen, wie etwa bei einer Fahrt mit dem Bus, und eventuell auch Kopien der Reisedokumente mitzuführen. Lediglich in Tiranë kommt es hin und wieder zu Demonstrationen, die gewalttätig verlaufen können.

Bild: M. K.

☐ Souvenirs

Bei einer Reise durch das Land trifft man mit Sicherheit auf das eine oder andere Souvenirgeschäft, wobei das Angebot von kitschigen, eigens für Touristen hergestellten Artikeln bis hin zu traditionellem Kunsthandwerk reicht. Besonders beliebt sind Stickereien, Kunstschmiede- und Schnitzarbeiten, aber auch Trachten und Schmuck, wobei Handeln nur beim Kauf von echten Antiquitäten angebracht ist. Weitere Mitbringsel sind Raki, Olivenöl, getrocknete Kräuter, Nüsse, Mandeln oder Honig.

☐ Sport

Fußball ist definitiv die beliebteste Sportart der Albaner, doch auch Basketball, Volleyball und Sportschießen rangieren unter den absoluten Favoriten. In letzter Zeit begeistern sich überdies immer mehr Menschen für den Motorsport. Bei Touristen ist vor allem das Wandern beliebt, doch sind die Wege nur selten markiert, weshalb man den Pfaden der Hirten folgen muss. Da keine Bergrettung existiert, sollten entsprechende Touren ausschließlich in Begleitung von einheimischen Führern, meist Jugendlichen aus der Umgebung, unternommen werden. Voraussetzung sind feste Schuhe und lange Hosen, denn in Albanien sind einige giftige Schlangen heimisch. Radfahrer müssen einen Helm tragen, da Fahrten auf der Straße eher gefährlich sind, doch eigene Radwege findet man leider nur selten. In den Bergen gibt es allerdings schöne Strecken für geübte Mountainbiker. An der Küste stehen natürlich Wassersportarten wie Schwimmen und Tauchen im Vordergrund. Generell gilt, dass man benötigte Sportgeräte am besten von zu Hause mitbringt, denn Verleihmöglichkeiten existieren hier kaum.

☐ Strom

Die Netzspannung beträgt 220 Volt beziehungsweise 50 Hertz und auch die in Österreich üblichen, flachen Stecker können hier ohne Adapter problemlos verwendet werden. Diesen benötigt man lediglich für die runden Schukostecker. Stromabschaltungen, die teilweise sogar mehrere Stunden dauern, sind allerdings keine Seltenheit, doch sind Hotels meist mit Generatoren für den Notfall ausgerüstet.

Bild: M. K.

☐ Taxis

In allen größeren Städten, vor allem vor den internationalen Hotels, existieren Taxistandplätze und in Tiranë verkehren auch Funktaxis. Taxameter sind zwar Pflicht, in der Praxis jedoch nicht immer vorhanden. Die Preise sind allerdings moderat und eventuell kann sogar noch verhandelt werden. Man sollte sich auf jeden Fall bereits vor dem Antritt der Fahrt einig werden.

☐ Telefon

Die Vorwahl für Österreich lautet 0043, jene für Albanien 00355. Dann folgt die Ortsvorwahl ohne Null und schließlich die gewünschte

Bild: M. K.

Rufnummer. Obwohl an einer Modernisierung gearbeitet wird, ist das Telefonnetz nicht besonders gut ausgebaut und Verbindungen über das Festnetz sind oft relativ schlecht. Man gewinnt den Eindruck, das Land wäre unmittelbar nach dem Ende der Diktatur, welche private Anschlüsse untersagte, im Zeitalter der Smartphones angekommen. Telefoniert man mit dem eigenen Handy, ist das Netz zwar meist zufriedenstellend, doch sollte gegebenenfalls beachtet werden, dass Roaminggebühren anfallen können. Empfehlenswerter kann es sein, eine lokale Wertkarte zu kaufen.

☐ Toiletten

Da die Abwasserleitungen leicht verstopfen, findet man neben der Toilette oft einen Kübel, der nicht nur für gebrauchte Hygieneartikel sondern auch für die Entsorgung des Klopapiers gedacht ist. Verbreitet sind auch sogenannte Stehklos, also in den Boden eingelassene Wannen mit Wassertonnen zum Nachspülen.

☐ Trampen

Trampen ist in Albanien eine gängige Reisemethode und vor allem auf dem Land ist es üblich, Menschen mitfahren zu lassen. Möchte man selbst jemanden mitnehmen, lautet die entsprechende Aufforderung ulu, also setz dich. Andernfalls sollte man am besten anhand der Landkarte zu verstehen geben, dass man die Umgebung genau erkunden und viele Umwege machen wird.

☐ Trinkgeld

Trinkgeld war bis vor kurzem noch gar nicht üblich, doch werden in Hotels und Restaurants gerne fünf bis zehn Prozent des Rechnungsbetrages angenommen. In ländlichen Regionen sollte man generell vom Aufrunden des Rechnungsbetrages absehen, denn hier wird Trinkgeld noch immer als unhöflich erachtet. Höchstens einige auf dem Tisch zurückgelassene Münzen werden akzeptiert. Getrennt zu bezahlen ist ebenfalls vollkommen unüblich und sorgt meist für große Verwirrung.

☐ Unterkunft

In letzter Zeit entstehen immer mehr Hotels, die meist nahe der zentralen Hauptstraßen gelegen sind. Für unsere Begriffe lässt die Ausstattung manchmal noch zu wünschen übrig, denn der Komfort eines eigenen Badezimmers ist nicht unbedingt eine Selbstverständlichkeit, doch sind die Zimmer meist relativ neu und somit nicht abgewohnt. Unter dem Begriff Agrotourismus versteht man private Unterkünfte, die meist sehr

Bild: M. K.

Bild: Olafpictures I Pixabay

liebevoll ausgestattet sind, und auch Campingplätze entstehen nach und nach im ganzen Land. Das Preisniveau ist im Allgemeinen niedrig, aber in größeren Städten existieren auch komfortable, jedoch teurere Hotels. Nicht ungewöhnlich ist übrigens das Fehlen einer eigenen Duschkabine, wodurch beim Duschen das gesamte Badezimmer unter Wasser gesetzt wird, weshalb man auch bei einer Kulturreise unbedingt Badeschlapfen im Gepäck haben sollte.

☐ Wirtschaft

Die Wirtschaft des Agrarlandes hat noch immer mit enormen Problemen zu kämpfen, denn der Übergang von der sozialistischen Planwirtschaft zur freien Marktwirtschaft gestaltet sich äußerst schwierig. Bei der Auflösung der sozialistischen Agrargenossenschaften wurden diese zum Beispiel in so kleine Teile zerstückelt, dass eine effiziente Bewirtschaftung kaum möglich ist. Mittlerweile wurden auch viele staatliche Unternehmen privatisiert, die Infrastruktur konnte deutlich verbessert werden und sogar ein stetiges Wirtschaftswachstum ist zu verzeichnen, doch die Arbeitslosenrate ist mit über dreizehn Prozent noch immer enorm hoch. Dennoch gehen fast alle erwachsenen Männer einer Tätigkeit nach, denn die Schwarzarbeit stellt oft die einzige Existenzgrundlage für ihre Familien dar. Als noch größeres Problem wird jedoch neben der weit verbreiteten Korruption die schwache Infrastruktur gesehen. Vor allem in ländlichen Regionen sind Ausfälle bei der Strom- und Wasserversorgung auch heute noch an der Tagesordnung, obwohl in diesem Bereich ebenfalls bereits erste Fortschritte erzielt werden konnten. Enorme Hoffnungen werden derzeit in den aufstrebenden Tourismus gesetzt, denn das Potential des kleinen Balkanlandes ist definitiv sehr groß.

☐ Zeit

In Albanien gilt die Mitteleuropäische Zeit MEZ sowie die Mitteleuropäische Sommerzeit. Wer aus Österreich kommt, muss also die Uhren nicht umstellen.

☐ Zoll

Das persönliche Reisegepäck kann problemlos mitgeführt werden, lediglich größere Geldbeträge müssen deklariert werden und dies empfiehlt sich auch bei der Mitnahme von technischen Geräten. Außerdem darf man zweihundert Zigaretten, zwei Liter Wein und einen Liter Spirituosen, fünfzig Milliliter Parfüm oder zweihundert Milliliter Eau de Toilette mitführen.

Historischer Überblick

Das Gebiet des heutigen Albanien kann auf eine rund achttausend Jahre alte Besiedlungsgeschichte zurückblicken. Jahrelang war das Land allerdings von Fremdherrschaft und völliger Isolation geprägt, was deutliche Spuren hinterlassen hat. Die meisten Menschen sind stolz auf ihre Heimat und besitzen ein starkes Nationalbewusstsein, während sie gleichzeitig noch immer auf der Suche nach ihrer Identität zu sein scheinen.

Ur- und Frühgeschichte

Die ersten Spuren menschlicher Besiedlung auf dem heutigen albanischen Territorium reichen bis in die Altsteinzeit zurück, wobei vor allem Artefakte aus der Jungsteinzeit erhalten sind, darunter Keramikfunde sowie Reste von Pfahlbausiedlungen. Während der Bronzezeit entwickelte sich der Norden zu einem lokalen Zentrum für den Abbau von Eisenerz. Zu diesem Zeitpunkt war die Region bereits von den Illyrern, welche oft als Vorfahren der heutigen Albaner bezeichnet werden, besiedelt.

Illyrer und Griechen

Die Illyrer errichteten zahlreiche Befestigungsanlagen, doch waren die Reiche der einzelnen Herrscher nie von langer Dauer. Im 3. Jahrhundert vor Christus kam es zu einer ersten Blütezeit. Charakteristisch waren Hirtensiedlungen in den gebirgigen Regionen, während sich in den Ebenen bäuerliche Strukturen etablierten und an der Küste auch die Schifffahrt bereits eine Rolle spielte. Immer mehr drangen schließlich die Griechen in den Mittelmeerraum vor, um Kolonien zu gründen, an der albanischen Küste zum Beispiel Dyrrhachium, das heutige Durrës, oder Lissos, heute Lezhë. Während der Peloponnesischen Kriege nahm der Einfluss Griechenlands allerdings ab und den Illyrern gelang es, ihre Vormachtstellung erneut zu festigen.

Römer

Um den Eroberungszügen der illyrischen Königin Teuta ein Ende zu setzen, wollten die Römer ihr Reich nach Illyrien hin ausdehnen. Die Niederlage der Illyrer zeichnete sich bereits ab, als die Römer 168 vor Christus die Festung Rozafë in der Nähe der Hauptstadt Shkodër einnehmen konnten, obwohl die Illyrer weiterhin Widerstand leisteten. Erst unter Kaiser Augustus gelang es schließlich, die vollständige Eingliederung Illyriens als Provinz tatsächlich abzuschließen. Nach der Teilung des Römischen Reiches im Jahr 395 nach Christus gelangten die nördlichen Regionen Albaniens

Bild: Paul Sippel | PIXELIO

an das Weströmische Reich, während die südlichen Gebiete an das Oströmische Reich fielen. Daraus resultiert die Tatsache, dass der Norden mehrheitlich römisch-katholisch geprägt ist, während sich im Süden der orthodoxe Glaube verbreiten konnte. Als Westrom unterging, erlangte Byzanz allerdings die Herrschaft über das gesamte albanische Gebiet. Mit dem Einsetzen der Völkerwanderung siedelten sich schließlich vermehrt Slawen an und vermischten sich mit der lokalen Bevölkerung, doch auch Hunnen, Ost- und Westgoten fielen ein.

☐ Mittelalter

Ab dem Ende des 9. Jahrhunderts zählten Zentral- und Südalbanien zum Bulgarischen Reich. Zu Beginn des 11. Jahrhunderts gelang Byzanz allerdings die Rückeroberung der albanischen Territorien. In den Küstenregionen dominierten zu diesem Zeitpunkt die Normannen und nach dem Tod des byzantinischen Kaisers im Jahr 1180 herrschte ein Machtvakuum. Dies begünstigte die Entstehung eines unabhängigen albanischen Fürstentums namens Arbanon, welches jedoch nur einen Teil des heutigen Staatsgebietes umfasste. Nach dem Vierten Kreuzzug konnte das Byzantinische Reich seine Herrschaft in Albanien nicht mehr aufrecht erhalten und die Region zerfiel in eine Vielzahl kleiner Fürstentümer, die aber zum Teil von fremden Herrschern geführt wurden, darunter das Regnum Albaniae unter Karl I. von Anjou. Dieser plante, von hier aus den Balkanraum einzunehmen, wurde jedoch bald zurückgedrängt. Mitte des 14. Jahrhunderts zählte das heutige Albanien vier Jahre lang zum Herrschaftsgebiet des serbischen Zaren Stefan Dušans, der sich selbst als Kaiser der Serben und Griechen bezeichnete, doch nach seinem Tod erlangten die lokalen Fürsten beziehungsweise Familienclans ihre Macht zurück. Ballsha II. regierte beispielsweise im Norden als König. Ende des 14. Jahrhunderts, als sich das Vorrücken der Osmanen bereits abzeichnete, gelang es Venedig nach und nach, sich die Macht über die albanischen Küstenregionen zu sichern.

☐ Osmanische Herrschaft

Der Sieg des Osmanischen Heeres in der legendären Schlacht auf dem Amselfeld im heutigen Kosovo sollte im Juni 1398 das Schicksal des gesamten Balkanraumes nachhaltig beeinflussen. Bereits zu Beginn des 15. Jahrhunderts drangen die Osmanen auch immer weiter in den albanischen Raum vor und griffen die

Bild: Gemeinfrei

Bild: Public Domain

venezianischen Befestigungsanlagen an der Küste sowie die albanischen im Landesinneren an. Gjergj Kastrioti, der heute als Nationalheld verehrte Skanderbeg, vermochte sie noch weitere 25 Jahre lang aufzuhalten, doch nach seinem Tod im Jahr 1468 wurde das Land in das Osmanische Reich eingegliedert und islamisiert. Lediglich in den unwegsamen Regionen im Norden konnte die Bevölkerung den katholischen Glauben beibehalten, während einige Dörfer an der Südküste ihre orthodoxe Religion ausübten, indem sie die Osmanen durch die Zahlung von höheren Steuern besänftigten. Die sogenannte Devshirme zwang aber nicht zum Islam konvertierte Familien dazu, in gewissen Abständen einen gesunden Sohn an die Hohe Pforte abzutreten, wo ihm zwar eine Ausbildung zum Beamten oder Soldaten zuteil wurde, er aber auch zum Islam konvertieren musste. Generell veranlassten die schweren Lebensbedingungen viele Albaner zur Flucht ins benachbarte Italien. Einige Niederlagen an den Reichsgrenzen sowie der zunehmende Widerstand der europäischen Großmächte begannen das Osmanische Reich an der Wende vom 18. zum 19. Jahrhundert deutlich zu schwächen, wodurch lokale Machthaber, allen voran Kara Mahmud Pasha und Ali Pasha Tepelene, ihren Einfluss ausweiten konnten.

□ Albanisches Nationalbewusstsein

Mit der sogenannten Rilindja-Bewegung, was etwa Wiedergeburt bedeutet, erwachte Ende des 19. Jahrhunderts erstmals ein albanisches Nationalbewusstsein. Die Mitglieder, vor allem albanische Intellektuelle, setzten sich für die Rückbesinnung auf die kulturelle Identität des albanischen Volkes ein und führten

Bild: Joergsam I CC BY-SA 3.0

zum Beispiel ein einheitliches Alphabet ein, um die Sprache zu fördern und eigenständige Literatur überhaupt erst möglich zu machen. Als nach dem Ersten Balkankrieg von 1912/13 die Aufteilung des Landes an die benachbarten Staaten Serbien, Montenegro und Griechenland drohte, erklärte Ismail Qemali als Chef einer provisorischen Regierung Albanien zu einer unabhängigen Republik. Diese wurde 1913 von den Großmächten im Rahmen der Londoner Botschafterkonferenz zwar anerkannt, doch waren die teilnehmenden Staaten in erster Linie auf die Wahrung ihrer eigenen Interessen bedacht. Daher wurden weite Teile des albanischstämmigen Siedlungsraumes wie etwa der Kosovo den Serben zugesprochen und das Land außerdem in ein Fürstentum unter dem deutschen Prinzen zu Wied verwandelt. Er bekleidete sein Amt allerdings nur kurz und verließ, von sämtlichen albanischen Fürsten abgelehnt, unmittelbar nach dem Ausbruch des Ersten Weltkrieges das Land bereits wieder.

□ Erster und Zweiter Weltkrieg

Albanien nahm während des Krieges zwar eine neutrale Position ein, wurde jedoch von diversen Mächten besetzt, darunter Österreich, Frankreich und Italien, und war somit Kriegsschauplatz. Während des Kongresses von Lushnjë konnte

Bild: Albinfo I CC0

im Jänner 1920 die Unabhängigkeit wieder hergestellt werden und noch im selben Jahr wurde das Land in den Völkerbund aufgenommen. Im folgenden Jahr kam es jedoch vermehrt zu Machtkämpfen und die Regierungen wechselten rasch. 1924 legte der neue Ministerpräsident Fan Noli ambitionierte Reformpläne für Verwaltung und Wirtschaft vor, ging jedoch hart gegen seine Widersacher vor und sah sich bald zur Flucht gezwungen. Sein Nachfolger, Ahmet Zogu, sicherte sich durch eine neue Verfassung weitreichende Befugnisse und rief am 1. September 1928 die Monarchie aus. Es gelang ihm zwar einerseits, das Land zu modernisieren, doch waren politische Häftlinge ebenso wie die Verhängung der Todesstrafe alltäglich. Obwohl der König der Albaner, wie er sich selbst bezeichnete, von Italien unterstützt worden war, besetzte Mussolini 1939 Albanien, gefolgt vom Deutschen Reich im Jahr 1943, wobei das Land zwischendurch ebenso wie der Kosovo, Teile Montenegros und Mazedoniens dem sogenannten Großalbanien angehörte. Aus dem erbitterten Befreiungskampf nationalistisch sowie kommunistisch orientierter Partisanenverbände ging jener unter der Führung der Kommunistischen Partei Albaniens als Sieger hervor, wobei zahlreiche Opfer zu beklagen waren. Generalsekretär Enver Hoxha vereinte sie alle zur sogenannten Nationalen Befreiungsarmee Albaniens. Im Mai 1944 wurde schließlich eine provisorische Regierung unter kommunistischer Führung gebildet.

☐ Volksrepublik Albanien

Nur zwei Jahre später, im Jahr 1946, proklamierte der kommunistische Ministerpräsident Enver Hoxha die sozialistische Volksrepublik Albanien, was schwerwiegende Folgen für das Land haben sollte. Nach dem Vorbild der Sowjetunion setzte sich Hoxha die absolute Kontrolle aller Bürger Albaniens zum Ziel. Politische Gegner wurden ebenso wie ihre Angehörigen mit aller Härte bestraft, wodurch tausende Menschen den Säuberungsaktionen des Regimes zum Opfer fielen beziehungsweise unter unvorstellbaren Bedingungen in Gefängnissen oder Arbeitslagern interniert wurden. Eine nicht unbedeutende Rolle spielte dabei der Geheimdienst Sigurimi, denn mit seinem Spitzelsystem unterwanderte er äußerst erfolgreich die gesamte Bevölkerung. Vorerst unterhielt das Land noch Beziehungen zu anderen kommunistischen Staaten, nämlich der Sowjetunion und China, doch ab 1968 wurden auch diese abgebrochen. Albanien bezeichnete sich als atheistischer Arbeiter-

Bild: Arensi I CCA-SA

und Bauernstaat, denn Religion war ebenso wie Großgrundbesitz strengstens verboten. Eine Bodenreform wies jedem Bauern ein Stück Land zu und durch genaue Fünfjahrespläne sollte Albanien außerdem zu einem modernen Agrar- und Industriestaat aufsteigen, doch konnte dieses Vorhaben nicht in die Tat umgesetzt werden. Erfolgreich waren hingegen die Bemühungen, das Analphabetentum abzuschaffen und die medizinische Versorgung zu verbessern, doch viele Menschen lebten nach wie vor in bitterer Armut.

□ Demokratisierungsprozess

Nach dem Tod Hoxhas im Jahr 1985 übernahm Ramiz Alia den Parteivorsitz und leitete eine vorsichtige Öffnung sowie einen langsamen Demokratisierungsprozess ein. Erstmals durften die Menschen ihre Meinung frei äußern, doch im Frühling des Jahres 1990 waren einerseits die Unzufriedenheit andererseits die Zukunftsängste der Bevölkerung noch immer so groß, dass es zu antikommunistischen Studentendemonstrationen kam. Weitere Liberalisierungen wie etwa die Aufhebung des Religionsverbotes, die Ausstellung von Reisepässen oder die Wiedereinführung des Justizministeriums vermochten die Wogen auch nicht zu glätten und so stürmten tausende Menschen die westlichen Botschaften, um Visa zu erhalten. Bilder von überfüllten Schiffen, die im Jahr 1991 albanische Flüchtlinge nach Italien oder Griechenland brachten, gingen um die Welt. Schließlich sah sich Alia gezwungen, ein Mehrparteiensystem zuzulassen, obwohl er eine zu frühe Demokratisierung strikt ablehnte.

□ Politischer Neubeginn

Vorerst bestanden im Land lediglich zwei große Parteien, nämlich die Demokratische Partei, die aus der antikommunistischen Studentenbewegung hervorging und die erste legale Oppositionspartei darstellte, sowie die Kommunistische, beziehungsweise später Sozialistische Partei, welche die Nachfolge der Partei der Arbeit des berüchtigten Diktators Enver Hoxha antrat. In Anbetracht der Tatsache, dass sich die Lage immer mehr zuspitzte, wurden für den 31. März 1991 freie Wahlen in Aussicht gestellt. Die Wahlbeteiligung lag zwar bei rund 97 Prozent, doch hatte die Opposition kaum eine Chance auf den Sieg, da die Landbevölkerung schlecht informiert und die Angst vor Veränderungen viel zu groß war. Hohe Arbeitslosigkeit, Landflucht und Hungersnöte führten bereits im Jahr 1992 zur Ausrufung von Neuwahlen. Erst nach der

Bild: Prof. emeritus Hans Schneider I CC BY-SA 3.0

Bild: Prof. emeritus Hans Schneider I CC BY-SA 3.0

Übernahme der Regierungsgeschäfte durch den Demokraten Sali Berisha erfolgte die lange in Aussicht gestellte Umsetzung dringend notwendiger Reformen wie etwa die Einführung der freien Marktwirtschaft. Trotzdem waren die meisten Menschen auch weiterhin auf finanzielle Unterstützung von ihren im Ausland lebenden Verwandten angewiesen.

☐ Pyramiden-Skandal

Obwohl Weltbank und Internationaler Währungsfonds davor warnten, investierten viele Albaner ihr bescheidenes Vermögen in der Hoffnung auf eine Verbesserung ihrer Lebensbedingungen in sogenannte Investmentbanken. Diese lockten mit hohen Zinsen von bis zu fünfzig Prozent, erwirtschafteten aber keine realen Gewinne, da in illegale Geschäfte investiert wurde. Der folgende Pyramiden-Skandal zeigte sich ab 1996 in seinem vollen Ausmaß, denn zu diesem Zeitpunkt brachen die ersten der dubiosen Banken in sich zusammen. Insgesamt geht man davon aus, dass rund 1,2 Milliarden US-Dollar veruntreut wurden, denn weder die versprochenen Zinsen noch die ursprünglichen Einlagen konnten ausbezahlt werden.
Nach dem Zusammenbruch des Pyramidensystems wurden schnell Vermutungen laut, dass auch die Regierung beteiligt gewesen sein könnte, aber wirklich aufgeklärt wurden die illegalen Machenschaften nie. Es kam zu gewalttätigen Ausschreitungen und die öffentliche Ordnung brach komplett zusammen. Erst im April 1997 konnte eine von der Regierung angeforderte internationale Friedenstruppe wieder für Ruhe im Land sorgen. Zwei Monate später wurden unter Beobachtung der OSZE Wahlen abgehalten, wobei die Sozialisten als Sieger hervorgingen.

☐ Albanien heute

Heute ist die Republik Albanien eine parlamentarische Republik, deren Präsident alle fünf Jahre vom Parlament gewählt wird. Seit dem Jahr 2013 bekleidet Bujar Nishani, welcher der Demokratischen Partei PD angehört, dieses Amt. Beim Parlament handelt es sich um ein Einkammersystem, wobei die 140 Abgeordneten jeweils für eine Dauer von vier Jahren gewählt werden. Die Regierungsgeschäfte werden vom Ministerpräsidenten geführt. Im Jahr 1998 wurde die derzeit gültige Verfassung durch eine Volksabstimmung angenommen und zwei Jahre später wurde überdies ein Verfassungsgericht mit insgesamt neun Mitgliedern eingeführt.

Bild: Brett Siegel

Bild: Shkelzen Rexha Gjakovë I CC BY-SA 4.0

Die im Jahr 2013 abgehaltenen Parlamentswahlen gelten als erster Urnengang, der einerseits ohne nennenswerte Unregelmäßigkeiten ablief und bei welchem andererseits der Verlierer seine Niederlage auch eingestand. Als Sieger ging eine Koalition unter der Führung der Sozialistischen Partei PS, deren Spitzenkandidat Edi Rama nun den Posten des Ministerpräsidenten innehat, hervor. Generell sind im Land nach wie vor die zwei großen Parteien PD und PS von Bedeutung. Es existiert allerdings auch eine Vielzahl kleiner Parteien, die teilweise schon an Regierungen beteiligt waren, denn ohne Koalitionspartner war es bis dato keiner Partei möglich, die absolute Mehrheit im Parlament zu erlangen. Was Modernisierung und Reformen betrifft, bestehen zahlreiche sehr ambitionierte Pläne, doch scheitert deren Umsetzung oft am politischen Willen sowie an der nach wie vor sehr ineffizient arbeitenden Verwaltung. In außenpolitischer Hinsicht hat Albanien seit der völligen Isolation unter der kommunistischen Diktatur allerdings einen bemerkenswerten Wandel durchgemacht. Unmittelbar nach deren Sturz trat das Land diversen Organisationen bei, unter anderem der OSZE und der NATO und seit 2014 gilt Albanien überdies als offizieller EU-Beitrittskandidat.

Nationalheld Skanderbeg

Um 1403 erblickte Gjergj Kastrioti, der Sohn des mächtigen Fürsten Gjon Kastrioti, in Krujë das Licht der Welt. Als sein Vater im Jahr 1410 gezwungen war, sich dem osmanischen Sultan Murad II. zu unterwerfen, musste er diesem seine Söhne überlassen. So genossen

Bild: Tobago 77 | Fotolia

Gjergj und seine Brüder Erziehung sowie eine militärische Ausbildung im Janitscharen-Regiment am Hofe des Sultans in Konstantinopel. Gjergj erhielt den Namen Iksander und später den Titel Beg für seine Verdienste im Osmanischen Heer, wovon sich bald der besser bekannte Name Skanderbeg ableiten sollte. Aufgrund seiner hervorragenden militärischen Fähigkeiten vertraute der Sultan Skanderbeg bald den Oberbefehl über seine besten Männer an, doch dieser nutzte die Gelegenheit zur Flucht in seine nach wie vor von den Osmanen besetzte Heimat. Er eroberte Krujë zurück und wurde im Jahr 1443 zum Herrscher ernannt. Indem er die albanischen Fürsten in der sogenannten Liga von Lezhë zu einem Widerstandsbund vereinte, war ein Vorgehen gegen die Osmanen beschlossen. Obwohl die albanische Armee technisch deutlich unterlegen war, gelang es den Osmanen nicht, jene Burg in Krujë einzunehmen, von welcher aus Skanderbeg den Aufstand leitete. So wurde die Fahne der Kastrioti zu einem Symbol des Widerstandes. Kurz nach Skanderbegs Tod am 17. Jänner 1468 mussten sich die Albaner allerdings geschlagen geben. Skanderbeg avancierte indessen zu einem Synonym für Mut, Freiheit und Unabhängigkeit, weshalb er

Bild: Asia I CCA SA 4.0

Bild: Falco I Pixabay

in Liedern und Legenden gefeiert wird und zahlreichen Straßen und Plätzen im ganzen Land seinen Namen verleiht. Sein Helm wird übrigens stets mit dem Kopf eines Ziegenbocks geschmückt dargestellt, was auf eine Legende zurückzuführen ist. Diese besagt nämlich, dass sein bedeutender Sieg gegen die Osmanen durch eine geschickte List möglich geworden sein soll. Angeblich hat der Heerführer nämlich Fackeln an den Hörnern einer Ziegenherde befestigt und diese ins feindliche Lager getrieben, wodurch die osmanischen Soldaten ihre Stellungen fluchtartig verlassen haben sollen.

Blutrache

Lange Zeit war die sogenannte Gjakmarrja, also Blutrache, in Albanien weit verbreitet. Sie wurde in den abgelegenen Regionen des Nordens sogar im sogenannten Kanun, also etwa einer Sammlung überlieferter Vorschriften, geregelt. Grundsätzlich soll danach ein Verbrechen auf die gleiche Weise gesühnt werden, oft sogar unter der Anleitung eines sogenannten Schlichters. Genau genommen sollte der Kanun Verbrechen wie Mord und Totschlag vorbeugen, beziehungsweise einen Konflikt wenigstens beenden, doch können sich derartige Fehden in der Realität über Jahre und sogar Generationen hinweg in die Länge ziehen, wenn die betroffenen Familien immer wieder Rache nehmen, um ihre verloren geglaubte Ehre wieder herzustellen. Der ursprüngliche Anlass für eine derartige Fehde ist den jüngeren Familienmitgliedern manchmal gar nicht mehr bekannt. Betroffen sind ausschließlich männliche Nachkommen, doch sehen sich diese aus Angst vor Vergeltungsschlägen oft gezwungen, sich über lange Zeiträume hinweg in ihren Häusern zu verbarrikadieren. Da Selbstjustiz nicht mit moderner Gesetzgebung vereinbar ist, wurde neben einem Verbot ein nationales Versöhnungskomitee geschaffen, welches die Aufgabe hat, aktiv zwischen verfeindeten Familien zu vermitteln. Dies führte zwar zu einem starken Rückgang der Fälle, doch sind wirklich zuverlässige Zahlen nicht bekannt. Außerdem handelt es sich um ein Thema, welches generell nicht gerne auf den Tisch gebracht wird. Anhand der Architektur erkennt man jedoch oft, dass eine Familie von der Blutrache bedroht war, denn in diesem Fall wurden Gebäude mit fensterlosen, festungsartigen Untergeschoßen errichtet, die an Wehrtürme erinnern und lediglich im oberen Bereich Fenster aufwiesen.

Geografie

Das kleine Albanien, das von den Einheimischen als Shqipëria bezeichnet wird, liegt im Westen der Balkanhalbinsel und weist eine Gesamtfläche von nur 28 748 Quadratkilometern auf. Es grenzt im Nordwesten an Montenegro, im Nordosten an den Kosovo, im Osten an Mazedonien und im Südosten an Griechenland sowie im Westen an das Adriatische Meer, wobei die Küstenlinie knapp über 360 Kilometer lang ist. An der engsten Stelle der Adria, der Straße von Otranto, beträgt die Entfernung zum benachbarten Italien lediglich 73 Kilometer, während die griechische Insel Korfu sogar nur zwei Kilometer weit entfernt ist. Das Land ist in zwanzig Qarqe, also Bezirke beziehungsweise Präfekturen, welche ihrerseits in mehrere Bereiche gegliedert sind, unterteilt. Obwohl die Verwaltung in vielen Gebieten theoretisch autonom erfolgt, macht Tiranë auch heute noch so gut wie überall seinen Einfluss geltend.

Städte

Die größten Städte Albaniens liegen in den Küstenregionen, doch auch in Tälern und Hochebenen konnten sich Städte entwickeln. Generell lebt knapp über die Hälfte der Einwohner des Landes im urbanen Raum, wobei Tiranë, Durrës und Vlorë die größten Städte darstellen. Obwohl bis zum Ende des zwanzigsten Jahrhunderts die überwiegende Mehrheit der Bevölkerung in verstreuten Dörfern auf dem Land wohnte, sind nun die meisten Städte im Wachsen begriffen, allen voran die Hauptstadt Tiranë und die Hafenstadt Durrës.

Gebirge

Das albanische Territorium liegt durchschnittlich auf einer Höhe von etwa siebenhundert Metern über dem Meeresspiegel. Im Norden erstrecken sich die albanischen Alpen, welche Teil der Dinariden sind und mancherorts stark an die italienischen Dolomiten erinnern. Zu den höchsten Erhebungen zählen der 2 764 Meter hohe Korab *Maja e Korabit* an der Grenze zu Montenegro sowie das Jezercë-Gebirge *Maja e Jezercës* mit 2 694 Metern, welche das Valbonë-Tal *Lugina e Valbonës* überragt, doch der sogenannte Olymp von Albanien ist das markante Tomorr-Gebirge *Mali i Tomorrit*. Die weitläufigen Hochplateaus werden von Hirten als Ziegen- und Schafweiden genutzt, denn obwohl das Land sehr reich an Bodenschätzen ist, macht die Gebirgslandschaft deren Förderung äußerst schwer.

Bild: Christian Amvene I Pixabay

☐ Gewässer

Albanien verfügt über zahlreiche Flüsse, wobei alle größeren ausnahmslos in die Adria münden. Dort haben sich mehrere einzigartige Lagunengebiete gebildet, die als wichtige Naturreservate gelten. Längster Fluss des Landes ist der Drin, welcher eine Strecke von 282 Kilometern auf albanischem Boden zurücklegt, gefolgt von Vjosë und Devoll. Zu den größten natürlichen Seen, die sich Albanien allerdings mit den Nachbarländern teilen muss, zählen hingegen der Skadar-See *Liqeni i Shkodrës*, der Ohrid-See *Liqeni i Ohrit* und die Prespë-Seen *Liquenet e Prespës*, wobei ersterer gleichzeitig den größten See der gesamten Balkanhalbinsel darstellt. Außerdem verfügt das Land besonders im Norden über eine Vielzahl an Stauseen, welche zur Stromgewinnung genutzt werden.

☐ Adriatisches Meer

Das Adriatische Meer, das oft auch nur als Adria bezeichnet wird, ist ein langgestrecktes Seitenbecken des Mittelmeeres, welches sich zwischen der Apenninen- und der Balkanhalbinsel erstreckt. Dabei erreicht es eine Länge von rund 820 Kilometern und eine maximale Breite von 220 Kilometern. Die durchschnittliche Tiefe liegt zwischen vierzig und zweihundert Metern, wobei die seichteren Regionen eher im Norden zu finden sind. Ganz im Süden des Landes geht das Adriatische Meer an der sogenannten Straße von Otranto ins Ionische Meer über. Hier werden die langen Sandstrände von zerklüfteteren Küstenstreifen abgelöst. In Albanien fehlen Kläranlagen leider noch oft, weshalb vor allem im unmittelbaren Bereich der Großstädte Durrës und Vlorë Vorsicht beim Baden geboten ist. An vielen Stellen ist das Wasser jedoch klar und sauber und die oft schneeweißen Strände laden zum Verweilen ein.

☐ Landnutzung

Das Land ist vorwiegend von der Landwirtschaft geprägt, doch verfügen die einzelnen Betriebe nur über äußerst kleine Flächen, was eine effiziente Bewirtschaftung mit großen Maschinen fast unmöglich macht.

■ Natur und Naturschutz

Obwohl Albanien den Ruf hat, ein wildes, unberührtes Land mit wenig Industrie zu sein und außerdem über eine große Artenvielfalt verfügt, hat es auch mit Problemen zu kämpfen. Vor allem Überweidung,

Bild: Bashkia Vlorë I Studio Bleta Film & Photography

Bild: Josef Hora

illegale Rodungen, Wilderei und Überfischung, aber auch illegale Mülldeponien und das generell eher schlechte Entsorgungssystem sowie die oft sehr veralteten Autos und Lastwagen spielen dabei eine große Rolle. Für Kritik sorgen außerdem die Erdöl- und Erdgasförderanlagen sowie die großen Zementwerke. Ein erstes Bewusstsein für Umweltschutz erwacht zwar langsam, muss jedoch erst nach und nach seinen Weg in den Alltag der Bevölkerung finden. Um den vielen negativen Einflüssen entgegenzuwirken, wurde vor allem der Bereich der Müllentsorgung mittlerweile deutlich verbessert und auch die Fläche der unter Schutz gestellten Bereiche konnte in den letzten Jahren mehr als verdoppelt werden. Insgesamt weist das Land vierzehn Nationalparks sowie eine Meeresschutzzone auf, doch fehlt auch in den geschützten Regionen jegliche Infrastruktur und selbst wildes Campen ist meist gestattet. Albanien gehört außerdem zum sogenannten Grünen Band Europas und zum Blauen Herz Europas. Ersteres hat sich die Erhaltung des noch weitgehend naturbelassenen Grenzgebietes, welches während des Kalten Krieges Europa teilte, zum Ziel gesetzt. Letzteres widmet sich der Erhaltung der Biodiversität in den oft noch völlig unangetasteten Fließgewässern des Balkans. Hier finden mehr als die Hälfte der in Europa als gefährdet eingestuften Süßwasser-Mollusken und über ein Viertel der gefährdeten Süßwasserfische einen perfekten Lebensraum vor. Viele Fischarten sind hier überdies endemisch vertreten, leben also ausschließlich in diesem räumlich begrenzten Gebiet. Nicht umsonst ist Albanien in Bezug auf seine Größe als eines der artenreichsten Länder des europäischen Kontinents bekannt.

Bild: M. K.

☐ Fauna

Da Teile des Landes noch immer vollkommen unerschlossen sind, bilden diese einen Rückzugsort für mittlerweile seltene Tiere, die in anderen Regionen Europas bereits ausgestorben sind. Unter anderem

Bild: Lu Vi I Fotolia

Bild: Margit Völtz I PIXELIO

leben hier Wölfe, Braunbären, Luchse und Füchse, aber auch Wildschweine und wilde Ziegen sind sehr verbreitet. Insgesamt sind in Albanien über 350 Vogelarten wie Adler und Falken, aber auch Singvögel, Enten und Gänse sowie Krauskopfpelikane heimisch und die Küstenstreifen dienen überdies vielen Zugvögeln als wichtige Station auf ihrer langen Reise. Unter den rund 3 850 Insektenarten sind etwa neunhundert verschiedene Schmetterlinge vertreten und auch Gottesanbeterinnen sind hier keine Seltenheit. Schließlich leben in den stehenden und fließenden Gewässern des Landes und dem angrenzenden Meer etwa 260 Fischarten wie zum Beispiel der seltene, aber äußerst schmackhafte Koran, Thunfische und Delfine sowie Suppen- und Karettschildkröten.

☐ Flora

Die Flora des Landes zeichnet sich durch ihre besondere Vielfalt aus, denn es konnten nicht weniger als 3 221 Arten nachgewiesen werden, wovon 489 im Balkanraum und vierzig in Albanien endemisch sind. In den Küstenregionen trifft man auf die typische Mittelmeervegetation, welche sowohl die große Hitze und Trockenheit während des Sommers als auch geringen Frost tolerieren kann. Neben Palmen gedeihen hier auch Zitrus- und Olivenbäume sowie Kiefern und Pinien, während das gebirgigere Hinterland von Walnuss- und Mandelbäumen geprägt ist. Besonders im waldreichen Norden trifft man hingegen auf die typischen Eichenwälder mit Trauben- und Flaumeichen, doch auch Tannen, Fichten, Buchen und Ahorn sind weit verbreitet. Neben Alpenblumen gedeihen in diesen Regionen außerdem verschiedenste Heilkräuter, welche gerne zu Tees verarbeitet werden, denn diese sind nicht nur wohlschmeckend sondern stellen für viele Menschen auch eine günstige Alternative zur teuren medizinischen Versorgung dar.

Bild: Annamartha I PIXELIO

Berühmte Menschen aus Albanien

Neben Skanderbeg, dem wohl berühmtesten Albaner, hat das Land auch noch eine Reihe anderer Persönlichkeiten hervorgebracht, darunter zahlreiche Politiker wie den aus Vlorë stammenden Ismail Qemali, der 1912 dort die Unabhängigkeit Albaniens ausrief. Traurige Berühmtheit erlangte hingegen der im Jahr 1908 geborene Enver Hoxha, welcher sein Land mit eiserner Hand regierte. 1964 erblickte Edi Rama, der sich nicht nur als Politiker sondern auch als international bekannter Künstler einen Namen machen konnte, das Licht der Welt. Im kreativen Bereich sind außerdem der 1944 geborene, international bekannte Maler Edi Hila sowie der 1963 geborene Regisseur Gjergj Xhuvani bekannt. Ersterer fiel während des kommunistischen Regimes in Ungnade, letzterer drehte eine preisgekrönte Satire auf den Kommunismus. Die albanische Opernsängerin Inva Mula-Tchako erlangte durch ihre unverwechselbare Sopranstimme im Film „Das fünfte Element" internationale Berühmtheit. Neben dem Schriftsteller Ismail Kadare ist außerdem der 1935 geborene Literat Pjetër Arbnori bekannt, welcher 28 Jahre als Dissident im Gefängnis zubringen musste, bevor er ab 1989 als Führer einer Demokratiebewegung das Ende der kommunistischen Herrschaft in seinem Land herbeiführen konnte. Pashko Vasa engagierte sich stark in der Nationalbewegung Rilindja und erlangte durch ein Gedicht, in dem er seine Liebe zum albanischen Volk deklariert, enorme Bekanntheit. Im sportlichen Sektor sind vor allem Fußballspieler zu nennen, nämlich Altin Lala, der für die albanische Nationalmannschaft spielte, Hamdi Salihi sowie Igli Tare, wobei letzterer seine Karriere in Deutschland begann. Der 1954 in den USA geborene Schauspieler James Belushi hat übrigens ebenso albanische Wurzeln wie die weltberühmte Friedensnobelpreisträgerin Mutter Teresa, die 1910 als Agnes Gonxha Bojaxhiu im heutigen Mazedonien geboren wurde.

Architektur

Die Architektur präsentiert sich in Albanien ähnlich vielfältig wie die Kultur. Zeugnisse mittelalterlicher

Bild: M. K.

Baukunst finden sich zum Beispiel in Form von Kirchen und Klöstern sowie Befestigungsanlagen, doch in den gebirgigen Regionen begegnet man generell noch typischen Bauwerken aus alten Zeiten. In den Städten hinterließen vor allem Osmanen und Venezianer ihre charakteristischen Spuren, etwa in Berat oder Gjirokastër, weshalb diese beiden Altstädte zum UNESCO-Weltkulturerbe zählen. Doch auch in anderen Städten machen sich die Einflüsse von Fremdherrschern bemerkbar, etwa in Korçë, wo Villen aus der

Bild: M. K.

Bild: Lars Haefner I CC BY-SA 3.0

Gründerzeit oder im Jugendstil verbreitet sind. Prägend für die sozialistische Zeit sind die klassischen Plattenbauten, denn Enver Hoxha hatte es sich zum Ziel gesetzt, das Aussehen aller Ortschaften des Landes zu vereinheitlichen. Seit der Jahrtausendwende setzen sich aber kräftige Farben immer mehr durch, was das Stadtbild deutlich freundlicher macht. Zu den berühmtesten Vertretern moderner Architektur zählen fast ausschließlich Gebäude in der Hauptstadt, nämlich das ABA Business Center, das European Trade Center und der TID-Tower.

Literatur

Als ältestes albanisches Buch gilt das Messbuch von Gjon Buzuko aus dem Jahr 1555, doch vor dem 19. Jahrhundert wurden nur sehr wenige albanische Texte publiziert, da die Region von den Osmanen dominiert wurde. Erst im Laufe des 19. Jahrhunderts wurde durch die Nationalbewegung Rilindja die Gründung einer einheitlichen Schriftsprache angestrebt, was zur Entstehung erster Werke führte. Bekannt sind aus dieser Epoche vor allem Dichter, zum Beispiel Girolamo de Rada, Naim Frashëri oder Gjergj Fishta. Am berühmtesten sind jedoch die Schriftsteller der Zwischenkriegszeit, darunter Sterjo Spasse, Dritëro Agolli, ab 1973 Vorsitzender des Schriftstellerverbandes, sowie der auch international gefeierte Ismail Kadare. Letzter wandte sich später der Prosa zu und verfasste zahlreiche Romane, in welchen er teilweise vorsichtige Kritik an der gesellschaftlichen Situation in seinem Land übte. Sein 1964 veröffentlichter Roman „Der General der Toten Armee" sorgte für Aufsehen und wurde mehrfach verfilmt. Andere Autoren konnten ihre Werke erst nach der politischen Wende im Jahr 1990 veröffentlichen, darunter der als Dissident bekannte Fatos Lubonja. Waren während des kommunistischen Regimes noch deutliche Unterschiede zwischen der Literatur in Albanien und im Kosovo zu bemerken, so wachsen die literarischen Szenen beider Länder neuerdings immer mehr zusammen. In jüngerer Zeit konnten sich außerdem die Literaten Fan Noli, Mimoza Ahmeti und Anila Wilms einen Namen machen.

Kunst

Im Bereich der Kunst ist neben der alten Tradition der Fertigung von Mosaiken aus bunten Kieselsteinen vor allem der orthodoxe Ikonenmaler Onufri zu nennen. Dieser war im 16. Jahrhundert im südalbanischen Raum, vor allem in den Kirchen der Stadt Berat, tätig und gilt als einer der bedeutendsten Vertreter seiner Epoche in Südosteuropa. Sein berühmter Rotton, der von keinem anderen Ikonenmaler erreicht werden konnte, ist heute überaus bekannt. Kolë Idromeno gilt hingegen als Begründer des Realismus in Albanien, aber er widmete sich auch der Fotografie und dem Film. Zu Beginn waren seine Werke von religiösen Themen dominiert, später traten historische Ereignisse und Alltagsmotive wie etwa feierliche Anlässe, aber auch Landschaftsmotive immer mehr in den Vordergrund. Sein berühmtestes Bild mit dem Titel Motra Tone stammt aus dem Jahr 1883 und zeigt ein Porträt seiner Schwester, weshalb es auch gerne als albanische Mona Lisa bezeichnet wird. Seine Werke sind vorwiegend in Shkodër sowie in Tiranë ausgestellt. Während der kommunistischen Ära war auch der Bereich der Kunst genau geregelt, wodurch nur wenig Raum für persönliche Entfaltung blieb. Typisch sind die Verehrung des Kommunismus an sich sowie seiner Vertreter, was sich oft in Form von monumentalen Statuen an öffentlichen Plätzen manifestierte.

Bild: Public Domain

Film

Bereits im Jahr 1945 wurde ein staatliches Filmzentrum gegründet, welches drei Jahre später eine Wochenschau präsentierte. Die Filmproduktion existiert in Albanien allerdings erst seit dem Jahr 1952, als im Rahmen einer Koproduktion mit Russland der erste Kinofilm gedreht wurde. Dieser widmete sich dem Nationalhelden Skanderbeg und wurde von einem staatlichen Kinostudio, welches jedoch 1991 geschlossen wurde, produziert. Auch die folgenden Filme, die ab den 1960er Jahren entstanden, widmeten sich vor allem dem Partisanenkampf oder dem Sozialismus, wobei ausländische Filme aufgrund der ideologischen Ausrichtung des Regimes immer drastischer abgelehnt wurden. Im Land entstanden unterdessen auch Kinderfilme und Komödien, jedoch waren Dramen weiterhin am verbreitetsten. Der Produzent Albafilm musste im Jahr 2000 seine Arbeit einstellen und heute bestehen in erster Linie kleine Produktionsfirmen. Filmprojekte entstehen oft in Zusammenarbeit mit anderen Ländern und werden dabei vom Nationalen Zentrum der Kinematographie unterstützt.

Musik

Die traditionelle Musik, bei der vor allem der Gesang eine wichtige

Rolle spielt, ist auch heute noch weit verbreitet, vor allem bei Festen wie zum Beispiel Hochzeiten. Sie zeichnet sich durch ihre enorme regionale Vielfalt aus, wobei die größten Unterschiede zwischen den nördlichen und den südlichen Landesteilen bestehen. Während im Norden epische Lieder und sogenannte Ausrufungslieder, die einst der Übermittlung von Nachrichten in der rauen Bergwelt dienten, verbreitet sind, ist der Süden für seine iso-polyphone Musik bekannt. Dabei handelt es sich zwar um eine mehrstimmige Gesangsform, doch führen zwei bis drei Stimmen, die weitgehend unabhängig voneinander agieren, sich dabei aber perfekt ergänzen. Diese speziellen Gesänge der Tosken wurden übrigens im Jahr 2005 in die Liste des UNESCO-Welterbes des mündlichen und immateriellen Erbes aufgenommen. Bedeutend sind außerdem die Instrumente der Volksmusik, darunter vor allem im Süden Geigen, Klarinetten und Akkordeons, aber auch die überall verbreiteten ein- und mehrsaitigen Lauten, Flöten, Blasinstrumente wie etwa der albanische Dudelsack und Trommeln sowie Tamburine, welche sich für den Rhythmus verantwortlich zeigen. Selbst die zeitgenössische Musik ist oft von der Volksmusik beeinflusst. Ihr widmen sich zahlreiche Festivals, unter anderem das Liederfestival *Festivali i Këngës* von Tiranë. Im Rahmen dieser Veranstaltung erfolgt alljährlich die Vorentscheidung für den bekannten Eurovision Song Contest. Wird zur Musik getanzt, handelt es sich meistens um Gruppentänze im Kreis oder in einer Linie, doch auch Darbietungen von Paaren oder einzelnen Tänzern sind keine Seltenheit.

Theater

Regelmäßige Kulturveranstaltungen sind meist auf die Hauptstadt beschränkt, doch hier besteht ein relativ breites Angebot, das neben einer Oper auch mehrere Theater und Konzertsäle umfasst. Leider mangelt es häufig an den notwendigen finanziellen Mitteln, beispielsweise für eine professionelle Beleuchtung.

Galerien und Museen

Nach der rund vierzig Jahre andauernden Isolation des Landes besteht im kulturellen Bereich immer noch einiger Nachholbedarf. So verfügt Albanien zwar über ein

Bild: Gerd

Bild: M. K.

sehr reiches kulturelles Erbe, doch lässt die Präsentation oft noch zu wünschen übrig. Beispielsweise beschränkt sich die Beschilderung meist auf die Landessprache, weshalb ein Museumsbesuch für Touristen oft zu einem nur mäßig spannenden Erlebnis wird.

Veranstaltungstipps

Der Folklore wird in Albanien nach wie vor ein hoher Stellenwert beigemessen, obwohl diese während der kommunistischen Ära stark für

Bild: Josef Hora

ideologische Zwecke missbraucht wurde. So finden im ganzen Land regelmäßig Veranstaltungen statt, vor allem während der Sommermonate. Beliebt sind Volks- und Straßenfeste, zumeist mit Musik, Umzügen und oft sogar speziellem Kinderprogramm.

☐ Frühlingsfest

Jeweils am 14. März findet in den meisten Städten ein ausgelassenes Fest mit Folkloreveranstaltungen und Märkten statt, um das Ende des Winters zu feiern.

☐ Jazzfestival

Im Mai lockt das beliebte Jazzfestival Teilnehmer aus aller Welt in die albanische Hauptstadt.

☐ Karneval von Shkodër

Alljährlich im Februar verwandelt sich die Stadt in ein Eldorado für Freunde des bunten Faschingstreibens, denn prächtige Kostüme sind dann allgegenwärtig.

☐ Logu i Bjeshkëve

Mitte August findet in der Nähe des Bordolec-Passes das Trachtenfest Logu i Bjeshkëve statt, im Rahmen dessen die schönste Frau des nördlichen Albaniens gewählt wird.

☐ Nationales Folklorefestival

Nur alle fünf Jahre, also erst wieder im Jahr 2020, findet das Nationale Folklorefestival in Gjirokastër statt. Dieses hat eine lange Tradition und widmet sich Musik, Gesang und Tanz, bietet aber auch eine perfekte Gelegenheit, um die bunten Trachten des Landes kennen zu lernen.

☐ Theaterfestival Butrint 2000

Das Theaterfestival Butrint 2000 findet immer im Juli statt und bietet teilweise sogar rund um die Uhr Theateraufführungen, Konzerte und Musicals mit internationaler Beteiligung.

☐ Theaterfestival Elbasan

Beim Theaterfestival in Elbasan sind jeden Oktober zahlreiche Gastländer vertreten, wodurch immer für viel Abwechslung gesorgt ist.

☐ Vjeshta e Tiranës

Anfang November findet in der Hauptstadt das Herbstfestival Vjeshta e Tiranës statt, wobei moderne Musik im Vordergrund steht.

☐ Weinblattfest

In der ersten Aprilwoche findet in Berat jedes Jahr das Weinblattfest statt, doch auch der Ernte ist hier im September eine eigene Veranstaltung gewidmet.

Regionale Köstlichkeiten

Generell ist die albanische Küche als mediterran zu bezeichnen, doch machen sich auch bei den Speisen große regionale Unterschiede bemerkbar. Zu den beliebtesten Zutaten zählen diverse Gemüsesorten wie zum Beispiel Paradeiser, Paprika, Melanzani, Kohl und Spinat, aber auch die Verwendung von Erdäpfeln, Reis und Getreide ist weit verbreitet. An der Küste wird oft Fisch gegessen, während im Landesinneren vor allem Fleisch geschätzt wird, darunter Lamm, Ziege, Rind und Geflügel, aber oft auch Schwein. Massentierhaltung ist in Albanien quasi unbekannt und der Koch weiß im Normalfall sogar ganz genau, woher das von ihm zubereitete Stück Fleisch stammt. Wichtige Zutaten sind außerdem Kräuter wie Oregano, Minze und Basilikum, aber auch mit Olivenöl, Knoblauch und Zwiebel wird nicht unbedingt sparsam umgegangen. So gut wie alle verarbeiteten Produkte sind frisch, sonnengereift und frei von chemischen Zusätzen. Im Winter muss allerdings auf eingelegtes Gemüse zurückgegriffen werden, denn Importe sind selten. Die wichtigste Mahlzeit stellt übrigens vielerorts das Mittagessen und nicht zwangsläufig wie in den meisten südlichen Ländern das Abendessen dar. Zum Frühstück gehören Brot, Butter, Käse, und Marmelade, teilweise auch Eier und gebratene Würstchen, doch ist es keine Seltenheit, dass vorab genaue Wünsche bekanntgegeben werden müssen, wenn man nicht in einem großen Hotel mit Buffet nächtigt.

Bild: M. K.

Bild: Tradita Shkodër

Vorspeisen

Die albanischen Vorspeisen sind zwar meist klein, jedoch umso würziger. Im Sommer ist Tarator als beliebteste Vorspeise zu nennen. Dabei handelt es sich um Joghurt mit Gurken, Knoblauch, Olivenöl, Essig und Dille.

Hauptspeisen

Bekannte Spezialitäten sind die auch bei uns servierten faschierten Laibchen, die hier als Biftek oder Pleskavica beziehungsweise Qofte bezeichnet werden, sowie Musaka, ein Auflauf aus Erdäpfeln und Faschiertem. Großer Beliebtheit erfreut sich außerdem Byrek, auf Blechen gebackene Teigschnecken mit einer schmackhaften Füllung, meist aus Fleisch, aber auch aus Schafkäse oder Gemüse. Eine gewisse Ähnlichkeit weisen die sogenannten Peta auf, also Teigtaschen, die mit Lauch, Spinat, Zwiebel, Bohnen, Kürbissen oder Kohl gefüllt werden. Außerdem sollte man sich die

Bild: M. K.

ebenfalls sehr beliebten Sarma, mit Faschiertem gefüllte Kohlrouladen, keinesfalls entgehen lassen.
Als Pilaf oder Oriz bezeichnet man Fleisch auf Reis, welches gemeinsam im Ofen überbacken wird.
Im Bereich der Beilagen sind neben Fladenbrot sowie dem aus Kichererbsenmehl hergestellten Brot Qira in erster Linie Reis, Ajvar, also eine Paste aus Paprika und Melanzani, sowie eingelegtes Gemüse namens Turshia zu erwähnen.
Da Suppen und Eintöpfe in Albanien ebenfalls gerne gegessen werden, finden auch Vegetarier ein gewisses Maß an Abwechslung vor, wobei auch hier immer wieder Fleisch verarbeitet wird, etwa im Fisoleneintopf Fasul.
Zahlreiche Gerichte werden jedoch ganz traditionell auf mehreren Tellern serviert, sodass Fleisch und Beilagen streng getrennt sind. Im Zweifelsfalle sollte man sich vor dem Bestellen genau erkundigen, um unliebsamen Überraschungen vorzubeugen. Dies gilt auch für die Zubereitung von Fleisch, denn Innereien und manchmal sogar ganze Tierköpfe zählen zu den besonderen Delikatessen und so sollte man mitunter darauf vorbereitet sein, dass nicht jedes Gericht unbedingt den westeuropäischem Vorstellungen entspricht, auch wenn das Essen so gut wie immer sehr schmackhaft ist.

□ Nachspeisen

Nachspeisen werden in erster Linie zu feierlichen Anlässen serviert, doch sind dann überaus süße Köstlichkeiten am beliebtesten. Hier macht sich der orientalische Einfluss am deutlichsten bemerkbar und auch die Auswahl scheint grenzenlos zu sein. Häufig angeboten werden Halva, Baklava, Llokumi und verschiedene Puddingarten. Bei Baklava handelt es sich um ein Gebäck aus sogenanntem Filoteig, welcher dem bei uns gebräuchlichen Blätterteig relativ ähnlich ist. Dieser wird mit gehackten Walnüssen, Mandeln oder Pistazien gefüllt und gleich nach dem Backen in Zuckerwasser eingelegt. Halva wird aus fein gemahlenem Sesam, Zucker und Honig hergestellt und anschließend mit Kakao, Vanille, Nüssen oder Mandeln verfeinert.

Bild: Pixabay

Llokumi kann so gut wie alle Farben aufweisen und ist typischerweise weich und klebrig, weshalb die fertigen Würfel in Zucker gewälzt werden. Hauptbestandteil ist ein Sirup aus gelierter Stärke und Zucker, welcher mehrere Stunden lang gekocht und nach dem Abkühlen in Stücke geschnitten wird. Beliebt sind außerdem kandierte Früchte, die als Reçel bezeichnet werden.

Bild: PTS Dave I Pixabay

☐ Getränke

Weit verbreitet ist neben Kaffee, der sowohl schwarz und bitter, als auch mit Zucker oder in Form von Espresso zubereitet wird, auch Buttermilch, die zu erstaunlich vielen Speisen gereicht wird. Das albanische Mineralwasser hat ebenfalls einen guten Ruf und ist sehr günstig. Beliebt ist außerdem Früchtetee, während schwarzer Tee kaum erhältlich ist. Im Ausland eher unbekannt ist hingegen die albanische Weinbaukultur, die sich jedoch sehr vielfältig präsentiert, denn neben auch bei uns bekannten Rebsorten gedeihen hier einige ganz spezielle, die oft zu Hausweinen verarbeitet werden. Deutlich hochprozentiger sind schließlich die albanischen Schnäpse, zum Beispiel der Traubenschnaps Raki rrushi oder der Maulbeerschnaps Raki mani. Obwohl ein offizielles Verbot besteht, brennt nach wie vor so gut wie jede Familie ihren eigenen Schnaps. Bierliebhaber müssen sich ebenfalls keine Sorgen machen, denn auch dieses wird hier gebraut, wobei das Korçë, welches als helles und dunkles Bier genossen werden kann, zu den beliebtesten zählt.

☐ Restaurants

Restaurants, Kaffeehäuser und Bars sind im städtischen Gebiet weit verbreitet und bei den Einheimischen als Treffpunkt beliebt, selbst für geschäftliche Besprechungen. Es ist üblich, vorerst eher wenig zu ordern und bei Bedarf nachzubestellen.
In abgelegeneren Regionen sucht man Restaurants oft vergeblich, da diese für die Einwohner einfach zu teuer wären und der Betrieb für Touristen alleine nicht lohnenswert ist. Allerdings sind dort die Vermieter meist darauf eingerichtet, ihre Gäste zu versorgen und so hat man die Möglichkeit, landestypische Gerichte auf unverfälschte Weise kennen zu lernen. Oft bieten kleinere Gaststätten Speisen auch nur auf Bestellung an, was den Vorteil hat, dass diese garantiert frisch sind, denn die Zutaten müssen manchmal noch schnell vom Bauern geholt werden. So gut wie jede Mahlzeit wird übrigens mit den Worten „Për të mirë!“, also etwa „Guten Appetit“ oder „Zum Wohl“ eröffnet, worauf „Faleminderit, edhe ju gjithashtu!“, also „Danke, Euch auch!“ erwidert wird. Ist das Essen beendet, folgt die Formel „Zoti e shtoftë!“, also „Möge Gott es vermehren!“, worauf die Antwort „Ju bëftë mirë!“, also etwa „Es soll Euch gut werden!“, erfolgt. Steht jemand vom Tisch auf, wird hingegen die Frage, ob man satt sei „A je ngopur?“ erwartet.

Bild: Tradita Shkodër

Stadt

Dorf, Ansiedlung

Region, Viertel, Platz, Straße, Gasse

Profangebäude

Festung, Burg, Wehrturm

Archäologiepark, Ausgrabungsstätte

Kirche, Kloster

Moschee, Tekke

Museum

Galerie, Ausstellung, Kunst

Denkmal, Gedenkstätte,
Nekropole, Tumulus, Friedhof

Nationalpark, Naturschutzgebiet

Park, Botanischer Garten

Höhle

Berglandschaft, Gebirge, Felsen

Strand, Kap

Schlucht, Tal

Gewässer, Lagune, Wasserfall, Bad

Brücke

Sport, Spaß, Abenteuer

Produktionsstätte, Betrieb

Markt

Autobahn

Fernverkehrsstraße, 4-spurig

Fernverkehrsstraße

Hauptstraße

Nebenstraße

8 Entfernungen in km

Autofähre

Staatsgrenze,
internationaler Grenzübergang

SH3 A1 Straßennummern

Internationaler Flughafen,
Flughafen

P. K. Prespa Nationalpark,
Naturschutzgebiet

Öffentliches Gebäude

Kirche

Moschee

Museum

Durchfahrtsstraße

Fußgängerzone

Parkplatz

Information

Tiranë

Die zentral gelegene Hauptstadt Tiranë, in welcher die meisten westeuropäischen Touristen erstmals albanischen Boden betreten, präsentiert sich heute als buntes, lebendiges Zentrum. Bei einem Spaziergang durch die Stadt bemerkt man unweigerlich eine gewisse Aufbruchsstimmung, denn die Stadt verändert ihr Aussehen noch immer laufend und unter die noch erhaltenen Gebäude aus osmanischer Zeit sowie die zahlreichen typisch sozialistischen mischen sich immer mehr moderne Neubauten. Gewiss ist, dass die Stadt der Zukunft sehr erwartungsvoll entgegenblickt und dies zurecht. In den kleinen Seitengassen spürt man dennoch das typisch südländische Flair. Hier hängt die frisch gewaschene Wäsche zum Trocknen vor den Fenstern, während alte Männer gemütlich beisammensitzen, plaudern oder oft sogar hitzig diskutieren und sich dabei offenbar trotzdem nicht von ihrem Dominospiel ablenken lassen. Aufgrund ihrer günstigen Lage bietet sich die Stadt, das politische, aber auch kulturelle und wirtschaftliche Zentrum des Landes, außerdem als perfekter Ausgangspunkt für Exkursionen in die Umgebung an.

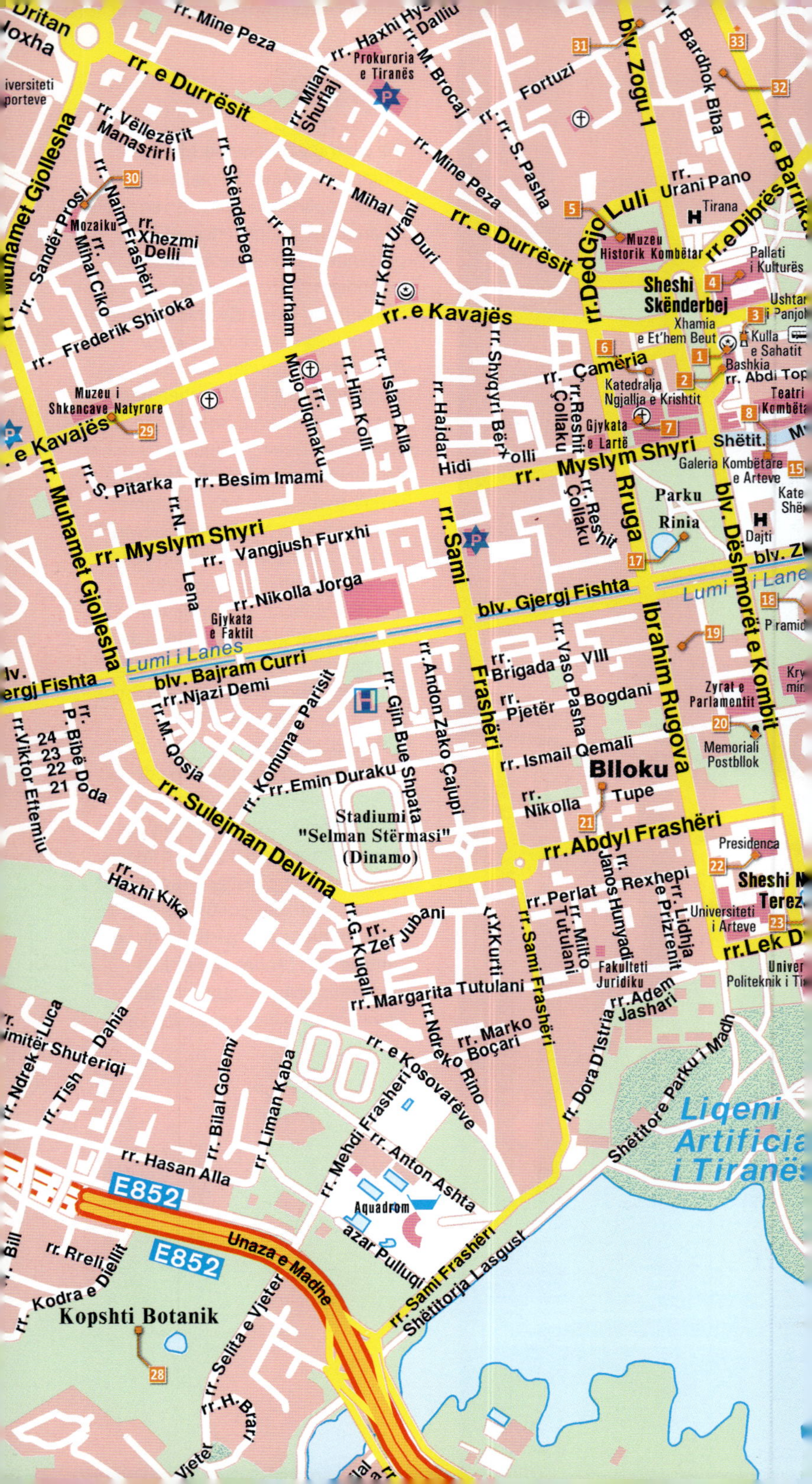
rr. e Durrësit
rr. Mine Peza
Prokuroria e Tiranës
rr. M. Brocaj
Fortuzi
blv. Zogu 1
rr. Bardhok Biba
rr. e Barrikadave
rr. Muhamet Gjollesha
rr. Vëllezërit Manastirli
rr. Skënderbeg
rr. Mihal Duri
rr. S. Pasha
rr. Urani Pano
Tirana
rr. e Dibrës
rr. DedGjo Luli
Muzeu Historik Kombëtar
Pallati i Kulturës
Sheshi Skënderbej
rr. Sandër Prosi
Mozaiku
rr. Naim Frashëri
rr. Xhezmi Delli
rr. Mihal Ciko
rr. Edit Durham
rr. Kont Urani
rr. Frederik Shiroka
rr. e Kavajës
Xhamia e Et'hem Beut
Kulla e Sahatit
Bashkia
rr. Abdi Toptani
Teatri Kombëtar
rr. Mujo Ulqinaku
rr. Him Kolli
rr. Islam Alla
rr. Hajdar Hidi
rr. Shyqyri Bërxolli
rr. Çamëria
rr. Reshit Çollaku
Katedralja Ngjallja e Krishtit
Gjykata e Lartë
Muzeu i Shkencave Natyrore
Shëtit.
Galeria Kombëtare e Arteve
rr. S. Pitarka
rr. Besim Imami
rr. Myslym Shyri
Parku Rinia
Dajti
rr. N. Lena
rr. Vangjush Furxhi
rr. Sami Frashëri
Rruga Ibrahim Rugova
blv. Dëshmorët e Kombit
rr. Nikolla Jorga
Gjykata e Faktit
blv. Gjergj Fishta
Lumi i Lanes
P ramida
blv. Bajram Curri
rr. Njazi Demi
rr. Komuna e Parisit
rr. Gjin Bue Shpata
rr. Andon Zako Çajupi
rr. Brigada VIII
rr. Vaso Pasha
rr. Pjetër Bogdani
Zyrat e Parlamentit
Memoriali Postbllok
rr. Viktor Eftemiu
rr. P. Bibë Doda
rr. M. Qosja
rr. Emin Duraku
rr. Ismail Qemali
Blloku
rr. Nikolla Tupe
rr. Sulejman Delvina
Stadiumi "Selman Stërmasi" (Dinamo)
rr. Abdyl Frashëri
Presidenca
rr. Haxhi Kika
rr. G. Kuqali
rr. Zef Jubani
rr. Y. Kurti
rr. Perlat Rexhepi
rr. Milto Tutulani
rr. Janos Hunyadi
rr. Lidhja e Prizrenit
Sheshi Nënë Tereza
Universiteti i Arteve
rr. Lek Dukagjini
Fakulteti Juridiku
Politeknik
rr. Margarita Tutulani
rr. Adem Jashari
rr. Ndrek Luca
rr. Dhimitër Shuteriqi
rr. Tish Dahia
rr. Bilal Golemi
rr. Liman Kaba
rr. e Kosovarëve
rr. Ndreko Rino
rr. Marko Boçari
rr. Dora D'Istria
Shëtitore Parku i Madh
Liqeni Artificial i Tiranës
rr. Hasan Alla
rr. Mehdi Frashëri
rr. Anton Ashta
E852
Aquadrom
Unaza e Madhe
Pazar Pulluqi
rr. Sami Frashëri
Shëtitorja Lasgush
rr. Rreli
rr. Kodra e Diellit
Kopshti Botanik
rr. Selita e Vjetër
rr. H. Brari
1 2 3 4 5 6 7 8 15 17 18 19 20 21 22 23 24 28 29 30 31 32 33

1 Et'hem Bey-Moschee
2 Rathaus
3 Uhrturm
4 Kulturpalast
5 Historisches Nationalmuseum
6 Kindertheater
7 Kathedrale der Auferstehung Christi
8 Nationale Kunstgalerie
9 Festung von Tiranë
10 Mausoleum des Kaplan Pasha
11 Mulleti-Statue
12 Markt
13 Gerberbrücke
14 Parlament
15 Selim Pasha Toptani-Villa
16 Kathedrale des heiligen Paulus
17 Rinia-Park
18 Pyramide
19 Sky-Tower
20 Post Bllok-Denkmal
21 Bllok-Viertel
22 Präsidentenpalast
23 Mutter Teresa-Platz
24 Archäologisches Nationalmuseum
25 Studentenviertel
26 Heldenfriedhof
27 Großer Park
28 Botanischer Garten
29 Naturwissenschaftliches Museum
30 Mosaik von Tiranë
31 Tekke der Hatixhe
32 Haus des Derwischs Khorosani
33 Sali Shijaku-Haus
34 Bunk'Art
35 Welt-Bektashi-Zentrum

Tiranë

Das Gebiet der Stadt Tiranë beziehungsweise Tirana war bereits in der Steinzeit besiedelt und zu Beginn des 6. Jahrhunderts ließ Kaiser Justinian hier eine Festung errichten, die lange Zeit über bestand. Theran, eine wirkliche Stadt, wurde allerdings erst im Jahr 1614 vom osmanischen Herrscher Sulejman Pasha Mulleti beziehungsweise Bargjini, wie er auch genannt wird, gegründet. Fest steht, dass sich die anfangs noch sehr überschaubare Ansiedlung im Laufe des 17. und 18. Jahrhunderts zu einem bedeutenden Handwerks- und Handelszentrum weiterentwickelte, wobei vor allem Metall- und Lederwaren, Keramikartikel, Textilien und Schmuck von Bedeutung waren. Der Aufstieg zur Hauptstadt erfolgte schließlich 1920 während des Kongresses von Lushnjë. Hauptgrund dafür dürfte die zentrale Lage sowohl im Hinblick auf das gesamte Land als auch in Bezug auf die Grenze zwischen dem gegischen und dem toskischen Dialekt gewesen sein. Von einer Großstadt konnte man damals zwar weder im Hinblick auf die Größe noch auf die Einwohnerzahlen sprechen, doch lediglich zehn Jahre später übernahm ein italienisches

Bild: Josef Hora

Architektenduo den Ausbau des Zentrums. Davon zeugen auch heute noch zahlreiche öffentliche Gebäude wie zum Beispiel der Sitz der Stadtverwaltung. Im Jahr 1939 nahmen italienische Faschisten die Stadt ein, wurden jedoch vier Jahre später von der Deutschen Wehrmacht abgelöst. Nach der Befreiung Tiranës durch die Partisanen richtete die kommunistische Regierung im November 1944 hier ihren Sitz ein. Leider ging die Erbauung der typisch sozialistischen Bauten zumeist mit der Zerstörung der bestehenden Architektur aus osmanischer Zeit einher, weshalb nur wenige Gebäude aus jener Epoche überdauern konnten. Im Jahr 1991, kurz nach dem Sturz

Bild: Wander.al

Bild: Josef Hora

Bild: Josef Hora

des Diktators Enver Hoxha, wurde dessen monumentale Statue vor dem zentral gelegenen Kulturpalast, die bis zu diesem Zeitpunkt ein bedeutendes Monument dargestellt hatte, von der aufgebrachten Menge abgerissen.
Edi Rama, Künstler und ehemaliger Bürgermeister der Stadt, begann schließlich damit, die trist wirkenden Wohnblöcke zu verschönern, indem er sie in bunten Farben streichen ließ. Insgesamt präsentiert sich die Hauptstadt nun deutlich moderner und gepflegter als noch vor einigen Jahren, doch müssen nach wie vor einige Bewohner der Vororte ohne grundlegende Infrastruktur das Auslangen finden. Generell ist in letzter Zeit allerdings ein wirtschaftlicher Aufschwung zu bemerken, denn nicht nur Straßen wurden saniert sondern auch neue Krankenhäuser, Universitäten und Einkaufszentren errichtet beziehungsweise veraltete renoviert. Zahlreiche Projekte wie zum Beispiel die Gestaltung des von einem elf Meter hohen Reiterstandbild des gleichnamigen Nationalhelden gezierten Skanderbeg-Platzes *Sheshi Skënderbej* als Fußgängerzone oder die Realisierung des geplanten Straßenbahnnetzes warten allerdings nach wie vor auf ihre Umsetzung. Immer wieder erstaunlich sind die enormen Kontraste, die man in der Stadt zu Gesicht bekommt. So bieten etwa teure Boutiquen ihre exquisiten Waren an, während quasi vor der Tür Straßenhändler auf Käufer für diverse Second-Hand-Waren warten.
Wie viele Einwohner die albanische Hauptstadt tatsächlich hat, lässt sich nur schätzen, denn bei der letzten Volkszählung wurden zwar rund 420 000 Menschen registriert, doch wird davon ausgegangen dass in Wahrheit über 630 000 Menschen in der Stadt leben, denn besonders in den Vororten haben sich zahlreiche illegale Zuwanderer angesiedelt.
Als Tourist wird man übrigens sofort erkannt, doch obwohl die Menschen oft neugierig erscheinen, sind sie im Normalfall eher hilfsbereit als aufdringlich, was selbst auf fliegende Händler und mobile Geldwechsler zutrifft.

⌖ 41°19‘40.60“N, 19°49‘06.70“E

www.albania.al
www.akt.gov.al

Et‘hem Bey-Moschee

Die Et‘hem Bey-Moschee *Xhamia e Et‘hem Beut* im Osten des zentralen Platzes wurde im Jahr 1821 nach einer Bauzeit von 27

Jahren vollendet. In Auftrag gegeben wurde die Errichtung zwar noch vom Vater des Et'hem Bey, doch der Sohn vollendete den Bau und fungiert daher als Namensgeber. Das harmonisch wirkende Gotteshaus weist eine Kuppel, ein hohes,

Bild: M. K.

schlankes Minarett und nicht weniger als sechzehn in Bögen übergehende Säulen auf, welche den offenen Vorbau stützen. Die entstehenden Flächen werden von filigranen Ornamenten geziert und auch der Innenraum zeichnet sich durch herrliche Wandmalereien mit floralen Ornamenten aus. Bemerkenswert ist außerdem die Tatsache, dass es sich um die einzige von insgesamt acht Moscheen aus dem 18. bis 19. Jahrhundert handelt, welche noch heute erhalten ist. Sie wurde nämlich selbst während der kommunistischen Zeit lediglich geschlossen, jedoch nicht abgerissen oder einer anderen Funktion zugeführt, da sie unter Denkmalschutz stand. Lediglich ihr Minarett nahm während der Partisanenkriege Schaden, wurde jedoch restauriert. Ein bedeutender Tag für die Moschee war der 18. Jänner 1991, denn damals wurde sie von den Gläubigen regelrecht gestürmt, obwohl dafür noch keine Genehmigung vom Staat vorlag.

Rathaus

Unmittelbar neben der Moschee befindet sich das in rot und gelb gehaltene Rathaus *Bashkia*, das als Sitz des Bürgermeisters dient. Ebenso wie die anderen öffentlichen Gebäude, vor allem Ministerien, die sich um den Platz gruppieren, wird es am Abend effektvoll beleuchtet, weshalb man einen Spaziergang nach Einbruch der Dämmerung einplanen sollte.

Uhrturm

Direkt hinter der Moschee erhebt sich seit dem Jahr 1822 der Uhrturm *Kulla e Sahatit*, eines der Wahrzeichen der Stadt. Seine Errichtung wurde von wohlhabenden Kaufleuten finanziert und er rangierte mit einer Höhe von über dreißig Metern lange Zeit unter den höchsten Gebäuden der Stadt. Heute kann der nach einem Umbau im Jahr 1928 um fünf Meter höhere Turm erklommen werden, indem man circa neunzig steile Eisenstufen überwindet. Belohnt wird man dafür mit einem einmaligen Rundblick über die Stadt, welchen man sich keinesfalls entgehen lassen sollte. Ursprünglich beherbergte der Uhrturm auch eine Glocke aus Venedig, welche jeweils zur vollen

Bild: Andrey Shevchenko I Fotolia

Stunde geläutet wurde, doch wurde diese im Rahmen der Umgestaltung im Jahr 1928 durch eine moderne Uhr ersetzt. Nach der schweren Beschädigung während des Zweiten Weltkrieges musste diese allerdings erneut ausgetauscht werden. Aktuelle Pläne sehen eine Renovierung und die Errichtung eines Uhrenmuseums im Turm vor.

Kulturpalast

Der Kulturpalast *Pallati i Kulturës* beherbergt in seinen beiden Flügeln zwei der bedeutendsten kulturellen Einrichtungen Tiranës, nämlich die 1920 gegründete Nationalbibliothek *Biblioteka Kombëtare* mit über einer Million Bände, sowie die Oper *Opera*, in welcher neben klassischen Stücken auch moderne albanische Kompositionen aufgeführt werden, wobei die Eintrittspreise für westeuropäische Maßstäbe überaus günstig sind. Wer Lesestoff benötigt, kann sich in der hier untergebrachten, internationalen Buchhandlung außerdem mit Lektüre in deutscher und englischer Sprache eindecken. Errichtet wurde der Palast, dessen Grundstein im Jahr 1959 von Nikita Chruschtschow persönlich gelegt worden war, übrigens an jener Stelle, wo während der osmanischen Herrschaft der Bazar zu finden war.

Historisches Nationalmuseum

Das Historische Nationalmuseum *Muzeu Historik Kombëtar* fällt bereits von Weitem durch ein gigantisches Mosaik, welches den Freiheitskampf der Albaner über die Jahrhunderte hinweg darstellt, auf. Einst zierte ein roter Stern das Zentrum des Kunstwerkes, doch wurde dieses kommunistische Symbol mittlerweile entfernt. Bereits im Jahr 1981 eröffnet, hat sich das Museum nun das Ziel gesetzt, die Geschichte des Landes zu präsentieren, dabei aber auch den Dialog zu fördern. Kulturinteressierte Urlauber sollten einen Besuch definitiv einplanen, denn auf insgesamt drei Etagen mit 18 000 Quadratmetern Ausstellungsfläche führen sehr interessante Exponate durch sämtliche Epochen, beginnend bei der Besiedlung der Region durch die Illyrer. Bemerkenswert sind etwa die sogenannte Göttin von Butrint oder ein Mosaik aus Dyrrachium, dem heutigen Durrës. Zahlreiche historische Landkarten informieren über das Vorrücken der Osmanen

Bild: Josef Hora

Bild: Josef Hora

Bild: Josef Hora

in den albanischen Raum und den daraus resultierenden, massiven Widerstand der Albaner, doch bei Schwert und Helm des berühmten Skanderbeg handelt es sich leider lediglich um Nachbildungen. Über die Rilindja-Bewegung informieren in erster Linie Zeichnungen und Fotos, welche im oberen Stockwerk in Kombination mit persönlichen Gegenständen und Zeitungsartikeln auch die unfassbaren Gräueltaten der kommunistischen Ära dokumentieren. Außerdem wird hier eine Auflistung der Namen all jener Menschen, die dem grausamen Regime Hoxhas zum Opfer gefallen sind, präsentiert. Ein eigener Bereich ist schließlich den traditionellen Trachten des Landes beziehungsweise byzantinischer und katholischer Kirchenmalerei gewidmet. Leider ist es ohne Vorwissen oft schwer, die historischen Zusammenhänge zu verstehen, da es an englischen Beschriftungen der Exponate mitunter mangelt. Auf Anfrage sind allerdings Führungen in deutscher Sprache möglich.

Kindertheater

Das Kindertheater *Teatri i Kukullave* beziehungsweise Puppenspielhaus im Südwesten des Skanderbeg-Platzes *Sheshi Skënderbej* logiert in einem kleinen, jedoch bemerkenswerten Gebäude im Stil der Gründerzeit. Einst handelte es sich um den Palast König Zogus, später tagte hier das albanische Parlament. Schräg gegenüber befindet sich die Albanische Nationalbank *Banka e Shqipërisë*.

Kathedrale der Auferstehung Christi

Die orthodoxe Kathedrale der Auferstehung Christi *Katedralja Ngjallja e Krishtit* mit ihrem 46 Meter hohen, freistehenden Glockenturm wurde im Jahr 2012 fertiggestellt und zu Ostern geweiht, nachdem die alte Domkirche der Stadt bereits 1967 vom streng atheistischen

Bild: Nomadicniko.com

Bild: M. K.

Regime Enver Hoxhas zerstört worden war. Es handelt sich um ein überaus modernes Gebäude, dessen Planung im Rahmen eines international ausgeschriebenen Wettbewerbes erfolgte. Obwohl der 1 600 Quadratmeter große, von einer Kuppel überspannte Innenraum trotz der Fresken, etwa einer Christus-Darstellung in der Kuppel, ziemlich schlicht gestaltet ist, wirkt er sehr einladend. Auch hier empfiehlt es sich, am Abend einen Abstecher einzuplanen, wenn die Kirche in buntes Licht getaucht wird.

Nationale Kunstgalerie

Die lichtdurchflutete Nationale Kunstgalerie *Galeria Kombëtare e Arteve* bietet im Rahmen von wechselnden Gemäldeausstellungen einen guten Querschnitt zeitgenössischer albanischer Malerei vom 19. Jahrhundert bis hinein in die Gegenwart. Präsentiert werden aber auch zahlreiche Werke aus der kommunistischen Epoche sowie Ikonen des berühmten Malers Onufri, welchen ein eigener Raum gewidmet ist. Zeitweise werden außerdem Sonderausstellungen internationaler Künstler organisiert. Im unmittelbar daneben gelegenen, mittlerweile geschlossenen Dajti-Hotel hatten übrigens ausnahmslos alle ausländischen Gäste, die das Land während der Regierungszeit Hoxhas besuchten, abzusteigen.

Festung von Tiranë

Im 6. Jahrhundert ließ Kaiser Justinian die Festung von Tiranë *Kalaja e Tiranës* errichten. Sie befand sich damals in einer strategisch überaus wichtigen Position, nämlich am Kreuzungspunkt zweier bedeutender Handelswege. Die heute erhaltenen Überreste der Anlage, welche bis zu sechs Meter hoch aufragen und eine Fläche von etwa 160 mal 125 Metern einnehmen, stammen allerdings aus dem 18. Jahrhundert, denn die Burg wurde im Laufe der Geschichte

Bild: Anila Amataj I CCA-SA 4.0

Bild: Nomadicniko.com

aufgrund ihrer Bedeutung immer wieder renoviert und während der osmanischen Herrschaft sogar noch zusätzlich erweitert.

Mausoleum des Kaplan Pasha

Unmittelbar neben dem hoch aufragenden, modernen TID-Tower befindet sich das Mausoleum des Kaplan Pasha *Varri i Kapllan Pashës*,

Bild: Fabiola Muhollari | CC BY-SA 4.0

ein heute fast verschwindend klein wirkendes Bauwerk, welches dennoch Beachtung verdient hat. Obwohl die Gebeine des Toten der strengen Tradition folgend tief unter der Erde bestattet wurden, war es einst mit einem dekorativen Sarg ausgestattet, welcher heute jedoch nicht mehr existiert. Entstanden ist das aufwändig gestaltete, oktagonale Grabmal im Jahr 1820 als Begräbnisstätte für den Aristokraten Kaplan Pasha, den ehemaligen Herrscher Tiranës. Damals war die Türbe allerdings noch Teil einer Moschee, doch diese wurde ebenso wie weitere Grabmäler während des Zweiten Weltkrieges vernichtet, denn obwohl Albanien seine Neutralität zum Ausdruck gebracht hatte, tobten hier heftige Kämpfe, die große Zerstörungen zur Folge hatten.

Mulleti-Statue

Die imposante Mulleti-Statue *Monumenti Mulleti* zeigt, wie der Name bereits erkennen lässt, den Stadtgründer Sulejman Pasha Mulleti. In der unmittelbaren Umgebung treffen sich jeden Tag zahlreiche alte Männer zum Plaudern und Domino- beziehungsweise Schachspielen. Direkt daneben erinnert außerdem ein Denkmal an den unbekannten Partisanen, eines der expressivsten seiner Art.

Markt

Jeden Tag wird auf dem Avni Rustemi-Platz *Sheshi Avni Rustemi* ein großer Markt *Treg* abgehalten. Hier hat man die Möglichkeit, sich mit frischem Obst und Gemüse einzudecken, doch sollte man Vorsicht walten lassen und keine ungewaschenen oder ungeschälten Früchte essen, denn aufgrund mangelnder Hygiene hat die Stadtverwaltung bereits mehrmals angedroht, den Markt zu schließen. Das vielfältige Angebot umfasst außerdem Fleisch und Fisch, Gewürze, Kräuter sowie Schnaps. Frisch sind die angebotenen Waren auf jeden Fall, denn oft werden zum

Bild: Josef Hora

Beispiel Hühner sogar noch lebendig zum Kauf angeboten, was vor allem für westeuropäische Touristen eher gewöhnungsbedürftig sein kann.

Gerberbrücke

Als die mittlerweile funktionslose, steinerne Gerberbrücke *Ura e Tabakëve* Ende des 18. Jahrhunderts errichtet wurde, folgte die schmale Lana noch nicht ihrem heutigen, begradigten Betonbett und Tiranë hatte auch noch nicht annähernd die aktuellen Ausmaße erreicht. Zu diesem Zeitpunkt diente die nun unter Denkmalschutz stehende Bogenbrücke nämlich als südlicher Stadtausgang, wobei vor allem Vieh und Getreide zum Verkauf in die Stadt transportiert wurden. Ihren Namen erhielt die Brücke übrigens aufgrund der Gerber, die vor den Toren der Stadt ihrem Gewerbe nachgingen, da dieses als schmutzig und stinkend verrufen und daher innerhalb der Stadtgrenzen nicht erwünscht war. Überquert man die Brücke, anstatt die parallel verlaufende, moderne Konstruktion zu verwenden, sollte man sich vom Rand fernhalten, denn eine Absturzsicherung sucht man hier noch vergeblich.

Bild: Josef Hora

Parlament

Jenes Gebäude, welches heute das albanische Parlament *Kuvendi i Shqipërisë* beherbergt, entstand bereits im Jahr 1924 nach

Bild: Nomadicniko.com

italienischen Vorbildern. Es diente zu diesem Zeitpunkt als Offizierskasino und ging vier Jahre später als Krönungsort Ahmet Zogus zum König der Albaner in die Geschichte ein. Umringt wird der aus mehreren Gebäuden bestehende Komplex von einer gepflegten Grünanlage. In unmittelbarer Nachbarschaft befand sich einst auch die Hauptmoschee der Stadt, welche jedoch während des Befreiungskampfes im Jahr 1944 zerstört wurde und bis heute auf die Errichtung eines zeitgemäßen Nachfolgerbaus wartet.

Selim Pasha Toptani-Villa

Bei der Selim Pasha Toptani-Villa *Sarajet e Selim Pashë Toptanit* handelt es sich um ein herrliches Wohnhaus, welches zwischen 1833 und 1840, also während der osmanischen Epoche, errichtet wurde und fast einem Schloss gleicht. Unter der Herrschaft König Zogus fungierte das beeindruckende Gebäude, dessen Inneres sich durch eine einzigartige, geschnitzte Decke auszeichnet,

Bild: Ardajd I CC BY-SA 4.0

sogar als Nationalbibliothek. Leider kann es seit der Rückgabe an den ursprünglichen Besitzer nicht mehr von innen besichtigt werden.

Kathedrale des heiligen Paulus

Die katholische Kathedrale des heiligen Paulus *Katedralja e Shën Palit* aus dem Jahr 2001 wirkt von außen eher schmucklos, verfügt jedoch über einen ansprechenden, modern gestalteten Gebetsraum. Die bunten Glasfenster der größten Kirche Tiranës zeigen unter anderem wichtige Persönlichkeiten wie Mutter Teresa und Papst Johannes Paul II., welcher dem Land im April 1993 einen Besuch abgestattet hat. An Mutter Teresa erinnert außerdem ein Denkmal vor der Kathedrale.

Bild: Nomadicniko.com

Rinia-Park

Der schön gestaltete Rinia-Park *Parku Rinia* gilt als überaus beliebter Treffpunkt bei den Einwohnern Tiranës, vor allem bei der Jugend. Neben einem alten Baumbestand, großen Wiesenflächen und einem schönen Springbrunnen befindet sich hier auch das asiatisch angehauchte Taiwan-Center *Kompleksi Taiwan*, ein überaus futuristisch wirkendes Einkaufszentrum mit zahlreichen modernen Geschäften, Restaurants und Kaffeehäusern.

Bild: M. K.

Pyramide

Die aus weißem Marmor, Glas und Stahl errichtete, auffällige Pyramide *Piramida*, laut offizieller Bezeichnung genau genommen das Internationale Kulturzentrum *Qendra Ndërkombëtare e Kulturës*, beherbergte ursprünglich das Hoxha-Museum, wurde dann allerdings für Messen und Ausstellungen genutzt. Entworfen wurde das kostspieligste Gebäude, das jemals in einem kommunistischen Land realisiert wurde und dem Diktator eigentlich als Mausoleum dienen sollte, von Pranvera Hoxha, seiner Tochter. Pläne, das inzwischen marode Bauwerk abzureißen und an seiner Stelle ein neues Parlament zu errichten, sind sehr umstritten

Bild: Josef Hora

und wurden bislang nicht in Angriff genommen. So werden die im Winkel von dreißig Grad ansteigenden Wände oft von mutigen Jugendlichen als überdimensionale Rutsche zweckentfremdet. In unmittelbarer Nachbarschaft der Pyramide befindet sich die sogenannte Friedensglocke *Këmbana e Paqës*, ein frei stehender Glockenturm, welcher an die schweren Unruhen von 1997 erinnern soll. Angefertigt wurde die Glocke aus Gewehr- und Patronenhülsen, die zuvor von Schulkindern aus der Stadt Shkodër eingesammelt worden waren.

Sky-Tower

Der insgesamt sechzehnstöckige Sky-Tower mit großen, verspiegelten Glasflächen bietet sich ähnlich wie der Uhrturm *Kulla e Sahatit* als Aussichtspunkt an, wenn man die Stadt mit dem malerischen, 1 612 Meter hoch aufragenden Dajti-Gebirge *Mali i Dajtit* im Hintergrund überblicken möchte. Noch dazu muss man sich hier nicht anstrengen, denn ein gläserner Außenaufzug führt auf komfortable Weise ganz nach oben, direkt ins rotierende Restaurant. Bei den beiden Türmen, die sich in unmittelbarer Nachbarschaft erheben, handelt es sich um die sogenannten Twin-Towers, welche Büroräume beherbergen.

Post Bllok-Denkmal

Das sogenannte Post Bllok-Denkmal *Memoriali Post Bllok*, das auch oft als Checkpoint bezeichnet wird, liegt gegenüber des ehemaligen Zentralkomitees *Kryesia e Kuvendit* und schräg gegenüber des früheren Ministerrates *Kryeministria*. Beide beherbergen nun Regierungsgebäude, darunter etwa das Verfassungsgericht *Gjykata Kushtetuese* von Albanien sowie Büroräume des Parlaments. Bei dem Monument handelt es sich um eine Kunstinstallation zu Ehren der Opfer des kommunistischen Regimes. Inmitten einer kleinen Grünanlage sind ein Stück der Berliner Mauer, ein Bunker und

Bild: M. K.

ein Stollen aus dem berüchtigten Gefangenenlager Spaç, in welchem die Menschen zur Arbeit in den umliegenden Minen gezwungen wurden, vereint. Geschaffen wurde das Denkmal vom Schriftsteller und ehemaligen Dissidenten Fatos Lubonja und dem Maler Ardian Isufi, wobei ersterer selbst in Spaç inhaftiert war und nur knapp mit dem Leben davonkam.

Bllok-Viertel

Südwestlich des Rinia-Parks *Parku Rinia* erstreckt sich das sogenannte Bllok-Viertel *Blloku* mit einer breiten Palette an angesagten Bars und Restaurants, aber auch Freizeiteinrichtungen wie etwa Discos oder einem Kino. Ein Besuch ist also vor allem am Abend interessant, denn zu diesem Zeitpunkt lebt das Viertel, das sich durch viele alte Villen auszeichnet, erst so richtig auf. Einst handelte es sich allerdings um eine verbotene Zone, denn hier wohnten die höheren Parteifunktionäre des Regimes und normalen Bürgern blieb der Zutritt verwehrt. Heute kann man der leerstehenden Hoxha-Villa, dem jedoch nur von außen relativ unscheinbar wirkenden Wohnhaus des ehemaligen Diktators, natürlich ungehindert einen Besuch abstatten.

Präsidentenpalast

Der strengstens bewachte Präsidentenpalast *Presidenca e Republikës*, welcher ausschließlich von der Straße aus durch den Zaun bewundert werden kann, wurde 1959 errichtet und spiegelt die typisch stalinistische Architektur mit massiven Säulen und vertikalen Strukturen wider. Bis zum Abbruch der bilateralen Beziehungen diente das Gebäude der sowjetischen Botschaft als Sitz, danach fungierte es als berühmt-berüchtigtes Parteigebäude, welches von den Einwohnern der Stadt unter keinen Umständen betreten werden durfte.

Mutter Teresa-Platz

Am südlichen Ende des Boulevards der Helden der Nation *Bulevardi Dëshmorët e Kombit* liegt der große Mutter Teresa-Platz *Sheshi Nënë Tereza*. Obwohl sich um diesen zahlreiche öffentliche Gebäude gruppieren, wirkt er etwas leer und verloren. Im Süden befindet sich die 1957 gegründete Technische Universität *Universiteti Politeknik*, im Westen die Kunsthochschule *Universiteti i Arteve* mit einem eigenen Konzertsaal sowie im Osten das Archäologische Nationalmuseum

Bild: Josef Hora

Bild: Sailko | CC BY-SA 4.0

Bild: Milosk 50 I Fotolia

Muzeu Arkeologjik Kombëtar. In der nordöstlichen Ecke des Platzes liegt etwas zurückgesetzt der aus den 1980er Jahren stammende, jedoch überraschend modern wirkende Kongresspalast *Pallati i Kongreseve*, der nun vorwiegend für Konferenzen und Kulturveranstaltungen genutzt wird. Ursprünglich entstand er jedoch, angelehnt an die Architektur traditioneller Gebäude, als Symbol der kommunistischen Ideologie mit dem Zweck der Machtdemonstration des totalitären Regimes Hoxhas. Weiter zurückgesetzt, im Osten, befindet sich schließlich das Qemal Stafa-Stadion *Stadiumi Qemal Stafa*, das an ein römisches Forum erinnert und als bedeutendstes Fußballstadion der ganzen Stadt gilt.

Archäologisches Nationalmuseum

Im Archäologischen Nationalmuseum *Muzeu Kombëtar Arkeologjik*, dem ersten Museum der Stadt, wird die Geschichte des Landes anhand einer Vielzahl von Exponaten aufgearbeitet. Die Palette reicht von der Steinzeit über die illyrische Epoche bis hin zur Römerzeit. Bemerkenswert sind vor allem gut erhaltene Schmuckstücke und Tongefäße der Illyrer, doch auch römische Statuen und Glasvasen wirken sehr beeindruckend. Auch hier ist ein gewisses Maß an historischem Grundwissen eindeutig von Vorteil, denn nicht alle präsentierten Ausstellungsstücke verfügen über englischsprachige Beschriftungen.

Studentenviertel

Ein einzigartiges Flair mit einer überaus fröhlichen Atmosphäre erlebt man im Studentenviertel *Qyteti studenti* um den Platz der Demokratie *Sheshi Demokracia*. Im Umfeld der 1957 durch den Zusammenschluss von insgesamt fünf Hochschulen gegründeten Universität *Universiteti*, die heute acht Fakultäten umfasst, reihen sich alte Wohnblocks mit Studentenwohnungen, günstige Kaffeehäuser, private Mensen und Restaurants sowie zahlreiche kleine Geschäfte aneinander. 1991 herrschte hier jedoch noch eine ganz andere Stimmung, denn damals wurden in diesem Viertel die großen Demonstrationen gegen das Regime organisiert. Leider sind die Jobaussichten für Akademiker in Albanien derzeit alles andere als vielversprechend, doch lassen sich die jungen Menschen davon offenbar nicht aus dem Gleichgewicht bringen. In den sogenannten Studentenhotels werden die Zimmer übrigens oft auch stundenweise vermietet, denn in vielen Wohnheimen herrscht strenge Geschlechtertrennung und es wird natürlich versucht, diese nach Möglichkeit zu umgehen.

Bild: Josef Hora

Heldenfriedhof

Am südöstlichen Rand der Parkanlage, auf der anderen Seite der Rruga e Elbasanit befindet sich der selbst wie ein Park wirkende Helden- beziehungsweise Märtyrerfriedhof *Varrezat e Dëshmorëve*. Hier sind die sterblichen Überreste von rund neunhundert ruhmreichen Gefallenen aus dem Zweiten Weltkrieg zur Ruhe gebettet, doch insgesamt sollen auf dem Areal bis zu 28 000 Partisanen begraben sein. Über sie wacht eine zwölf Meter hohe Statue aus dem Jahr 1971, die als Denkmal Mutter Albanien *Monumenti Nëna Shqipëri* bezeichnet wird. In ihrer rechten Hand hält sie einen Lorbeerkranz als Siegeszeichen sowie den früher allgegenwärtigen, kommunistischen Stern. Die Inschrift im drei Meter hohen Sockel wünscht den Märtyrern der Nation ewige Ruhe. Eine noch relativ neue Gedenkplatte erinnert außerdem an eine Gruppe junger Gegner des kommunistischen Regimes, die 1951 ein verheerendes Bombenattentat auf die sowjetische Botschaft in Tiranë verübt hatten und daraufhin zum Tode verurteilt worden waren. Einst war auch Enver Hoxha hier bestattet, doch veranlasste der spätere Präsident Sali Berisha die Exhumierung seiner Leiche, welche nun auf dem kommunalen Friedhof *Varrezat e Sharrës* im Südwesten Tiranës beigesetzt ist.

Großer Park

Der Große Park *Parku i Madh* südlich des Zentrums von Tiranë stellt mit einer Fläche von rund 150 Hektar ein riesiges Naherholungsgebiet innerhalb der Stadtgrenzen dar und verfügt sogar über einen eigenen Stausee, um welchen ein Spazierweg führt. Wer Abkühlung sucht, sollte allerdings das nahegelegene Aquadrom aufsuchen, denn das Wasser des Sees zeichnet sich nicht durch seine Sauberkeit aus. Im hügeligen Park selbst laden mehrere Pfade zum Spazieren ein und man begegnet dabei einer Vielzahl an

Bild: M. K.

Denkmälern beziehungsweise Gedenkstätten sowie einigen kleinen Lokalen. Besonders an den Wochenenden oder während der Ferienzeit ist das Areal ein beliebtes Ausflugsziel für Familien, die hier picknicken, da Urlaubsreisen für die meisten Menschen nach wie vor unerschwinglich sind. Möchte man den gesamten Park erkunden und den See umrunden, bietet es sich an, ein Leihrad zu mieten.

Botanischer Garten

Der bereits im Jahr 1971 eröffnete, rund fünfzehn Hektar große Botanische Garten *Kopshti Botanik* ist ein wahres Kleinod, um sich von der städtischen Hektik und dem Lärm zurückzuziehen. Er dient der Universität als Forschungsstätte und hat rund 1 400 Pflanzenarten zu bieten, darunter alte Nutzpflanzen, Heilkräuter und Ziergewächse. An den Wochenenden im Juli und August wird er allerdings von Brautpaaren, die eine malerische Kulisse für ihre Fotos suchen, regelrecht gestürmt. Reist man mit Kindern, kann man eventuell auch dem nahegelegenen Tiergarten *Kopshti Zoologjik* einen Besuch abstatten, doch entspricht dieser aufgrund von Geldmangel nicht unseren Vorstellungen von artgerechter Tierhaltung.

Naturwissenschaftliches Museum

Etwas außerhalb des unmittelbaren Zentrums befindet sich das Naturwissenschaftliche Museum *Muzeu i Shkencave Natyrore* der Stadt. Zu sehen sind Skelette von Säugetieren, präparierte Insekten sowie ausgestopfte Vertreter der lokalen Fauna, überwiegend Vögel und Meeresbewohner. Auch eine Muschelsammlung und ein riesiger Schildkrötenpanzer sind vertreten.

Mosaik von Tiranë

Das sogenannte Mosaik von Tiranë *Mozaiku i Tiranës* stellt eine 1972 im Rahmen von Bauarbeiten entdeckte Ruinenstätte dar, die als älteste Sehenswürdigkeit der gesamten Stadt und gleichzeitig als bedeutendstes Beispiel antiker Baukunst gilt. Es handelt sich dabei um eine Villa Rustica, also ein römisches Landhaus aus dem 1. Jahrhundert. Neben den Mauerresten selbst konnten auch diverse Kunst- und Alltagsgegenstände sowie

Bild: CM Photography-Arts | Pixabay

Bild: Nomadicniko.com

beeindruckende Mosaikfußböden mit geometrischen Mustern und Darstellungen von Fischen und Vögeln freigelegt werden. Da außerdem große Amphoren geborgen werden konnten, geht man davon aus, dass sich das Gebäude einst im Besitz eines Weinherstellers befand. Während des 4. beziehungsweise 5. Jahrhunderts dürfte es allerdings in eine byzantinische Kirche umgewandelt worden sein. Wer sich detailliert über die Geschichte der Stätte informieren möchte, hat die Möglichkeit, an einer Führung in englischer Sprache teilzunehmen.

Tekke der Hatixhe

Die Tekke der Hatixhe *Teqja e Dervish Hatixhe* zählt zu den ältesten der gesamten Stadt. Errichtet wurde sie nach dem Tod der Hatixhe, welche sich zuvor aufopfernd um Kranke gekümmert haben soll, im Jahr 1798. Heute wird die Tekke von einer Vielzahl an Gläubigen sehr gerne aufgesucht, wovon die zahlreichen brennenden Kerzen zeugen. Auch Besucher anderer Religionen sind willkommen, wobei man keinesfalls vergessen darf, die Schuhe bei der Besichtigung von Gebets- und Grabraum auszuziehen. In letzterem befinden sich die mit Tüchern verhüllten Grabmäler der Hatixhe, ihres Bruders sowie zwei ihrer Kinder, welchen außerdem nicht der Rücken zugewandt werden sollte.

Haus des Derwischs Khorosani

In der Nähe eines Gymnasiums in der Rruga e Barrikadave befindet sich das versteckt gelegene Haus des Derwischs Khorosani *Shtëpia e Dervish Khorosani*, ein sehenswertes historisches Stadtanwesen aus dem 19. Jahrhundert. Um eingelassen zu werden, muss man am hölzernen Tor klopfen, doch dann hat man sogar die Möglichkeit, den nach wie vor aktiv genutzten Betsaal der Tekke zu betrachten.

Sali Shijaku-Haus

Das Sali Shijaku-Haus *Shtëpia e Sali Shijakut* in der kleinen Rruga Vildan Luarasi befindet sich unmittelbar gegenüber einer winzigen Grünanlage inmitten eines dicht verbauten Gebietes. Benannt ist das Gebäude aus osmanischer Zeit nach einem der bedeutendsten Maler und Bildhauer des Landes, dessen Familie das Areal auch besitzt. Von außen wirkt das Haus aus dem frühen 17.

Bild: Nomadicniko.com

Bild: Timea I Wikimapia

Jahrhundert, ein typisches Beispiel für die Architektur jener Epoche, sehr unscheinbar, doch im Inneren hat es einige Überraschungen zu bieten. Sobald man durch das Tor getreten ist, eröffnet sich nämlich bereits ein Innenhof mit einer interessanten Ausstellung von Kunstgegenständen sowie einem gemütlichen Restaurant. Im Haus selbst, welches über eine bemerkenswert gut erhaltene, offene Dachkonstruktion aus freiliegenden Balken verfügt, folgt eine Präsentation von Shijakus Werken. Diese sind durchwegs in kräftigen Farben gestaltet und zeigen fast immer stark expressionistische Merkmale.

Bunk'Art

Unter dem Regime des Diktators Enver Hoxha wurde das gesamte Land mit Bunkern übersäht. In einem davon, dem Anti-Atom-Bunker der Regierung aus dem Jahr 1978 logiert heute das Museum Bunk'Art. Man erreicht dieses, indem man der Rruga e Dibrës, deren Name im weiteren Verlauf zu Rruga Myslym Keta wechselt, folgt und rechts in die Rruga Teki Selenica einbiegt, wobei vom Skanderbeg-Platz *Sheshi Skënderbej* rund fünf Kilometer zurückzulegen sind. In fünf unterirdischen Etagen befinden sich 106 Räume sowie eine eigene Montagehalle, welche heute neben einem Museum mit einer historischen Ausstellung auch Raum für Kunstinstallationen bietet. Hier wird der überaus beschwerliche Alltag der albanischen Bevölkerung während der 45 Jahre lang anhaltenden Diktatur quasi wieder zum Leben erweckt.

Bild: Bunk'Art | Antonio Cakshiri

Bild: Albinfo

Welt-Bektashi-Zentrum

Man erreicht das Welt-Bektashi-Zentrum *Qendra Botërore Bektashiane*, indem man der Rruga Ali Demi in östlicher Richtung folgt, dann rechts in die Rruga Pasho Hysa und schließlich links in die Rruga Hysen Loci abbiegt. Unter Bektashi versteht man einen islamischen Derwisch-Orden, welcher im 13. Jahrhundert entstand und in Albanien als anerkannte Religionsgemeinschaft gilt, während er in anderen Ländern als Sekte gesehen wird. Hauptziel ist die Erreichung der spirituellen Vollkommenheit, doch sehen sich die traditionell liberalen Mitglieder gleichzeitig als Bindeglied zwischen Islam und Christentum. In diesem Sinne werden Besucher aller Konfessionen herzlich willkommen geheißen.

Bild: Adriatik Berdaku | Bashkia Krujë

Zentral-albanien

Weite Teile Zentralalbaniens lassen sich perfekt von der Hauptstadt aus erkunden. Diese Region präsentiert sich besonders abwechslungsreich, denn hier trifft man bereits auf hoch aufragende Berge und tief eingeschnittene Schluchten sowie auf moderne Städte, kleine Dörfer und historisch bedeutsame Stätten. Sowohl Naturliebhaber als auch kulturbegeisterte Urlauber kommen in der zentralen Region des Landes voll auf ihre Kosten und sogar einige schöne Strände sind hier zu finden, obwohl die Riviera im Süden natürlich viel besser zum Baden geeignet ist. Bis zum Ende des Zweiten Weltkrieges war die als Myzeqe bezeichnete Küstenebene des mittleren Albaniens allerdings als malariaverseuchtes Sumpfgebiet gefürchtet, doch seit der Trockenlegung spricht man gerne von der Kornkammer des Landes, denn nun wird die Region intensiv bewirtschaftet, da es sich um eine der fruchtbarsten Albaniens handelt. Nicht verwunderlich ist es also, dass die Landstriche um die Hauptstadt vergleichsweise dicht besiedelt sind, was die Entstehung neuer Städte wie zum Beispiel Fier zur Folge hatte.

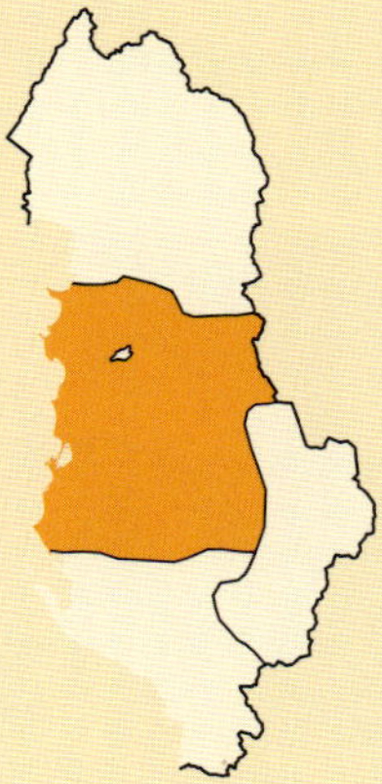

Kap Rodon • 67
Seekajakfahrt in der Lalëz-Bucht • 68
Festung Prezë • 62
Krujë • 64
Albanopolis • 63
Nationalpark Qafë Shtamë • 67
Nationalpark Dajti • 61
Durrës • 69
Farkë-See • 60
Festung Petrelë • 60
Tauben-Höhle • 61
Kirche des heiligen Freitag • 74
Kavajë • 74
General-Strand • 76
Festung Bashtovë • 76
Peqin • 78
Dumre-Seen • 78
Nationalpark Divjakë-Karavasta • 77
Lushnjë • 79
Kloster Ardenicë • 79
Kuçovë • 96
Kloster des heiligen Kosmas • 80
Weingut Çobo • 95
Fier • 81
Archäologiepark Apollonia • 81
Berat • 89
Archäologiepark Byllis • 85
Gjiri i Rodonit
Kepi i Rodonit
Gjiri i Lalëzit
Gjiri i Durrësit
DURRËS
TIRANË
Milot
Ulëz
Burrel
Laç
Mamurras
Krujë
Fushë Krujë
Vorë
Shijak
Kashar
Yzberisht
Kavajë
Rrogozhinë
Peqin
P.K. Diviakë
Laguna e Karavastasë
Karavasta
Lushnjë
Karbunara e Poshtme
Kuçovë
Ura-Vajgurore
Roskovec
FIER
Patos
Ballsh
Selenicë
Laguna e Nartës
Sazan
VLORË
Mali i Skënderbeut
Mali i Dajtit

Nationalpark Shebenik-Jabllanicë • 104
Librazhd • 104
Elbasan • 99
Kirche des heiligen Nikolaus • 104
Llixha-Quellen • 98
Devoll-Tal • 97
Nationalpark Tomorr • 96
Poliçan • 88
Debar
Дебар
Kičevo
Кичево
Zajas
Зајас
Struga
Струга
OHRID
ОХРИД
Labuništa
Лабуништа
Radolišta
Радолишта
Librazhd
ELBASAN
Përrenjas
Pogradec
Gramsh
Bulqizë
Korçë
Çorovodë
Mešeišta
Мешеишта
Leskoec
Лесковец
Vevčani
Podgorie
Maliq
Vashtëmije
Pirg
Pojan
M. i. Lopës
Shebenik-
Jabllanice
Jablanica
Golloborde
Çermenikë
Mëshpat
M. Valamarë
Ostrovicë
Opari
Skrapar
Mali i Tomorrit
P.K.
N.P.
Galičica
Ohridsko Ezero
Liqeni i Ohrit
Devol
Osum

Farkë-See

Unmittelbar vor den Toren der Stadt erstreckt sich der Farkë-See *Liqeni i Farkës*, ein künstlich angelegter See mit einer Fläche von etwa 75 Hektar.

Bild: Josef Hora

Er dient sowohl der Bewässerung der angrenzenden Felder als auch der Trinkwasserversorgung, doch die umliegende, hügelige Parklandschaft ist außerdem ein sehr geschätzter Ausflugsort für die meisten Bewohner der nahen Hauptstadt. Der klare See selbst bietet vielen verschiedenen Fischarten wie Karpfen und Welsen einen Lebensraum, lädt jedoch auch zum Baden und zu diversen Wassersportarten ein. Beispielsweise kann man schwimmen, angeln oder Boote mieten, weshalb hier definitiv keine Langeweile aufkommt.

41°19'01.80"N, 19°51'43.60"E

www.albania.al

Festung Petrelë

Vom gleichnamigen Dorf Petrelë, wo man parken kann, erreicht man die äußerst gut erhaltene und mittlerweile überdies renovierte Festung Petrelë *Kalaja e Petrelës* nach einem kurzen Fußmarsch auf einem teilweise steil ansteigenden, ungesicherten Weg. Errichtet wurde sie bereits vom byzantinischen Kaiser Justinian, um die Stadt Durrës besser verteidigen zu können, doch auch heute noch wirkt sie überaus romantisch. Dies ist unter anderem ihrer exponierten Lage auf einem freistehenden, weiß leuchtenden Kalkfelsen etwa 350 Meter hoch über dem Erzen-Tal *Kanioni i Erzenit* zu verdanken. Der mittlere Turm zählt zu den ältesten Bauteilen, denn er stammt großteils aus dem 5. Jahrhundert. Später ließ der albanische Nationalheld

Bild: Ollirg I Adobe Stock

Skanderbeg die Burg ebenso wie eine Reihe anderer als Teil seiner Verteidigungslinie ausbauen, um das Land von den Osmanen zu befreien. Seine Schwester Mamica lebte hier, doch nach Skanderbegs Tod fiel die Anlage in die Hände der Osmanen. Auch den Ausblick von der Festung über das Flusstal, die Olivenhaine, Hügel und Berge am Horizont sollte man nicht außer Acht lassen, da dieser ein absoluter Genuss ist.

41°15'17.00"N, 19°51'15.70"E

www.qarkutirane.gov.al
www.albania.al

Tauben-Höhle

Das kleine, nordöstlich von Ibë im Erzen-Tal *Kanioni i Erzenit* gelegene Pëllumbas ist aufgrund der gleichnamigen Tauben-Höhle *Shpella e Pëllumbasit* beziehungsweise Schwarzen Höhle *Shpella e Zezë*, wie sie auch genannt wird, einen Besuch wert. Diese war, wie zahlreiche Funde belegen, zwischen dem Paläolithikum und dem frühen Mittelalter immer wieder bewohnt und ist auch heute noch leicht zugänglich. Einst hielten außerdem Höhlenbären hier ihren Winterschlaf, doch sind diese mittlerweile ausgestorben und stellen definitiv keine Gefahr für Besucher dar. Von Fledermäusen wird die Höhle jedoch auch heute noch bewohnt. Der Weg führt durch Felder und dann entlang des Flusstals in eine Schlucht, ist ausgeschildert und gut begehbar, da er an den steileren Stellen Stufen und Möglichkeiten zum Anhalten aufweist. Nach etwa einer Dreiviertelstunde Fußmarsch hat man schließlich den Eingang erreicht. Insgesamt weist die Höhle eine Länge von rund 360 und eine Höhe von fast vierzig Metern auf und sofern man

Bild: Josef Hora

mit einer Taschenlampe ausgerüstet ist, kann man viele beeindruckende Stalagmiten sowie Stalagtiten bewundern. Man sollte aber auf jeden Fall feste Schuhe tragen, denn der Boden weist viele Karstlöcher auf, die sonst gefährlich werden können.

41°15'24.20"N, 19°57'53.70"E

www.pellumbascave.weebly.com
www.outdooralbania-association.com

Nationalpark Dajti

Nur wenige Kilometer nordöstlich der albanischen Hauptstadt erstreckt der 1966 gegründete Nationalpark Dajti *Parku Kombëtar i Dajtit*, einer der schönsten des Landes. Vierzig Jahre nach seiner Gründung wurde seine Fläche auf fast dreihundert Quadratkilometer erweitert.
Leider ist der steil emporragende, für albanische Maßstäbe jedoch relativ niedrige Gipfel des Hausberges von Tiranë mit einer Höhe von 1 610 Metern militärisches Sperrgebiet und kann daher nicht erklommen werden. Abgesehen davon bietet das langgestreckte Dajti-Gebirge *Mali i Dajtit* allerdings einige schöne Wege, welche zum Spazieren in der frischen Luft einladen, doch sind diese leider nicht markiert. Ganz bequem kann man seit dem Jahr

Bild: Josef Hora

2005 in eine Höhe von 1 050 Metern gelangen, nämlich mit der Seilbahn, dem sogenannten Dajti-Ekspres österreichischen Fabrikats. Von Tiranë aus erreicht man die Kabinenbahn wahlweise mit dem Taxi oder mit dem Bus vom Skanderbeg-Platz *Sheshi Skënderbej*, wobei dann das letzte Stück mit einem kostenlosen Shuttleservice zurückgelegt werden muss. Alternativ kann man mit dem Auto über eine gut ausgeschilderte, aber mit zahlreichen Schlaglöchern übersäte, schmale Straße anreisen. Nach etwa fünfzehn Minuten Fahrzeit oben angelangt, eröffnet sich ein natürliches Plateau, der sogenannte Balkon von Tiranë. Hier hat man die Möglichkeit, wandern zu gehen, in einem der Restaurants, die teilweise über Panoramaterrassen verfügen, einzukehren oder einen Ausritt zu unternehmen. Wofür auch immer man sich entscheidet, man wird auf jeden Fall die Gelegenheit haben, den herrlichen Ausblick auf die Stadt zu genießen. Unbedingt beachten muss man allerdings, dass die Seilbahn bei starkem Wind ihren Betrieb einstellt. Geprägt wird der Park vor allem von Laub- und Nadelwäldern, wobei Buchen und Steineichen in den niedrigeren, Bergkiefern hingegen in den höheren Lagen dominierend sind, während in den Steilhängen auch mediterrane Macchie gedeiht. Im Bereich der Fauna sind vor allem Eichhörnchen, Hasen, Wiesel, Marder und Füchse sowie Wildschweine zu nennen. Außerdem beherbergt der Park ein riesiges Wasserreservoir für die wachsende Hauptstadt, den Bovilles-See *Liqeni i Bovilles*.

⌖ 41°24'41.90"N, 19°55'43.50"E

www.dajtiekspres.com
www.akzm.gov.al

Bild: Kurt F. Domnik I PIXELIO

Festung Prezë

Die Errichtung der rund achtzig Meter langen und fünfzig Meter breiten Festung Prezë *Kalaja e Prezës* geht vermutlich auf die Mitte des 15. Jahrhunderts zurück, als die Albaner versuchten, die Osmanen zu besiegen. Von den ursprünglich vier runden Wachtürmen des

Komplexes konnten sie nämlich das Heranrücken der feindlichen Truppen hervorragend beobachten. Außerdem war es möglich, visuelle Signale zwischen dieser Festung und den nahegelegenen Burgen von Krujë und Petrelë auszutauschen. Auf diese Weise gelang es dem sowohl technisch als auch zahlenmäßig weit unterlegenen Heer der Albaner, die wesentlich schwerfälligeren Osmanischen Streitkräfte durch erhebliche Verluste zu schwächen. Im 16. Jahrhundert wurde die Festung von den Osmanen erneuert, denn diese nutzten die Anlage, um jegliches Wiederaufflammen der albanischen Autonomiebestrebungen im Keim zu ersticken, indem sie Aufständische hier einkerkerten.

Bild: Ollirg I Adobe Stock

Erhalten sind Teile der einst über sechs Meter hohen Festungsmauer sowie ein großes Wohngebäude, in dem nun ein Museum logiert. Der markante, viereckige Glockenturm wurde im Ersten Weltkrieg zerstört, jedoch wieder aufgebaut, wenn auch ohne sein steil abfallendes Dach. Aus dem ursprünglichen Torgebäude konstruierten die Osmanen eine Moschee, die im Jahr 2014 restauriert und mit einem neuen Minarett versehen wurde, denn zuvor musste der nahegelegene Uhrturm *Kulla e Sahatit* diesen Zweck erfüllen. Wirklich bemerkenswert ist der Ausblick von der Festung, der im Osten bis zum Dajti-Gebirge *Mali i Dajtit* und im Westen sogar bis aufs offene Meer hinaus reicht.

⌖ 41°25‘53.50“N, 19°40‘20.40“E

www.qarkutirane.gov.al
www.albania.al

Albanopolis

Im Zusammenhang mit der antiken Ausgrabungsstätte östlich des kleinen Dorfes Halil bei Zgërdhesh fällt oft der Name Albanopolis. Dabei soll es sich um die Ruinen der Hauptstadt des illyrischen Stammes Arbanon handeln, welche von Ptolemäus erwähnt wird, doch existieren dafür bislang keinerlei Beweise. Zu sehen sind neben einer rund neunzig Meter langen Mauer die Ruinen von drei rechteckigen Wehrtürmen, welche nachweislich aus illyrischer Zeit stammen, vermutlich aus dem 4. Jahrhundert vor Christus. Ganz in der Nähe erheben sich außerdem die Überreste einer frühchristlichen Kapelle. Das teilweise ziemlich steil ansteigende Gelände ist zwar nicht touristisch erschlossen, kann aber besichtigt werden, indem man der immer schmaler werdenden Straße bis zu den letzten Häusern folgt.

⌖ 41°28'58.10"N, 19°47'09.60"E

www.kruja.gov.al

Bild: Bashkia Krujë

Krujë

Wer Albanien besucht, muss Krujë unbedingt gesehen haben, denn die Stadt an den felsigen Berghängen des bis zu 1 828 Meter hoch aufragenden Skanderbeg-Gebirges *Mali i Skëndërbeut* ist quasi das Nationalheiligtum der Albaner. Archäologische Funde belegen, dass die Region bereits im 3. Jahrhundert vor Christus von den Illyrern besiedelt war. Krujë entwickelte sich rasch zu einer Stadt, die im 9. Jahrhundert zum Bischofssitz erhoben wurde. Obwohl die Stadt bis zum Ende des 12. Jahrhunderts Byzanz unterstand, galt das albanische Fürstentum Arbanon, welchem Krujë ab 1190 angehörte, als überaus mächtig. Die Stadt wurde in weiterer Folge mehrmals von den Osmanen besetzt, doch der legendäre Nationalheld Skanderbeg hisste hier schließlich 1443 seine Flagge. Erst nach seinem Tod im Jahr 1478 gelang es den Osmanen, Krujë wieder unter ihre Kontrolle zu bringen, woraufhin zahlreiche Einwohner zum Islam konvertierten, um auf diese Weise den hohen Steuern zu entgehen. Die Beseitigung der schweren Zerstörungen, welche ein Erdbeben im Jahr 1617 verursachte hatte, nahmen allerdings viel Zeit in Anspruch und ließen aus der zuvor mittelalterlichen Stadt eine osmanisch geprägte entstehen. Heute präsentiert sich Krujë als Kleinstadt, in der Handel, Handwerk und immer mehr auch der aufstrebende Tourismus den Lebensunterhalt der Einwohner sichern. So gut wie alle Sehenswürdigkeiten inklusive der beiden Museen befinden sich übrigens innerhalb der ehemaligen Festung von Krujë *Kalaja e Krujë*, welche sich auf einem Hügel über der Stadt erhebt. Von dieser sind allerdings nur Mauerreste sowie ein Wachturm und ein Minarett erhalten. Einige der historischen Häuser innerhalb des Komplexes sind aber nach wie vor bewohnt.

41°30'44.10"N, 19°47'31.60"E

www.kruja.gov.al
www.albania.al
www.akt.gov.al

Basargasse

Die am Fuße der Festung erhaltenen Überreste der mittelalterlichen Bausubstanz wurden in den 1960er Jahren restauriert und präsentieren sich nun in Form einer regelrechten Basargasse mit einer Vielzahl an kleinen Geschäften. Es handelt sich

Bild: Panorama Krujë

Bild: Bashkia Krujë

Bild: Tobago 77 I Fotolia

überwiegend um typische Holzhäuser mit weit vorspringenden Dächern, welchen das verheerende Erdbeben von 1617 nur wenig anhaben konnte, doch gesellen sich auch immer mehr neue Verkaufsstände zu den bereits bestehenden. Früher gingen hier in erster Linie Gold- und Silberschmiede ihrem Handwerk nach, heute sind auch Teppichweber oder Hutmacher vertreten und mit etwas Glück kann man sogar bei der Herstellung des einen oder anderen Stücks zusehen. Zu den beliebtesten Souvenirs aus den verwinkelten, gepflasterten Gassen von Krujë zählen übrigens lokale Trachten sowie traditionelles Kunsthandwerk.

Skanderbeg-Museum

Das auffällige, einer Burganlage nachempfundene Skanderbeg-Museum *Muzeu Kombëtar Gjergj Kastrioti Skënderbeu* befindet sich im Süden der Stadt, nur wenige Meter vom überlebensgroßen, bronzenen Reiterstandbild des legendären Heerführers entfernt. Das Gebäude entstand nach Entwürfen von Enver Hoxhas Tochter Pranvera im Jahr 1982 und informiert sehr ausführlich über den albanischen Freiheitskampf gegen die Vorherrschaft der Osmanen. Bereits vor dem Eingang wird man von Skanderbeg sowie seiner Schwester Mamica und einer ebenfalls in Stein gemeißelten Reiterschaar begrüßt. Im Inneren sind rekonstruierte Möbelstücke, aber auch Waffen sowie Bilder, Bücher, Landkarten und Gemälde ausgestellt.

Bild: Josef Hora

Beim Schwert aus Damaskus und dem von einem Ziegenkopf gezierten Helm handelt es sich allerdings ebenfalls um Nachbildungen, da die Originale in Wien ausgestellt sind. Schilder in englischer Sprache fehlen leider oft, weshalb man an einer Führung teilnehmen sollte, wenn man sich eingehender mit den historischen Hintergründen beschäftigen möchte.

Bild: M. K.

Ethnographisches Museum

Das Ethnographische Museum *Muzeu Etnografik* logiert im 1765 errichteten Haus der einflussreichen Familie Toptani, dem typischen Wohnhaus einer gut situierten Familie aus dieser Zeit. Man betritt es durch ein hölzernes Tor und findet sich in einem schönen Garten wieder, bevor man ins Haus selbst gelangt. Im Erdgeschoß waren einst Vorräte, Nutztiere und verschiedenste Geräte untergebracht, während die Wohnräume mit teilweise kunstvoll geschnitzten, hölzernen Decken und sogar Wandtäfelungen ausschließlich im oberen Bereich lagen. Besonders beeindruckend ist der Empfangsraum für Gäste, welcher über eine bemalte Decke und eine Galerie mit kleinen Fenstern verfügt. Hier konnten sich die Frauen zurückziehen, um nicht von den männlichen Besuchern der Familie gesehen zu werden. Die umfangreiche Sammlung beinhaltet neben Alltagsgegenständen auch Musikinstrumente, Waffen, eine Ölmühle, ein Hamam sowie eine eigene Schnapsbrennerei.

Dollmë-Tekke

Die etwas versteckt gelegene, aus dem 18. Jahrhundert stammende

Bild: Josef Hora

Dollmë-Tekke *Teqja e Dollmës* befindet sich im unteren Burgbereich unweit des Hamams *Hamami*. Während der atheistischen Zeit wurde sie als Lagerraum genutzt, doch seit 1990 erfüllt sie wieder ihre ursprüngliche Funktion als Zentrum eines Derwisch-Ordens. Die beeindruckenden Fresken, welche sowohl die Decke als auch die Wände zieren, sollten ursprünglich zerstört werden, konnten jedoch im letzten Moment gerettet werden. Neben einem knorrigen, angeblich von Skanderbeg persönlich gepflanzten Olivenbaum befinden sich die Gräber einiger Würdenträger des Bektashi-Ordens. Wenn der Priester Zeit hat, gibt er bereitwillig Auskunft über seine Religion sowie die Familie Dollmë, nach welcher die Tekke benannt ist.

Sari Salltik-Tekke

Verlässt man das Zentrum von Krujë in östlicher Richtung, gelangt man über eine sehr kurvenreiche, jedoch asphaltierte Straße zur Sari Salltik-Tekke *Teqja e Sari Salltikut*, einem fast mystisch wirkenden Wallfahrtsort des Bektashi-Ordens. Im 13. Jahrhundert wurde der namensgebende Derwisch Sari Salltik als Heiliger verehrt. Die bunt geschmückten, mit zahlreichen Kerzen versehenen Andachtsstätten wurden direkt in die Höhlen des Berges, welche dem Pilgerfahrer während seiner Reise Schutz vor Verfolgung boten, integriert. Wer über gute Kondition verfügt, kann den Aufstieg zur Tekke auch zu Fuß in Angriff nehmen, denn der Pfad, der direkt durch die Felswand des Berges zu führen scheint, ist in einem überraschend guten Zustand.

Nationalpark Qafë Shtamë

Direkt im Anschluss an den Nationalpark Dajti *Parku Kombëtar i Dajtit* erstreckt sich der Nationalpark Qafë Shtamë *Parku Kombëtar Qafë Shtamë*, also der Nationalpark am Shtamë-Pass *Qafa e Shtamës*, in der Nähe des gleichnamigen Luftkurortes, welcher sich außerdem durch dichte Wälder und klare Bäche auszeichnet. Der kleine Park wird von einer Straße durchzogen, weshalb man bei der Durchquerung immer wieder die schöne Aussicht genießen kann. Unterwegs passiert man die Abfüllanlage des Mineralwassers Qafë Shtamë. Sobald man die Hochebene erreicht hat, stehen zwar diverse Wanderwege zur Verfügung, doch sind diese weder beschildert noch markiert und somit nur schwer zu erkunden. Ein beliebtes Ausflugsziel stellt eine Quelle dar, deren Wasser früher täglich abgefüllt und an den Königshof in Tiranë gebracht wurde.

41°31´18.50"N, 19°53´22.90"E

www.akzm.gov.al

Kap Rodon

Kap Rodon *Kepi i Rodonit*, das manchmal auch als Skanderbeg-Kap *Kepi i Skënderbeut* bezeichnet wird, zählt zu den schönsten Zielen, die im Rahmen eines Tagesausfluges von der Hauptstadt aus erreicht werden können. Die fast zehn Kilometer lange Halbinsel, deren Spitze das Kap bildet, befindet sich im Besitz der Kirche und trennt die nördliche Rodon-Bucht *Gjiri i Rodonit* von der südlichen Lalëz-Bucht *Gjiri i Lalëzit*. Ihr westlicher Teil ist von einer hügeligen Landschaft mit schattenspendenden Steineichen geprägt, doch auf einer langgestreckten Lichtung erhebt sich die ursprünglich romanische, später im römisch-gotischen Stil umgebaute Kirche des heiligen Antonius *Kisha e Shën Antonit*. Diese stammt aus dem 12. bis 13. Jahrhundert, war damals allerdings noch Teil eines

Bild: Bashkia Krujë

Bild: Pasztilla aka Attila Terbócs I CC BY-SA 4.0

Franziskanerklosters. Während des kommunistischen Regimes wurde sie als Lagerraum zweckentfremdet, wobei der Zutritt zum militärisch genutzten Kap strengstens verboten war. Davon zeugen heute noch die Reste von Bunkeranlagen und Tunnelsystemen, welche die gesamte Umgebung durchziehen. Nun stellt das gut renovierte Gotteshaus alljährlich am 13. Juni einen beliebten Wallfahrtsort dar, doch sonst bleiben die Tore leider meist verschlossen. Die Fresken im Inneren zeigen unter anderem Mamica, Skanderbegs Schwester, aber auch den albanischen Doppeladler, der heute die Flagge des Landes ziert. Geht man weiter, erreicht man über einen schmalen Pfad nach etwa vierzig Minuten die Spitze des Kaps. Unterwegs passiert man noch die Überreste der unmittelbar am Ufer beziehungsweise sogar im Wasser gelegenen Festung Rodon *Kalaja e Rodonit*, welche Skanderbeg dazu diente, seine Vorräte durch Lieferungen aus dem benachbarten Italien aufzustocken. Sie wurde im Jahr 1467 von den Osmanen weitgehend zerstört, jedoch später von den Venezianern wieder aufgebaut. Schwindelfreiheit, ein ausreichender Wasservorrat, lange Hosen und gute Schuhe sind allerdings Voraussetzung, um den Marsch in Angriff zu nehmen. Möchte man baden, findet man unmittelbar südlich des Kaps einige hervorragende Strände, die zwar nicht einsam und verlassen, aber noch immer relativ ruhig sind.

⌖ 41°35‘12.20“N, 19°26‘45.00“E

www.akt.gov.al

Seekajakfahrt in der Lalëz-Bucht

Hält man sich gerne am Wasser auf, bietet eine Seekajak-Fahrt in der Lalëz-Bucht *Gjiri i Lalëzit* die Möglichkeit, das Meer auf ganz neue Weise zu entdecken. Die Touren gehen von Tiranë aus und beinhalten neben dem Transfer und der notwendigen Ausrüstung auch ein Picknick sowie einen fachkundigen Instruktor. Man folgt der teilweise felsigen Küste bis zum Kap Rodon *Kepi i Rodonit* und hat zwischendurch selbstverständlich auch die Möglichkeit zum Baden und zum Entspannen am Strand.

⌖ 41°29‘10.30“N, 19°30‘34.40“E

www.outdooralbania.com

Bild: Pasztilla aka Attila Terbócs I CC BY-SA 4.0

Bild: Fun Lucky I Pixabay

1 Venezianischer Turm
2 Fatih-Moschee
3 Moisiu-Museum
4 Amphitheater
5 Große Moschee
6 Forum
7 Archäologisches Museum
8 Zogu-Villa

Durrës

Durrës, Albaniens zweitgrößte Stadt, wurde bereits im 7. Jahrhundert vor Christus als griechische Kolonie gegründet und zählt somit zu den ältesten Siedlungen auf der Balkanhalbinsel, wobei zuvor bereits die Illyrer hier ansässig waren. Als Teil des Römischen Reiches erlangte die Hafenstadt am Beginn der nach Konstantinopel führenden Handelsstraße Via Egnatia bald auch überregionale Bedeutung, was zu einer wirtschaftlichen und kulturellen Blütezeit führte. Nach einem verheerenden Erdbeben, welches im 4. Jahrhundert beinahe die gesamte Stadt zerstörte, verlor diese jedoch an Bedeutung. Erst unter der Herrschaft von Byzanz erlangte Durrës seinen hohen Stellenwert langsam zurück, wovon einige gut erhaltene Reste der Stadtmauer zeugen. Während des Mittelalters wechselten die Herrscher allerdings oft, bis die Osmanen im Jahr 1510 das gesamte Gebiet übernahmen. Doch auch sie mussten Rückschläge hinnehmen, denn das Umland versumpfte zunehmend und Malariaepidemien setzten der Bevölkerung sehr zu. Im Jahr 1914 konnte sich die Stadt schließlich als Sitz des Fürstentums Albanien unter Wilhelm zu Wied etablieren. Dies war aber nicht von Dauer und bereits 1926 zerstörte ein weiteres Erdbeben große Teile der Bausubstanz. Unter Enver Hoxha erfolgte der Ausbau von Durrës zur Industriestadt, weshalb sowohl das Stadtgebiet als auch der Hafen deutlich erweitert werden mussten. Aus dieser Ära stammen auch zahlreiche Denkmäler, die in der gesamten Stadt anzutreffen sind. Besonders in der letzten Zeit wurde vermehrt auf verschiedenste Modernisierungsmaßnahmen gesetzt, was einen wahren, leider oft unkontrollierten Bauboom zur Folge hatte. Erfreulicherweise konnten im Rahmen der Arbeiten zwar einige bislang unbekannte, antike Monumente entdeckt werden, doch ist deren Freilegung oft mit Schwierigkeiten verbunden, da das komplette Stadtgebiet bebaut ist. Heute erfordern alle Neubauten eine spezielle Genehmigung, da der gesamte Untergrund der Stadt zu einem Kulturdenkmal erklärt wurde. Ruhe und Erholung sucht man in Durrës jedenfalls vergeblich, denn die im Süden an die Stadt anschließende Bucht von Durrës *Gjiri i Durrësit* verfügt zwar über einen traumhaften, flach abfallenden Sandstrand, doch ist dieser mittlerweile an vielen Stellen zubetoniert und das Wasser gilt als relativ verschmutzt, weshalb Baden hier nicht unbedingt empfehlenswert ist. Trotzdem verbringen zahlreiche

Bild: Wander.al

Menschen aus der Hauptstadt oder aus dem nahen Kosovo hier ihren Urlaub, was dazu führt, dass die Liegeflächen im Hochsommer regelrecht überfüllt sind. Gemütliche Restaurants und Kaffeehäuser laden hingegen in der Nähe des Hafens und entlang des Bulevardi Epidamn, der modernen Einkaufsstraße, ebenso zum Verweilen ein wie gepflegte Grünanlagen.

41°18'49.60"N, 19°26'51.10"E

www.durres.gov.al
www.albania.al
www.akt.gov.al

Venezianischer Turm

Der rund zehn Meter hohe Venezianische Turm *Kulla Veneciane*

Bild: Wander.al

Bild: Andrey Shevchenko | Fotolia

wurde von den Venezianern mit Zinnen sowie fünf Kanonenöffnungen zur Verstärkung der bestehenden Befestigungsanlagen aus der byzantinischen Epoche errichtet. Über eine Treppe kann man den oberen Bereich erklimmen und von dort aus die Stadt überblicken. Heute befindet sich eine Bar im Turm. Direkt im Anschluss erheben sich die Überreste von Festungsmauern, die ebenfalls aus venezianischer Zeit stammen.

Fatih-Moschee

Die kleine Fatih-Moschee *Xhamia Fatih* in der Rruga Xhamia wurde im Jahr 1502 auf den Überresten einer frühchristlichen Basilika aus dem 10. bis 11. Jahrhundert errichtet und

Bild: Albinfo

dem Eroberer Sultan Mehmet II. gewidmet. Das kommunistische Regime fügte dem bedeutenden historischen Gebäude, nämlich der drittältesten Moschee des Landes, genau wie das schwere Erdbeben von 1979 große Schäden zu, doch erfolgte im Jahr 2011 eine umfassende Restaurierung.

Moisiu-Museum

Fast gegenüber, in der kleinen Rruga Kolonel Tomson, hat man schließlich noch die Möglichkeit, eines der letzten Häuser aus der osmanischen Epoche, das Moisiu-Museum *Muzeu Moisiu*, zu besichtigen. Dieses weist den typischen, vorgebauten Holzbalkon auf, welcher zwischen den beiden vorgebauten Flügeln des Hauses verläuft. Ausgestellt sind hier zahlreiche Dokumente und biographische Devotionalien aus dem Leben des berühmten Schauspielers Alexandër Moisiu beziehungsweise Moissi. Eine kleine ethnographische Sammlung präsentiert außerdem Handarbeiten und Trachten aus der Region.

Amphitheater

Die heutige Hauptattraktion von Durrës, das berühmte römische Amphitheater *Amfiteatri*, wurde im Jahr 1966 nur durch puren Zufall entdeckt. Die für Gladiatorenkämpfe genutzte, elliptische Arena stammt aus dem 2. Jahrhundert vor Christus und bot mit einer Länge von rund 140 Metern bis zu 20 000 Zuschauern Platz, weshalb sie als eine der größten des Balkanraums gilt. Aufgrund der umliegenden Wohnhäuser konnte das Theater jedoch nicht zur Gänze freigelegt werden. Auch heute noch sind in den unterirdisch

Bild: C. Cat 82 | Fotolia

verlaufenden Gängen jene Verschläge zu sehen, in welchen die wilden Tiere ebenso wie die Kämpfer vor Beginn der grausamen Veranstaltungen eingesperrt wurden. Hier kann man außerdem einen Blick auf die spezielle Bautechnik des Monuments werfen, denn Ziegelreihen wechseln sich mit einer Mischung aus Steinen und Mörtel ab, was das Theater erdbebensicher machen sollte.
In einem der Gänge unter den Zuschauerrängen wurde nach dem Verbot der Gladiatorenkämpfe durch Kaiser Justinian im 6. Jahrhundert eine byzantinische Kapelle eingerichtet, da das Theater zu diesem Zeitpunkt als Friedhof genutzt wurde. Hier kann man die einzigen antiken Wandmosaike des Landes bewundern, überaus seltene frühchristliche Darstellungen von hohem kunsthistorischen Wert. Zu sehen sind der heilige Stephan, Maria als Himmelskönigin, die Erzengel Michael und Gabriel sowie der Stifter der Kapelle und seine Frau. Im Rahmen der Ausgrabungsarbeiten wurden außerdem viele Skelette mit gebrochenem Genick entdeckt, bei welchen es sich vermutlich entweder um christliche Märtyrer oder im Kampf getötete Gladiatoren handelt.

Große Moschee

Nördlich des Theaters erreicht man bereits nach wenigen Metern das neoklassizistische Rathaus *Bashkia* aus dem Jahr 1929 und schließlich die Große Moschee *Xhamia e Madhe* beziehungsweise Neue Moschee *Xhamia e Re* in leicht erhöhter Lage. Sie wurde anstelle eines Vorgängerbaus aus osmanischer Zeit errichtet, da dieser durch das Erdbeben von 1979 schwer in Mitleidenschaft gezogen worden war. Eröffnet wurde das modern anmutende Gotteshaus mit einem hohen Minarett schließlich im Jahr 1993, zu diesem Zeitpunkt als größte

Bild: Nomadicniko.com

Moschee des gesamten Landes. In unmittelbarer Nachbarschaft befindet sich außerdem der halbkreisförmig angelegte Heldenfriedhof aus dem Jahr 1949.

Forum

Geht man weiter in Richtung Norden, erreicht man den Kulturpalast *Pallati i Kulturës* und das nach dem begnadeten Schauspieler benannte Theater Aleksandër Moisiu *Teatri Aleksandër Moisiu* aus den 1960er Jahren. Gleich dahinter liegt das antike Forum, also der zentrale Platz aus römischer beziehungsweise byzantinischer Zeit, welcher zwischen dem 5. und 7. Jahrhundert angelegt wurde. Einst war der Platz mit einem Durchmesser von etwa vierzig Metern komplett mit Marmor gepflastert und von einer geschlossenen Kolonnade, von der heute jedoch lediglich fünf korinthische Säulen erhalten sind, umringt. Außerdem gibt es noch einige Mauerreste des ehemaligen Badehauses, welches bereits mit einer Fußbodenheizung ausgestattet war, zu sehen. In einigen der angrenzenden Privathäuser von Durrës konnten überdies Mosaike sowie die Fundamente von römischen Wohnhäusern entdeckt werden.

Archäologisches Museum

Westlich des Hafens befindet sich das Archäologische Museum *Muzeu Arkeologjik* unweit des auffälligen, weit ins Meer hinausragenden Pista e Re-Piers. Es handelt sich um ein von außen fast palastartig wirkendes Bauwerk mit einer sehr großzügig bemessenen Ausstellungsfläche. Seit dem Abschluss der sehr lange andauernden Renovierungsarbeiten im Jahr 2015 erstrahlt es wieder in neuem Glanz und ist nun ohne Frage als bedeutendstes archäologisches Ausstellungshaus des Landes zu nennen. Die großteils direkt aus der Stadt sowie der näheren Umgebung stammenden Exponate setzen den Schwerpunkt im Bereich der griechisch-römischen Antike. Präsentiert werden zum Beispiel Amphoren, Münzen aus hellenistischer Zeit, Säulen mit zierenden Gravuren, Grabstelen mit lateinischen Inschriften, mehrere gläserne Gefäße sowie ein Meilenstein von der berühmten Römerstraße Via Egnatia, welche von der Adriaküste zum Bosporus führte. Sehr erfreulich für ausländische Besucher ist der Umstand, dass die meisten Ausstellungsstücke auch mit englischen Beschriftungen versehen sind.

Bild: Nomadicniko.com

Bild: M. K.

Zogu-Villa

Auf einem Hügel über der Stadt erhebt sich die sogenannte Zogu-Villa *Vila e Zogut*, die Sommerresidenz des ehemaligen Herrschers König Zogu. Sie wurde nach zehnjähriger Bauzeit im Jahr 1937 fertiggestellt und erinnert stark an den Stil italienischer Gebäude, wobei ihr Grundriss gemeinsam mit den Gartenpalais den albanischen Wappenadler symbolisieren soll. Nach dem Zweiten Weltkrieg empfing Hoxha in der Villa ausgewählte internationale Staatsmänner wie etwa Nikita Chruschtschow und auch die späteren Präsidenten Alia und Berisha residierten hier. Leider

Bild: Josef Hora

wurde das Innere des rosa Gebäudes während der Aufstände von 1997 schwer in Mitleidenschaft gezogen beziehungsweise geplündert. Eine nach der Rückgabe an die Erben König Zogus angeblich geplante Sanierung scheiterte bisher offenbar an den nötigen finanziellen Mitteln.

Kirche des heiligen Freitag

Die orthodoxe Kirche des heiligen Freitag *Kisha e Shën Premtes* wurde

Bild: Josef Hora

im Jahr 1280 errichtet und gilt bereits seit 1963 als nationales Kulturdenkmal, denn es handelt sich um eine der ältesten erhaltenen Kirchen des gesamten Landes und sogar die einzige im römisch-gotischen Stil, die fast unbeschadet überdauern konnte. Sie erhebt sich auf einem Hügel etwa zwei Kilometer östlich von Kavajë im Dorf Çetë, westlich des nördlichsten Ausläufers des Kavajës-Sees *Liqeni i Kavajës*. Der Innenraum der Kirche beeindruckt durch schöne Wandmalereien, darunter auch einige Miniaturen, welche dem berühmten Ikonenmaler Kostandin Shpataraku zugeschrieben werden. Leider sind sie durch den Rauch der verwendeten Kerzen geschwärzt und zeigen nicht mehr ihre volle Farbenpracht. Um die Geschichte der Kirche ranken sich zahlreiche Legenden, doch wurde deren Wahrheitsgehalt bis dato nicht genau erforscht.

41°11‘56.00“N, 19°34‘27.30“E

www.qarkutirane.gov.al

Kavajë

Obwohl Kavajë nicht über besonders viele Sehenswürdigkeiten verfügt, ist es durchaus einen Besuch wert. Einst war die Stadt von großer Bedeutung,

da sie direkt an der Römerstraße Via Egnatia lag. Diese verband seit dem 2. Jahrhundert vor Christus die an der Adria gelegene Stadt Durrës mit dem über tausend Kilometer weit entfernten Konstantinopel. In der jüngeren Zeitgeschichte machte Kavajë ebenfalls auf sich aufmerksam, denn etwa zweihundert Juden, die vor dem Holocaust geflohen waren, fanden zuerst in einem Lager Unterschlupf und wurden dann von lokalen Familien aufgenommen. Obwohl sich die Stadt nach dem Krieg zu einem wichtigen Industriezentrum mit einer Vielzahl an Arbeitsplätzen entwickelte, fanden hier bereits im Jahr 1988 erste Revolten statt und zwei Jahre später waren die Einwohner Kavajës unter den ersten Menschen Albaniens, die es wagten, auf der Straße offen gegen das verhasste kommunistische Regime Hoxhas zu demonstrierten.
Von den einst vier Moscheen aus osmanischer Zeit sind heute leider ausschließlich die Säulen der 1736 fertiggestellten Kubelie-Moschee *Xhamia e Kubeliesë* erhalten. Einige der insgesamt neunzehn Säulen dürften aus Apollonia stammen und für den Bau der Moschee eigens hierher transportiert worden sein. Sie trugen sowohl die überdachte Vorhalle als auch den eigenständigen Portikus. Das Gebäude wurde allerdings zerstört, nachdem Hoxha das Land in einen atheistischen Staat verwandelt hatte. Im Jahr 1994, als wieder Religionsfreiheit herrschte, wurde schließlich eine neue Moschee fertiggestellt. Vor dieser befinden sich nun die verbliebenen Säulen des ehemaligen Gotteshauses, welche in der Zwischenzeit im Museum der nahen Stadt Durrës ausgestellt waren. Unmittelbar neben dem Ensemble ragt der ungewöhnlich hohe Uhrturm *Kulla e Sahatit* von 1817 empor. Jeweils am Sonntag findet hier ein lebhafter Markt *Treg* statt, auf dem in erster Linie Obst und Gemüse aus der Umgebung angeboten werden.
In einem der wenigen erhaltenen Häuser aus der osmanischen Epoche, welches sich durch bemerkenswerte Fenster auszeichnet, residiert seit dem Jahr 1971 das Ethnographische Museum *Muzeu Etnografik*. Die Ursprünge des Gebäudes sollen allerdings sogar auf ein Landhaus aus der Spätantike zurückgehen. Mittlerweile ist das Museumsgebäude perfekt renoviert und beherbergt eine erstaunlich umfangreiche Sammlung historischer Trachten, nämlich die zweitgrößte Albaniens. Außerdem sind Keramikgegenstände, Kupferschmiedearbeiten und andere Textilien aus verschiedenen Regionen

Bild: Josef Hora

des Landes ausgestellt. Wer sich noch eingehender mit der Geschichte der Stadt beschäftigen möchte, kann außerdem dem Historischen Museum *Muzeu Historik* einen Besuch abstatten.

⌖ 41°11'02.40"N, 19°33'39.90"E

www.durres.gov.al

General-Strand

Möchte man in Zentralalbanien gerne baden, sollte man einen der Strände in der Nähe der Ortschaft Spille aufsuchen, etwa den vergleichsweise einsamen General-Strand *Plazhi i Gjeneralit* mit einer Länge von

Bild: Dariusz Sankowski I Pixabay

vierhundert Metern und einer Breite von fünfzig Metern. Dieser erstreckt sich etwa auf halbem Weg zwischen dem mit Bunkern aus der Zeit Hoxhas gespickten Kap Lagjit *Kepi i Lagjit* und dem Ort selbst und zeichnet sich durch wesentlich klareres Wasser aus als die Bucht von Durrës *Gjiri i Durrësit*. Außerdem fällt der Strand flach ins Meer ab und ist somit auch für kleine Kinder bestens geeignet. Eine Besonderheit ist, dass die gefährdeten unechten Karettschildkröten hier ihre Eier in sogenannten Nistgruben ablegen und nach fünfzig bis achtzig Tagen die Jungtiere ausschlüpfen, um sich auf den Weg zum Meer zu machen. Der ungewöhnliche Name des Strandes leitet sich übrigens von einem italienischen General ab, der in den 1930er Jahren mit seiner Familie an diesem Küstenabschnitt badete und ihn daraufhin nach seinem hohen militärischen Rang benannte.

⌖ 41°07'38.60"N, 19°26'58.60"E

www.qarkutirane.gov.al

Festung Bashtovë

Die Festung Bashtovë *Kalaja e Bashtovës* liegt östlich der Mündung des Flusses Shkumbin auf einem weiten, offenen Feld, circa vier Kilometer von der Küste entfernt, inmitten eines großen Mäanders. Von Kavajë kommend, passiert man die kleine Siedlung Lekaj und biegt dann am Ende des folgenden Ortes Gosë e Madhe rechts ab, um dem Straßenverlauf zur Küste hin zu folgen. Unmittelbar vor dem Ort Bashtova biegt man links ab und bereits nach einem kurzen Wegstück kann man die Festung auf der linken Seite ausmachen. Sie wurde im 15. Jahrhundert von den Venezianern errichtet, um den Handel mit dem lokalen Getreide zu sichern, doch geht man heute davon aus, dass eine bereits existierende Burg aus dem 6. Jahrhundert integriert wurde. Insgesamt nimmt der Komplex eine Fläche von etwa neunzig mal sechzig Metern ein, wobei der westliche Bereich im 18. Jahrhundert erneuert werden musste. Obwohl aller Wahrscheinlichkeit nach eine Etage unter der Erde lag, ragen die Wände bis zu neun Meter hoch auf. Diese sind zwar teilweise überwuchert, doch ist die Schönheit der Anlage

Bild: Kimberly Hakkenber I CC BY 2.0

trotzdem noch gut zu erkennen. Jedes Jahr finden hier diverse Veranstaltungen wie zum Beispiel das beliebte Bashtovë Folkfestival statt. Die Umgebung lädt außerdem mit einem herrlichen Lorbeerwald dazu ein, nach der Besichtigung der Festung einen kurzen Zwischenstopp einzulegen.

41°02′48.90″N, 19°29′47.50″E

www.qarkutirane.gov.al

Nationalpark Divjakë-Karavasta

Im Zentrum des nun insgesamt 222 Quadratkilometer großen Nationalparks Divjakë-Karavasta *Parku Kombëtar Divjakë-Karavasta* erstreckt sich zwischen den Mündungen der Flüsse Shkumbin im Norden und Seman im Süden die gleichnamige Karavastasë-Lagune *Laguna e Karavastasë*. Diese ist durch einen schmalen Sandstreifen vom Meer getrennt und stellt mit einem Ausmaß von circa zehn mal fünf Kilometern die größte Lagune des Landes dar. Genau genommen handelt es sich allerdings um zwei Lagunen, eine größere und eine kleinere, dem Meer zugewandte. Ist man mit einem Fernglas ausgerüstet, kann man mit etwas Glück die auf flachen Inseln brütenden Krauskopfpelikane beobachten. Diese bauen ihre Nester in Albanien ausnahmslos in diesem Gebiet, sind hier jedoch zahlreich vertreten, denn die lokale Population umfasst rund fünf Prozent aller weltweit registrierten Exemplare dieser selten gewordenen Spezies. Da der Nationalpark aber nicht nur einer Vielzahl an Wasservögeln einen perfekten Lebensraum bietet sondern außerdem ein bedeutendes Winterrefugium für verschiedene Zugvögel darstellt, ist er zusätzlich als Ramsar-Schutzgebiet ausgewiesen. Zählungen ergaben, dass in der Lagune bis zu siebzigtausend Tiere überwintern. Neben Vögeln sind unter anderem Tiere wie Fischotter,

Bild: Josef Hora

Bild: Josef Hora

Fledermäuse, sowie Landschildkröten in diesem Nationalpark heimisch. Die Strände der Umgebung weisen im Allgemeinen eine leicht schlammige Konsistenz auf, doch ein längerer Abschnitt westlich des Ortes Divjakë ist feinsandig und lädt mit einem schattenspendenden Pinienwald im Hintergrund zum Baden ein. Keinesfalls vergessen sollte man dabei allerdings auf Insektenschutzmittel, denn Gelsen fühlen sich in diesem Feuchtgebiet ausgesprochen wohl. Leider sind die im Park getroffenen Schutzmaßnahmen nach wie vor unzureichend, denn besonders im Sommer befahren zahlreiche Besucher die sandigen Wege mit dem Auto und selbst Wilderei sowie das Fischen mit Dynamit sind leider keine Ausnahme, obwohl das Areal eingezäunt ist und gewisse Bereiche des Feuchtgebietes somit nicht öffentlich zugänglich sind.

⌖ 40°55'32.60"N, 19°29'30.40"E

www.akzm.gov.al

Peqin

Peqin blickt auf eine lange Geschichte zurück, wie antike Überreste östlich des Zentrums erkennen lassen. Bereits die Römerstraße Via Egnatia führte direkt durch die Stadt, die seit der osmanischen Herrschaft im 16. Jahrhundert auch über eine Befestigungsanlage verfügt. Leider wurden von den Kommunisten zahlreiche Gebäude aus jener Epoche zerstört, doch man kann noch die von einer Kuppel gekrönte Moschee *Xhamia* und direkt daneben den eleganten Uhrturm *Kulla e Sahatit* aus dem 19. Jahrhundert sehen. Auch die Mauern der Festung von Peqin *Kalaja e Peqinit* sind teilweise erhalten und ragen nun etwa fünf Meter in die Höhe, obwohl sie einst gewaltiger waren. Leider ist das Innere der circa 53 mal 58 Meter großen Anlage fast leer, doch drei der ehemals vier Ecktürme sind noch erhalten.

⌖ 41°02'44.80"N, 19°45'03.80"E

www.elbasani.gov.al

Dumre-Seen

Die Dumre-Seen *Liqenet e Dumresë* gelten als Naturwunder, denn es handelt sich um rund 85 mitunter winzige Karstseen auf einem hügeligen Karstplateau, das von den Flüssen Shkumbin, Devoll und Seman begrenzt wird. Einige der Seen verschwinden in heißen Sommern komplett, während in anderen sogar weiße und gelbe Wasserlilien blühen. Viele zeichnen sich außerdem durch ihren Fischreichtum aus, weshalb die Bewohner der umliegenden Siedlungen gerne angeln und ihren Fang in den größeren Städten der Umgebung zum Kauf anbieten. Generell ist das Gebiet jedoch von Landwirtschaft geprägt und man trifft unter anderem auf weitläufige Olivenhaine. Charakteristisch für die Region sind außerdem Dolinen und sogenannte Schlucklöcher, wobei das größte oft als Big Hole bezeichnet wird und etwa achtzig Meter tief

Bild: Grzegorz Skibka I Pixabay

ist. Die Straßen, die an den Seen vorbei führen, sind teilweise bereits asphaltiert, doch muss man auf einigen älteren Streckenabschnitten noch mit Schlaglöchern rechnen.

40°58'53.10"N, 19°53'12.60

www.elbasani.gov.al

Lushnjë

Bei Lushnjë handelt es sich um eine junge Stadt, die aus touristischer Sicht kaum etwas zu bieten hat, da sie als Verwaltungszentrum gegründet wurde. Im Hinblick auf die Geschichte handelt es sich allerdings um einen bedeutenden Ort, denn während des Kongresses von Lushnjë wurde im Jahr 1920 hier die Unabhängigkeit Albaniens beschlossen. Jenes Haus, in welchem die Verhandlungen geführt wurden, kann unweit des verkehrsfrei gestalteten Hauptplatzes besichtigt werden.

40°56'34.00"N, 19°42'20.20"

Kloster Ardenicë

Das gepflegte, orthodoxe Kloster Ardenicë *Manastiri i Ardenicës* liegt nordwestlich des Ortes Ardenicë, direkt hinter einem Waldstück auf einer Hügelkette. Am besten erreicht man es, indem man, von Ardenicë kommend, im nördlich gelegenen Ort Kolonjë in die erste größere Straße links einbiegt und deren Verlauf vorerst in Richtung Westen, dann in Richtung Süden folgt. Das Kloster befindet sich schließlich auf der rechten Straßenseite. Sein Name leitet sich angeblich von einem antiken Artemistempel, der hier existiert haben soll, ab. Gegründet wurde das Kloster, eines der schönsten und größten des Landes, vermutlich bereits 1282 vom byzantinischen Kaiser Andronikos II.,

Bild: Josef Hora

Bild: Josef Hora

doch erfolgten im 18. Jahrhundert weitreichende Umbauarbeiten und Erweiterungen, wobei auch Steine aus Apollonia zum Einsatz kamen. Ab 1780 verfügte das Kloster über ein Priesterseminar, später über eine albanische Sprachschule, die lange Zeit als Gymnasium weiterbestand. Die Klosterbibliothek umfasste einst 32 000 Bände, sowohl orthodoxe Schriften als auch Bücher aus Westeuropa, wurde aber leider bei einem Brand im Jahr 1932 zerstört. Dieses Schicksal blieb dem Kloster während des kommunistischen Regimes zwar erspart, da der verehrte Nationalheld Skanderbeg hier geheiratet hat, doch das Konvent wurde geschlossen und konnte erst 1992 wieder eröffnet werden. Sieben Jahre später folgte eine umfassende Renovierung des Komplexes, der auch eine Bäckerei, eine Ölmühle, Stallungen und einen eigenen Brunnen umfasst. Besuchern steht neben dem Innenhof auch die Kirche der heiligen Maria *Kisha e Shën Mërisë* offen. Sie weist einen 24 Meter hohen Glockenturm mit quadratischem Grundriss sowie einen offenen Portikus auf, welcher von Säulen mit Rundbögen getragen wird. Das Innere gliedern hingegen hölzerne Säulen in drei Bereiche. Besonders sehenswert ist die prunkvolle, geschnitzte und reich mit Gold verzierte Ikonostase, doch auch die Fresken aus dem 18. Jahrhundert sind noch ausgezeichnet erhalten. Diese wurden von den Meistern Athanas und Kostandin Zografi, welche auch am berühmten Berg Athos tätig waren, gestaltet. Gezeigt werden Szenen aus dem Leben von Maria und Jesus, während die gesamte Ostwand des Narthex von einer imposanten Darstellung des Jüngsten Gerichts eingenommen wird. Interessant ist außerdem, dass hier der byzantinische Mönch Johannes Koukouzelis abgebildet ist, denn dies ist eine Seltenheit. Nicht umsonst bezeichnet man das Kloster oft als bedeutendste orthodoxe Anlage Albaniens. Heute wird es übrigens wieder aktiv genutzt und von Mönchen bewohnt.

⌖ 40°49'07.40"N, 19°35'34.40"E

www.bashkiafier.gov.al

Kloster des heiligen Kosmas

Reist man von Norden aus an, biegt man bei Mbrostar-Urë rechts ab und folgt der Straße bis zum Dorf Rreth-Libofshë. Dort verläuft die

Hauptstraße vorbei an der Moschee, nach der man bald links abbiegt. Die Straße führt kurz in Richtung Süden zurück, dann in westliche Richtung. Man biegt erneut links ab und passiert die Siedlung Kolkondas. Folgt man der Straße weiter und biegt links ab, erreicht man schließlich das Kloster des heiligen Kosmas *Manastiri i Shën Kozmait*. Die Kirche mit drei Absiden wurde kürzlich umfassend renoviert und zählt ebenfalls zu den bedeutenden Sakralbauten dieser Region. Sie entstand genau an jener Stelle, wo der griechische Mönch Kosmas von Aitolien angeblich im Jahr 1779 von den Osmanen exekutiert worden war. Außerdem weist die Anlage noch eine weitere Kirche auf, nämlich die Kirche der heiligen Maria *Kisha e Shën Mërisë*, von welcher allerdings lediglich Überreste erhalten sind.

⌖ 40°48'10.08"N, 19°32'36.24"E

Fier

Die junge Stadt Fier ist für Urlauber ziemlich unspektakulär, denn sie entstand erst im 19. Jahrhundert als Verwaltungszentrum und bietet daher so gut wie keine Sehenswürdigkeiten. Das Historische Museum *Muzeu Historik* präsentiert allerdings einige interessante Exponate, die von den nahegelegenen Ausgrabungsstätten Apollonia und Byllis stammen. Den zentralen Platz zieren überdies eine Moschee *Xhamia* sowie ein riesiger, bunter Globus *Botë* und ein großes Einkaufszentrum bietet alles, was man auf der Reise eventuell benötigen könnte.

⌖ 40°43'30.30"N, 19°33'29.50"E

www.bashkiafier.gov.al

Archäologiepark Apollonia

Insgesamt existierten in der antiken Welt nicht weniger als dreißig Städte, die zu Ehren des Gottes Apollo, des Gottes des Lichtes und der Heilung, aber auch der Künste, als Apollonia bezeichnet wurden. Beim albanischen Apollonia, heute der Archäologiepark Apollonia *Parku Arkeologjik i Apollonisë* handelt es sich allerdings um die größte und bedeutendste. So sollen beispielsweise im Hafen an der Flussmündung bis zu 120 Schiffe Platz gefunden haben. Bereits im 6. Jahrhundert vor Christus trieben griechische Kolonialisten Handel mit der illyrischen Bevölkerung und bald stieg die 588 vor Christus gegründete

Bild: M. K.

Bild: Nomadicniko.com

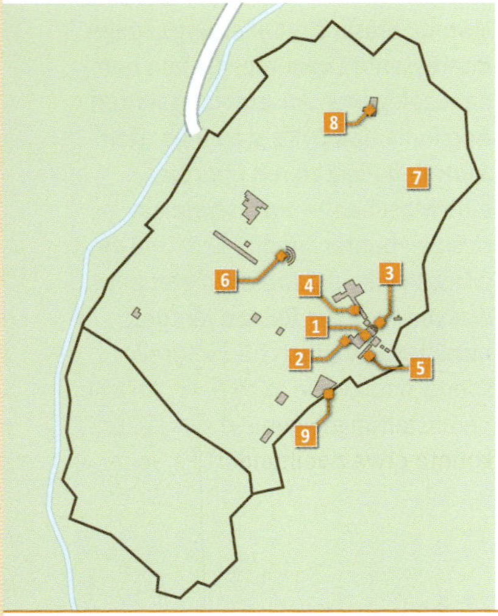

1 Agora
2 Dianatempel
3 Odeon
4 Große Stoa
5 Kleine Stoa
6 Amphitheater
7 Akropolis
8 Nymphäum
9 Kloster der heiligen Maria

Stadt zu einem wirtschaftlichen und kulturellen Zentrum der östlichen Adria auf, was durch den Bau der Via Egnatia begünstigt wurde. Ab der Mitte des 4. Jahrhunderts vor Christus wurden sogar eigene Silbermünzen, welche bald in der gesamten Region als Zahlungsmittel akzeptiert wurden, geprägt. Im 2. Jahrhundert vor Christus lebten bis zu sechzigtausend Menschen in Apollonia. Selbst als das Territorium ab 148 vor Christus als Teil der Provinz Macedonia in römischer Hand war, behielt Apollonia einen Sonderstatus in Bezug auf seine Verwaltung und die griechische Sprache, doch mussten vorerst noch Steuern entrichtet werden. So zog es immer mehr römische Siedler sowie hohe Besucher in die Stadt, darunter Cicero, Kaiser Augustus oder Agrippa. Cäsar diente der Ort während des römischen Bürgerkrieges als Stützpunkt bei seinem Kampf gegen Pompeius und Marcus Antonius war es, der das äußerst wohlhabende Apollonia schließlich befestigte. Doch ein verheerendes Erdbeben veränderte im 3. Jahrhundert nach Christus den Verlauf des Flusses, wodurch der Hafen immer

Bild: Nomadicniko.com

mehr verlandete und die Stadt zu verfallen begann, bis sie nach der kriegerisch geprägten Zeit der Völkerwanderung im 6. Jahrhundert vollkommen verlassen war. Heute spielt der historische Ort jedoch wieder eine große Rolle und zwar als Ausgrabungsstätte, denn diese rangiert direkt hinter Butrint als zweitwichtigste des gesamten Landes. Begonnen wurde mit den Arbeiten bereits nach dem Ersten Weltkrieg von österreichischen Archäologen, dann setzten französische, sowjetische, amerikanische und albanische Teams die Grabungen fort. Ursprünglich war die terrassenförmig angelegte Stadt auf einer Länge von rund vier Kilometern von äußerst massiven, drei Meter dicken

Festungsmauern umringt. Diese sind teilweise erhalten, genau wie das ausgeklügelte Kanalsystem, dessen Leitungen an einigen Stellen direkt unter der Mauer hindurchführten. Sobald man das Ausgrabungsgelände betritt, erblickt man bereits das Herzstück Apollonias, nämlich den aus dem 2. Jahrhundert vor Christus stammenden Portikus des Buleuterion oder Agonotheten-Monuments, wie dieses auch oft bezeichnet wird. Dabei handelt es sich um einen äußerst repräsentativ gestalteten Versammlungsort des Stadtrates, welcher von insgesamt sechs korinthischen Säulen und einem schönen Architrav geziert wird. Das Monument, welches mit einem Rathaus vergleichbar ist, stammt aus dem 2. Jahrhundert vor Christus und wurde nach seinem Einsturz durch ein Erdbeben im Jahr 1976 wieder originalgetreu aufgebaut. So lassen sich die einstigen Dimensionen der Stadt auch heute noch erahnen. Direkt davor erstreckte sich die Agora, also der große Versammlungsplatz, um welchen sich zahlreiche Gebäude gruppieren. Direkt westlich des Monuments befindet sich etwa der Regierungssitz des Repräsentanten des Stadtrates, das Prytaneion.
Unmittelbar daneben erheben sich die Überreste eines Tempels, welcher Diana, der Göttin der Jagd und des Mondes, geweiht war.
Auf der anderen Seite der Agora, hinter dem Agonotheten-Monument, befindet sich das Odeon, ein ehemals überdachtes Konzerthaus aus dem 2. Jahrhundert, das jedoch nicht ausschließlich für kulturelle sondern teilweise auch für politische Veranstaltungen genutzt wurde. Es konnte etwa zweihundert Personen aufnehmen und lässt bereits eine erste Vermischung griechischer und römischer Stilelemente erkennen, was es zu einem der interessantesten Gebäude auf dem Gelände macht. Erbaut wurde es aus Kalkstein, welcher eigens aus den rund siebzig Kilometer weit entfernten Steinbrüchen der Halbinsel Karaburun *Gadishulli i Karaburunit* in die Stadt transportiert werden musste.
Im Anschluss erhebt sich unmittelbar nach dem Sanktuarium die große Stoa, ein säulengeschmückter Wandelgang mit einer Länge von fast achtzig Metern und einer Breite von zwölf Metern, der ebenfalls als Versammlungsort genutzt wurde, wenn wichtige Themen, welche die gesamte Bevölkerung der Stadt

Bild: R. H. 2010 | Adobe Stock

betrafen, erörtert werden sollten. Man nimmt an, dass die Säulenhalle, deren 36 oktagonale Säulen mit dorischen Kapitellen den Gang in zwei Bereiche gliedern, ursprünglich über ein weiteres Stockwerk verfügt haben könnte. Dieses blieb vermutlich den wohlhabenden Bürgern vorbehalten, während das untere auch dem gewöhnlichen Volk zugänglich war.
Ein weiterer Wandelgang, die kleine Stoa, befindet sich südlich des Odeons. Diese stammt allerdings aus dem 4. bis 3. Jahrhundert vor Christus und wurde als offene Halle konzipiert.
Es folgen die Reste weiterer Gebäude, deren Funktion jedoch bislang nicht restlos geklärt werden konnte. Eventuell könnte es sich unter anderem um eine Bibliothek sowie Wohnhäuser aus dem 1. und 2. Jahrhundert handeln, doch sind das derzeit lediglich Spekulationen.
Das große Amphitheater Apollonias, welches mit einem Durchmesser von rund hundert Metern bis zu zehntausend Zusehern Platz bieten konnte, lag weiter nordwestlich. Leider ist heute kaum mehr als seine grundlegende Form auszumachen.
Auf dem nördlich gelegenen Hügel erhob sich die riesige Akropolis, die bis zu achttausend Personen gleichzeitig aufnehmen konnte, doch muss diese erst freigelegt werden.
Das nebenan zu sehende Nymphäum, also die Brunnenanlage der Stadt, wird oft als eine der bedeutendsten ihrer Art gepriesen. Hier wurde das Wasser nämlich nicht nur gesammelt sondern auch durch ein Röhrensystem in der gesamten Stadt verteilt. Seinen erstaunlich guten Erhaltungszustand verdankt es übrigens der Tatsache, dass es durch ein Erdbeben im 4. Jahrhundert verschüttet wurde.
Am Rande der Ruinen von Apollonia entstand im 9. Jahrhundert das Kloster der heiligen Maria *Manastiri i Shën Mërisë*, wobei die byzantinische Klosterkirche mit einer hohen Vierungskuppel auf das 13. Jahrhundert zurückgeht. Für ihren Bau wurden teilweise die Sitzreihen des antiken Theaters verwendet, doch sie weist auch eine Vielzahl an Verzierungen auf, darunter Reliefs mit Menschen- und Tierdarstellungen. Die hölzerne Ikonostase stammt allerdings aus dem 19. Jahrhundert.
Ein interessantes Detail ist, dass der Grundriss der Kirche keine rechten Winkel aufweist, doch ist nicht bekannt, warum dies der Fall ist. Im Inneren des Gotteshauses wurden zahlreiche archäologische Artefakte aus Apollonia aufbewahrt, wobei viele während der Unruhen in den 1990er Jahren gestohlen beziehungsweise zerstört wurden.

Bild: Milosk 50 I Fotolia

Bild: M. K.

Bild: Lev T. | Adobe Stock

Das erst im Jahr 2011 wiedereröffnete Museum im ehemaligen Refektorium des Klosters, welches aus dem 14. Jahrhundert stammt, bietet einen guten Überblick über die Geschichte der Stadt Apollonia und präsentiert interessante Exponate, doch die bedeutendsten Artefakte sind in Tiranë, Wien und Paris ausgestellt. Abgesehen davon sollte man den Wandmalereien aus der Entstehungszeit des Gebäudes Beachtung schenken, denn obwohl diese leider nur zum Teil bewahrt werden konnten, handelt es sich um die vollständigsten mittelalterlichen Fresken des gesamten Landes.
Der Archäologiepark kann entweder auf eigene Faust oder im Rahmen einer etwa einstündigen Führung in englischer Sprache erkundet werden. Grundsätzlich lässt sich sagen, dass die Forschungen hier noch längst nicht abgeschlossen sind, denn Wissenschaftler gehen davon aus, dass bislang nur rund fünf bis zehn Prozent der Gesamtfläche von fast 140 Hektar genau erforscht werden konnten.

⊕ 40°43′17.90″N, 19°28′22.10″E

www.akt.gov.al

Archäologiepark Byllis

Ursprünglich war es der benachbarte Hügel, welcher von den Illyrern besiedelt war und auch über eine Befestigungsanlage verfügte, doch suchten aufgrund von kriegerischen Auseinandersetzungen immer mehr Menschen Schutz in der Stadt und diese erwies sich bald als zu klein. So entstand Ende des 4. Jahrhunderts vor Christus die neue Stadt Byllis in diesem strategisch wichtigen Gebiet, wobei griechische Kolonialisten an der Gründung beteiligt waren. Es handelte sich bald um die größte illyrische Stadt des gesamten südalbanischen Raumes, deren Überreste heute in Form des Archäologiepark Byllis *Parku Arkeologjik i Bylisit* besichtigt werden können. Ähnlich wie in Apollonia geriet aber auch Byllis im Jahr 229 vor Christus in den Einflussbereich der Römer, konnte sich jedoch als autonome Stadt behaupten und sich in weiterer Folge als prosperierende Handelsstadt mit eigenständiger Münzprägung einen Namen machen. Im Jahr 63 vor Christus wurde sie allerdings der Provinz Makedonien eingegliedert, was eine zunehmende

Romanisierung zur Folge hatte. Damals entstanden beispielsweise zahlreiche Privathäuser, doch auch die Stadtmauer wurde instandgesetzt und bereits bestehende Gebäude einer Renovierung unterzogen.

Bild: Shkelzen Rexha | CC BY-SA 4.0

Bereits im 5. Jahrhundert avancierte Byllis zum Bischofssitz und die entdeckten Überreste von nicht weniger als fünfzehn frühchristlichen Basiliken im Umland deuten darauf hin, dass die Stadt als sehr wichtiges christliches Zentrum fungierte. Durch den Einfall slawischer Stämme wurde Byllis allerdings schwer in Mitleidenschaft gezogen, weshalb Justinian die Stadt verkleinern ließ. Für die Errichtung der neuen Stadtmauer wurden zahlreiche antike Gebäude geplündert und bereits im Jahr 586 erfolgte die endgültige Zerstörung von Byllis. Der Bischofssitz wurde ins nahe Ballsh verlegt und die Gebäude teilweise noch weiter abgetragen, um Baumaterial für neue Siedlungen zu gewinnen. So kann man zum Beispiel im kleinen Dorf Klos südöstlich von Byllis einige Häuser entdecken, die fast zur Gänze aus antiken Steinen der bedeutenden Ausgrabungsstätte errichtet wurden. Mit den ersten archäologischen Grabungen wurde bereits im frühen 20. Jahrhundert begonnen, doch die intensivsten Arbeiten fanden erst um die Jahrtausendwende statt. Die freigelegten Mauerreste vermitteln einen sehr guten Eindruck vom ursprünglichen Aussehen der Anlage, doch am beeindruckendsten sind sicherlich die meist farbenfrohen Mosaike in den insgesamt fünf Basiliken, welche zu ihrem Schutz nun teilweise abgedeckt sind. Aber auch die erhabene Lage selbst, die einen traumhaften Ausblick auf die Umgebung garantiert, lässt die antike Ausgrabungsstätte für den Betrachter überaus imposant erscheinen.
Zuerst sind die Reste der ehemals über zwei Kilometer langen und bis zu neun Meter hohen Stadtmauer mit mehreren Wachtürmen sowie einem überdachten Wehrgang zu sehen. Diese entstand aus riesigen Kalksteinquadern und umringte das rund dreißig Hektar große Stadtgebiet, welches durch insgesamt sieben bisher bekannte Toranlagen mit Tonnengewölben betreten werden konnte. Noch heute bezeichnet man diese Mauer oft als eines der bedeutendsten Zeugnisse der illyrischen Baukunst. Ihr Zentrum bildete ein großer Platz für Versammlungen, Kundgebungen, Märkte und Feste, die Agora, deren Existenz auf den Einfluss der Griechen hindeutet. Später diente sie den

Bild: Pasztilla aka Attila Terbócs | CC BY-SA 4.0

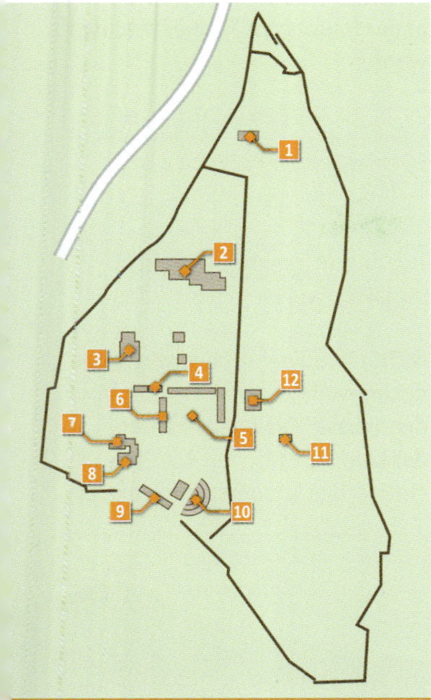

1 Basilika
2 Basilika B, Kathedrale
3 Wohnhaus
4 Prytaneion
5 Agora
6 Zisterne
7 Basilika
8 Gymnasium
9 Stoa
10 Amphitheater
11 Basilika
12 Wohnhaus

Römern als Forum, welches jedoch zu ähnlichen Zwecken genutzt wurde. Direkt im Anschluss erheben sich die Überreste der Stoa, also eines säulenbesetzten Wandelganges. Diese wies eine Länge von über 140 Metern auf und verfügte über zwei Stockwerke, die von dorischen sowie korinthischen Säulen geziert wurden. Wesentlich besser erhalten ist allerdings das Amphitheater aus dem 3. Jahrhundert vor Christus, von welchem aus man die Anlage perfekt überblicken kann. Dieses bot mit einem Durchmesser von rund achtzig Metern auf vierzig Sitzreihen bis zu achttausend Zuschauern Platz und gilt heute als eines der wichtigsten Monumente von Byllis. An die halbkreisförmig angelegte Bühne schloss einst ein imposantes, zweistöckiges Theatergebäude mit dorischen Säulen an, doch sind davon leider nur wenige Reste erhalten. Westlich der Agora befinden sich die Fragmente eines Gymnasiums sowie jene einer fünfzig Meter langen Zisterne, die ursprünglich über ein Tonnengewölbe verfügte. Sie wurde genutzt, um während der kalten Jahreszeit möglichst viel Regenwasser für die heißen Sommer zu sammeln und somit die Trinkwasserversorgung der Bevölkerung sicherzustellen. Gleich neben der Zisterne befinden sich die langgestreckten, öffentlichen Badeanlagen mit zahlreichen Räumen, darunter zum Beispiel ein Frigidarium oder ein Tepidarium. Im Anschluss daran erhob sich das Prytaneion, also jenes Gebäude, das

Bild: Shkelzen Rexha I CC BY-SA 4.0

als Sitz der Verwaltung diente. Zwischen den öffentlichen Gebäuden und den später errichteten Basiliken befinden sich auch die Überreste einiger Wohnhäuser auf dem Areal. Besonders schön sind die bereits erwähnten Bodenmosaike in den fünf Basiliken, die bisher freigelegt werden konnten. Diese zeigen bunt gestaltete Szenen aus dem täglichen Leben der später hier ansässigen, christlichen Bevölkerung. Das größte Gotteshaus mit einer Länge von 67 Metern stammt aus dem 5. Jahrhundert und verfügte über mehrere angebaute Gebäude, darunter ein Baptisterium. Es handelt sich um eine dreischiffige Kirche mit Chor und Atrium sowie einer schönen Säulengalerie. Ihr Boden wird von farbenprächtigen Mosaiken geziert, welche als die größten des ganzen Landes gelten. Bezeichnet wird das Gebäude im nördlichen Bereich des unter Justinian verkleinerten Stadtgebietes, welches durch eine eigene Mauer begrenzt wird, schlicht als Basilika B, manchmal aber auch als Kathedrale. Besonders interessant sind in Byllis außerdem die bereits freigelegten Arbeitsstätten, darunter etwa jene für die Produktion von Olivenöl beziehungsweise Wein, doch auch Mühlen und Öfen wurden entdeckt. Einige der zahlreichen Artefakte aus Byllis können übrigens im Museum in der Hauptstadt Tiranë besichtigt werden.

Bild: Maju603 | GFDL

40°32'32.20"N, 19°44'15.20"E

www.archeoparks-albania.com

Poliçan

Nicht unbedingt sehenswert, aber doch erwähnenswert ist Poliçan, denn dieser Ort nahm während der kommunistischen Ära eine einzigartige Sonderstellung ein. Er durfte nämlich ausschließlich von jenen Albanern betreten werden, deren Arbeitsplatz sich hier befand, denn in einem unterirdischen Komplex wurden Waffen gefertigt. Obwohl die Stadt schon ab 1992 nicht mehr so streng abgeriegelt war, konnten die Fabriken erst elf Jahre später, also im Jahr 2003 endgültig geschlossen werden, denn bis zu diesem Zeitpunkt dauerte es, die auf Vorrat produzierten Waffen wieder zu vernichten. Die enormen Ausmaße der Produktionsanlage kann man lediglich anhand der extrem gut gesicherten Eingänge und der bis heute sichtbaren Luftschächte erahnen.

Bild: Albinfo | CC BY-SA 3.0

40°36'44.70"N, 20°05'20.10"E

www.qarkuberat.gov.al

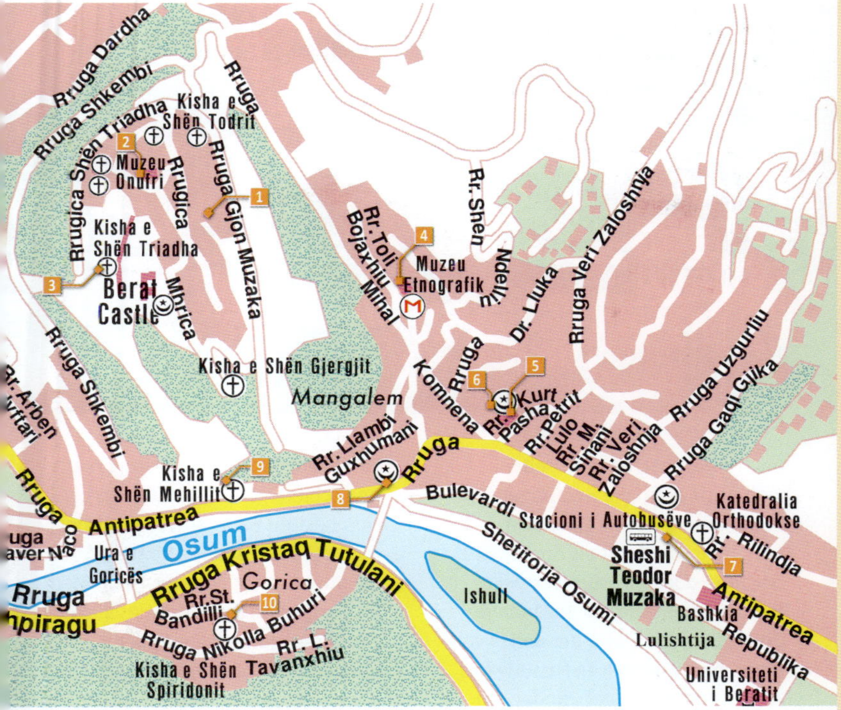

1 Festung
2 Onufri-Ikonographiemuseum
3 Kirche der heiligen Dreifaltigkeit
4 Ethnographisches Museum
5 Sultansmoschee
6 Helveti-Tekke
7 Teodor Muzaka-Platz
8 Junggesellenmoschee
9 Kirche des heiligen Michael
10 Gorica

Berat

Berat, eine der ältesten Städte des gesamten Landes, gilt ebenfalls als einer jener Orte Albaniens, die man unbedingt gesehen haben muss, denn hier existieren noch zahlreiche Gebäude aus osmanischer Zeit. Diese schmiegen sich in der sogenannten Stadt der tausend Fenster dicht gedrängt aneinander, da Berat in einem Tal zwischen dem 2 416 Meter hohen Tomorr-Gebirge *Mali i Tomorrit* und dem 1 197 Meter hohen Shpirag-Gebirge *Mali i Shpiragut* liegt. Bereits im Jahr 2008 wurde die Stadt in die Liste des UNESCO-Weltkulturerbes aufgenommen, denn sie zählt zu den wenigen Orten, die selbst Enver Hoxha als Museumsstadt erhalten wollte, obwohl er sonst so bemüht war, sein Land von allen Zeugnissen der Vergangenheit zu befreien. Besiedelt war die Region nachweislich bereits sehr früh, nämlich um 2 600 vor Christus. Im 5. Jahrhundert vor Christus ließen sich illyrische Stämme nieder und errichteten eine Festung, doch im 2. Jahrhundert vor Christus wurden diese von den Römern besiegt. Zwischenzeitlich befand sich die Stadt allerdings immer wieder unter der Herrschaft Mazedoniens, bis im 9. Jahrhundert

Bild: Pecold I Fotolia

mehrere Herrscher wechselten, wobei vor allem die Byzantiner dominierend waren. Bereits im Jahr 1018 war Berat als Bischofssitz bekannt, doch überaus wertvolle Handschriften wie der sogenannte Codex Beratinus, also der Kodex von Berat, eine griechische Fassung des Alten Testaments, entstanden hier bereits ab dem 6. Jahrhundert. Im Laufe des 14. Jahrhunderts leisteten die Einwohner der Stadt immer mehr Widerstand gegen die byzantinischen Fremdherrscher, welche schließlich vom serbischen König Stefan Dušan abgelöst wurden. Erst dann konnten sich albanischstämmige Familien als Herrscher behaupten, bis 1417 die Osmanen Berat eroberten. Ein Versuch Skanderbegs, die Stadt am Kreuzungspunkt zweier wichtiger Handelsstraßen wieder unter albanische Kontrolle zu bringen, scheiterte im Jahr 1455, denn er vermochte sich nicht gegen die deutlich überlegenen Osmanen durchzusetzen. 1851 wurde Berat schließlich von einem schweren Erdbeben stark zerstört und nach dem Wiederaufbau etablierte es sich als Handwerkszentrum, in dem vor allem kunstvolle Holzschnitzereien für das ganze Land angefertigt wurden. Aus jener Zeit stammt das heutige Erscheinungsbild mit weißen Fassaden, dunklen Fenstern, Erkern und schiefergedeckten Dächern. Nun besteht Berat im Wesentlichen aus drei historischen Stadtteilen, die aus ursprünglich eigenständigen Siedlungen im Laufe der Geschichte zusammengewachsen sind. Es handelt sich dabei um Kalaja, die auf dem Hang gelegene, mittelalterliche Altstadt, das angrenzende, islamisch dominierte Mangalem sowie das christlich geprägte Gorica auf der anderen Seite des Flusses Osum. Die umliegende Region ist übrigens sowohl für ihren Reichtum an Olivenbäumen als auch für ihren guten Wein bekannt.

⌖ 40°42'14.90"N, 19°57'19.70"E

www.bashkiaberat.gov.al
www.akt.gov.al
www.muzeumet-berat.al

Festung

Möchte man den nach der Festung *Kalaja* benannten Stadtteil Kalaja zu Fuß erreichen, sollte man über bequeme Schuhe und gute Kondition verfügen, denn der Aufstieg auf den teilweise steil ansteigenden Felshügel ist ziemlich anstrengend. Dennoch ist die Besichtigung der kopfsteingepflasterten Altstadt mit ihren verwinkelt angeordneten Gassen innerhalb der historischen Festungsmauern überaus interessant denn neben der Festung von Krujë *Kalaja e Krujë* handelt es sich um die einzige bewohnte Anlage aus dem Mittelalter. Errichtet wurde der beinahe zehn Hektar große Komplex bereits von den Illyrern, doch nach seiner Zerstörung durch die Römer wurde er von verschiedenen Herrschern wieder aufgebaut. Sein heutiges Erscheinungsbild stammt daher weitgehend aus dem 18. Jahrhundert. Die meisten der kleinen, steinernen Häuser mit den dicken Mauern und den kleinen Gärten sind wie bereits erwähnt nach wie vor bewohnt und zwar in erster Linie von Christen, denn diese wurden während der osmanischen Herrschaft nicht gezwungen, den Stadtteil zu verlassen. So trifft man bei einem Rundgang auf erstaunlich viele Kirchen, obwohl nicht alle der einst zwanzig, meist aus dem 13. Jahrhundert stammenden und mit schönen Fresken ausgestatteten Gotteshäuser noch erhalten sind. Man betritt die Festung im Norden unmittelbar neben der kleinen, unscheinbaren Kirche des heiligen Theodor *Kisha e Shën Todrit*, doch befindet man sich dann erst in der Vorburg. Am gewaltigen Haupttor erkennt man noch gut die riesigen Steinquader aus illyrischer Zeit, die gleichmäßig bearbeiteten Steine aus der römischen Epoche sowie die Renovierungsarbeiten, welche von den Osmanen durchgeführt wurden. In weiterer Folge passiert man das Onufri-Ikonographiemuseum *Muzeu Kombëtar Ikonografik Onufri* sowie die byzantinische Kirche der heiligen Dreifaltigkeit *Kisha Shën Triadhës*. Im Bereich östlich der Kirche befinden sich die Weiße Moschee *Xhamia e Bardhë* sowie die Rote Moschee *Xhamia e Kuqe*. Letztere stellt die älteste Moschee des Landes dar, wobei lediglich Überreste vom hoch aufragenden Minarett erhalten sind. Hier befindet sich auch die gut erhaltene Zisterne, die noch auf die Herrschaft der Römer zurückgeht. In dieser konnten rund 150 000 Liter Trinkwasser gespeichert werden, wodurch die Bewohner der Anlage auch längere Belagerungen problemlos überdauern konnten. Folgt man der Festungsmauer weiter in Richtung Süden, erreicht man eine Aussichtsplattform, die einen guten Blick über die unteren Stadtteile sowie auf die hoch aufragenden Berge im Hintergrund ermöglicht. Ein geheimer Gang ganz in der Nähe diente übrigens als Versorgungsweg, denn dieser führte direkt zum Fluss. Am Rückweg kann man der Kirche des heiligen Demitrius *Kisha e Shën Mitrit*

Bild: Josef Hora

Bild: Albania National Tourism Agency

aus dem Jahr 1609 einen Besuch abstatten, denn diese zeichnet sich durch besonders gut erhaltene Fresken aus, wobei sowohl Heilige als auch verschiedene biblische Szenen dargestellt sind.

Onufri-Ikonographiemuseum

Das nach dem berühmten Künstler des 16. Jahrhunderts benannte Onufri-Ikonographiemuseum *Muzeu Kombëtar Ikonografik Onufri* ist der vollständig restaurierten Kirche der heiligen Maria *Kisha e Shën Mërisë* aus dem 13. Jahrhundert angeschlossen und widmet sich dem namensgebenden Ikonenmaler, der im 16. Jahrhundert zahlreiche Sakralbauten des Landes verzierte. Präsentiert werden neben einer Vielzahl an Ikonen aber auch liturgische Geräte und Gewänder. Besonders bemerkenswert ist, dass Onufris Arbeiten auf gehämmertem Metall ihre enorme Leuchtkraft bis heute perfekt erhalten konnten. Berühmtheit erlangte die Kirche außerdem, als hier im Jahr 1968 zwei wertvolle Handschriften entdeckt wurden, nämlich der Kodex von Berat sowie der illustrierte Purpur-Kodex von Rossano aus dem 6. Jahrhundert. Es wird vermutet, dass diese während der atheistischen Zeit gut unter dem Altar versteckt waren, um sie vor der drohenden Zerstörung zu bewahren.

Kirche der heiligen Dreifaltigkeit

Im südwestlichen Bereich der ehemaligen Festungsanlage von Berat erhebt sich auf einem Hügel die byzantinische Kirche der heiligen Dreifaltigkeit *Kisha Shën Triadhës*. Es handelt sich um die besterhaltenste Kreuzkuppelkirche des Landes, doch leider sind von ihren herrlichen Wandmalereien lediglich Reste erhalten, da sie von den Osmanen als Waffenarsenal genutzt wurde. Errichtet wurde der Sakralbau zwar im frühen 14. Jahrhundert, aber einige Bauteile wie zum Beispiel Säulen und Kapitelle gehen sogar auf das 3. bis 5. Jahrhundert zurück. Ganz in der Nähe ragt eine wahrlich gigantische Büste des byzantinischen Kaisers Konstantin des Großen empor, doch handelt es sich um eine Replik.

Bild: M. K.

Bild: M. K.

Ethnographisches Museum

Das Ethnographische Museum *Muzeu Etnografik* liegt bereits im angrenzenden Stadtteil Mangalem, welcher ursprünglich ausschließlich der islamischen Bevölkerung von Berat vorbehalten war und sich auch heute noch mit einem einzigartigen orientalischen Flair präsentiert. Hier hat man unter anderem die Möglichkeit, herausragende Beispiele der traditionellen, besonders fein

Bild: Jason Rogers | CC BY 2.0

gearbeiteten Gold- und Silberstickerei der Region zu bewundern, doch auch die Architektur des Gebäudes selbst sollte man eingehender betrachten. Es handelt sich nämlich um ein typisches, zweistöckiges Haus mit einem großen, offenen Holzbalkon, dessen Wohn-, Schlaf- und Gästeräume ausschließlich im oberen Bereich angeordnet waren, wie es zu jener Zeit üblich war. Diese sind auch heute noch, genau wie die Küche, mit antikem Mobiliar ausgestattet. Das untere Geschoß diente hingegen als Arbeitsbereich der Familie, weshalb hier unter anderem Geräte zur Bearbeitung von Blech oder zur Herstellung von Wollfilz und Öl sowie zum Schnapsbrennen ausgestellt sind.

Sultansmoschee

Folgt man der Straße weiter, passiert man rechts die auffälligen Ruinen

Bild: M. K.

eines ehemaligen Pascha-Palastes *Sarajeve të Pashait* mit hohen Säulenbögen sowie einem prächtigen Tor und erreicht schließlich die Königs- beziehungsweise Sultansmoschee *Xhamia Mbret* am Fuße des Hügels. Sie wurde um die Wende des 15. und 16. Jahrhunderts von Sultan Bayezid II. errichtet, erhielt ihr heutiges Aussehen allerdings erst im Laufe des 18. Jahrhunderts. So verfügt sie über ein schlankes Minarett sowie aufwändige Holzverzierungen, etwa entlang der Empore für Frauen. Obwohl das Gebäude unter dem berüchtigten Regime des Diktators Enver Hoxha als Tennishalle zweckentfremdet wurde, sind seine beeindruckenden Deckengewölbe nicht nennenswert in Mitleidenschaft gezogen worden.

Helveti-Tekke

In der unmittelbaren Nachbarschaft der Moschee ist neben der ehemaligen Karawanserei *Han*, in welcher Reisende und Händler früher einkehren konnten, auch die Helveti-Tekke *Teqja e Helvetive*

Bild: Josef Hora

von Beeutung. Diese ist ebenfalls weithin als architektonisches Kleinod bekannt, denn sie zählt mit ihrer von fünf Säulen getragenen Vorhalle zu den schönsten Tekken des gesamten Balkanraumes. Als sehenswert gilt aber in erster Linie ihr Innenraum, denn dieser zeichnet sich durch eine herrlich geschnitzte Holzdecke, die teilweise bunt bemalt beziehungsweise vergoldet ist, aus.

Teodor Muzaka-Platz

Auf dem großen Teodor Muzaka-Platz *Sheshi Teodor Muzaka* im Zentrum des weiter östlich entstandenen, neueren Stadtteils erhebt sich die im Jahr 1555 fertiggestellte Bleimoschee *Xhamia e Plumbit*, die einst von ebenfalls bleigedeckten Badehäusern umgeben war. Die östliche Seite des Platzes wird hingegen von der beeindruckenden orthodoxen Kathedrale des heiligen Demetrios *Katedralja e Shën Dhimitri* dominiert. Der moderne Sakralbau nimmt eine Gesamtfläche von 527 Quadratmetern ein und erreicht eine Höhe von bis zu 22 Metern. In der unmittelbaren Umgebung befinden sich außerdem zahlreiche öffentliche Gebäude, Geschäfte, Banken sowie Kaffeehäuser, aber auch die Station für Überlandbusse. In der südöstlichen Ecke befindet sich schließlich noch das Rathaus *Bashkia* und bei dem überaus imposanten, kuppelgekrönten Gebäude, welches ein Stück weiter hinten im Südosten auffällt, handelt es sich um die Universität *Universiteti*.

Bild: M. K.

Junggesellenmoschee

Geht man schließlich am Fluss entlang wieder zurück, kann man am Ende der Brücke auch noch der Junggesellenmoschee *Xhamia e Beqarëve* einen Besuch abstatten. Diese stand bei ihrer Fertigstellung im Jahr 1827 tatsächlich nur jungen, unverheirateten Männern im Dienste der Stadtwache offen. Besonders

Bild: M. K.

auffällig ist das Gebäude durch seine herrlichen Malereien im Außenbereich, wobei florale Muster sowie Stadtansichten dominieren.

Kirche des heiligen Michael

Folgt man dem Weg von der Moschee weiter in westlicher Richtung, passiert man die hoch gelegene Kirche des heiligen Michael *Kisha e Shën Mehillit* aus dem 13. Jahrhundert, welche am Abend stimmungsvoll beleuchtet wird. Die benachbarte, von Fresken gezierte Höhle soll einst von einem etwas sonderbaren Einsiedler bewohnt gewesen sein.

Gorica

In weiterer Folge gelangt man zur rund 130 Meter langen, osmanischen Steinbrücke aus dem späten 18. Jahrhundert. Sie wurde von Ahmet Kurt Pasha, dem Statthalter von Berat, mit sieben Bögen erbaut, musste allerdings nach schweren Zerstörungen während der beiden Weltkriege rekonstruiert werden. Heute führt sie als Fußgängerbrücke über den Osum und somit in den Stadtteil Gorica. Einst war dieser aufgrund der weitgehend fehlenden Sonneneinstrahlung im Winter weniger beliebt, weshalb hier die weniger begüterten Einwohner der Stadt lebten, vor allem Aromunen, Juden und Griechen. So ist es nicht verwunderlich, dass die interessanteste Kirche dem Schutzheiligen der griechischen Insel Korfu geweiht ist. Es handelt sich um die Kirche des heiligen Spiridon *Kisha e Shën Spiridonit* aus dem Jahr 1864, welche sich sowohl durch ihre schön geschnitzte Ikonostase als auch durch ihre überaus detaillierten Wandmalereien auszeichnet. Wenn man Zeit hat, kann man entlang des Flusses gemütlich durch den Wald spazieren und den älteren Herren des Ortes beim Dominospielen über die Schulter schauen. Außerdem führt ein kleiner Pfad zu jenem Ort, der in illyrischer Zeit von einer Festung eingenommen wurde.

Bild: Milosk 50 | Fotolia

Weingut Çobo

Obwohl der albanische Wein im Ausland quasi völlig unbekannt ist, werden in diesem Betrieb neben zwei verschiedenen Raki-Sorten prämierte Spitzenweine gekeltert und zwar ausschließlich aus typisch albanischen Rebsorten. Der Name Çobo ist bereits seit dem frühen 20. Jahrhundert eng mit der Weinherstellung verknüpft,

Bild: Cobo Winery

wobei der Familienbetrieb während des kommunistischen Regimes seine Arbeit einstellen musste. Nun haben interessierte Besucher im wiederbelebten Weingut Çobo im kleinen Ort Ura Vajgurore die Möglichkeit, an einer Führung durch Weinkeller und -gärten teilzunehmen und die edlen Tropfen im Anschluss natürlich auch zu verkosten. Eine Tour dauert je nach Wünschen der Teilnehmer zwischen zwei und vier Stunden und sollte am besten bereits im Voraus gebucht werden.

40°46'41.10"N, 19°51'29.60"E

www.cobowineryonline.com

Kuçovë

Möchte man ein Gefühl dafür bekommen, wie Albanien während der kommunistischen Ära aussah, ist Kuçovë der ideale Ort dafür, denn was die Optik betrifft, hat sich hier nur wenig verändert. Das Stadtbild wird von den typischen Plattenbauten der sozialistischen Architektur geprägt und außerhalb des Zentrums erheben sich antik wirkende Fabriken. Am betonierten Spielplatz findet man altertümlich anmutende Rutschen und Schaukeln und sogar ein buntes Riesenrad. Außerdem wird hier nach wie vor Erdöl gefördert und zwar direkt zwischen den Häusern der Stadt, was leider einen unangenehmen Geruch zur Folge hat. Besucht man Kuçovë, ist auch ein kurzer Abstecher ins benachbarte Dorf Perondi empfehlenswert, denn hier erhebt sich auf einem Hügel die Kirche des heiligen Nikolaus *Kisha e Shën Kollit* aus dem 10. Jahrhundert.

40°48'18.80"N, 19°54'54.20"E

www.bashkiakucove.gov.al

Nationalpark Tomorr

Der 1996 gegründete Nationalpark Tomorr *Parku Kombëtar Mali i Tomorrit* umfasst eine Fläche von

Bild: Josef Hora

knapp 250 Quadratkilometern im namensgebenden Tomorr-Gebirge *Mali i Tomorrit*. Bei diesem handelt es sich um ein rund neunzehn Kilometer langes und bis zu sechs Kilometer breites Kalkmassiv, dessen höchste Erhebung der 2 416 Meter hoch aufragende Çuka e Partizanit darstellt. Dieser wird von den Albanern mit vielerlei Kosenamen bedacht, darunter Baba, also Vater, aber auch Löwe, der das Tor zum Land bewacht oder sogar Olymp Albaniens, denn das Gebirge spielt in religiöser Hinsicht eine große Rolle. Bereits seit dem frühen 17. Jahrhundert finden jedes Jahr im August Pilgerfahrten statt und zwar zum Grab des Märtyrers Abaz Aliu, eines Enkels des Propheten Mohammeds. Obwohl er nie in Albanien war, soll sich seine Seele nach seinem Tod auf diesem Berg niedergelassen haben, bevor sie schließlich in den Himmel aufstieg. Angeblich befindet sich der wahre Begräbnisort allerdings im Irak. Trotzdem wird im Rahmen eines mehrtägigen Festes bei seinem Grabmal nahe der Bergspitze von bis zu zehntausend Pilgern gebetet und meist auch gepicknickt. Etwas weiter unten liegt außerdem eine Bektashi-Tekke *Teqja e Bektashive*, also ein Zentrum des Bektashi-Ordens.
Im Winter präsentiert sich das Gebirge, dessen Gipfel bei klarem Wetter sogar von der Küste aus zu sehen ist, hingegen tief verschneit. Aufgrund der großen Einsamkeit ist die Natur hier fast unberührt und zeichnet sich durch ihre für das Land typische Artenvielfalt aus. Weiters finden hier neben Füchsen, Rehen, Hasen, Eulen und Steinadlern noch Tiere wie Bären, Wölfe und Luchse einen perfekten Lebensraum vor. Möchte man das Gebirge ansteuern, ist dies zwar vom kleinen Ort Bargullas sowie von Çorovodë aus mit dem Auto möglich, doch sollte dieses auf jeden Fall über einen Allradantrieb verfügen und man muss beim Fahren Vorsicht walten lassen.

⌖ 40°40‘00.90“N, 20°09‘19.50“E

www.akzm.gov.al

Devoll-Tal

Auf der Reise in die östlichen Regionen Albaniens stellt eine Fahrt durch das landschaftlich überaus beeindruckende, teilweise fast schluchtartig ausgeprägte Devoll-Tal *Kanioni i Devollit* eine gute Alternative zur wesentlich schnelleren Route entlang des Ohrid-Sees *Liqueni i Ohrit* dar. Die Strecke ist mittlerweile

saniert, bis zum Schlucht-Durchbruch sogar asphaltiert und bei gutem Wetter auch ohne Allradantrieb befahrbar. Sobald man die Kleinstadt Gramsh passiert hat, eröffnet sich der noch sehr ursprüngliche Bereich der Schlucht, in welchem lediglich einige kleine Dörfer zu finden sind. Zwischendurch sieht man oft winzige Felder, auf welchen Getreide, Tabak, Nüsse und Mandeln sowie Obst und Gemüse kultiviert werden und selbst freilaufende Hühner sowie Maultiergespanne sind keine Seltenheit, weshalb man sich fast um Jahrhunderte zurückversetzt fühlt. Außerdem eröffnen sich immer wieder traumhafte Ausblicke auf das Opari-Gebirge *Mali i Oparit* sowie das Valamarë-Gebirge *Mali i Valamarës*, die man im weiteren Streckenverlauf auch passieren wird. Beim Devoll handelt es sich übrigens um den drittgrößten Fluss des Landes und so ist es nicht verwunderlich, dass er zur Energieversorgung genutzt wird. Insgesamt bestehen entlang des Stromes drei Speicherkraftwerke, die eine Leistung von rund 340 Megawatt erbringen. Trotzdem ist das Flussbett nicht reguliert und verändert sich immer wieder, wodurch mitunter weitläufige Schotter- und Sandbänke entstehen, während das Bett an anderen Stellen tief ins Gestein eingeschnitten ist. Im Sommer trocknet zum Beispiel der aufgestaute Banjës-See *Liqeni i Banjës* regelmäßig aus.

⌖ 40°51‘55.00“N, 20°10‘53.00“E

Llixha-Quellen

Nahe des kleinen Ortes Tregan befinden sich die bereits seit der Antike bekannten, schwefelhaltigen Llixha-Quellen *Llixha e Elbasanit*. Ihr Wasser tritt mit einer Temperatur von über fünfzig Grad Celsius aus und vermag rheumatische Beschwerden sowie Muskelschmerzen zu lindern. Bereits zu kommunistischer Zeit durften sich die Arbeiter hier erholen und auch heute locken diverse Hotels inmitten der landschaftlich reizvollen Umgebung mit speziellen Kurangeboten, die neben Bädern meist auch Schlammpackungen und Massagen beinhalten. Sämtliche Behandlungen erfolgen zwar im Beisein von medizinisch geschultem Personal, doch ist das, was man in Albanien unter dem Begriff Wellness versteht, oft noch sehr weit von dem entfernt, was sich der

Bild: Malenki | CC BY-SA 4.0

Bild: Josef Hora

Bild: Römert I CC BY-SA 3.0

westeuropäische Urlauber vorstellt beziehungsweise wünschen würde. Leider dauert es außerdem ein wenig, bis man sich an den unangenehmen Schwefelgeruch des heilsamen Wassers gewöhnt hat, aber ein Besuch der Quellen ist definitiv ein Erlebnis, denn selbst unter freiem Himmel werden mit warmem Wasser gefüllte Becken angeboten, die auch Besuchern mit geringem Budget, also vor allem den Einheimischen, den Genuss eines wohltuenden Bades ermöglichen sollen.

⌖ 41°01'54.60"N, 20°04'25.70"E

www.elbasani.gov.al
www.albania.al
ww.akt.gov.al

Elbasan

Steuert man Elbasan von Tiranë aus an, so sollte man auch nach der Fertigstellung der Autobahn die Strecke über den landschaftlich beeindruckenden Krrabë-Pass *Qafa e Krrabës* in Erwägung ziehen. Diese nimmt zwar deutlich mehr Zeit in Anspruch und windet sich mittels einer Vielzahl enger Kurven in die Höhe, entschädigt jedoch durch herrliche Ausblicke auf die nahezu unberührte Landschaft beziehungsweise auf die Stadt selbst. Die umliegende Region war bereits im 2. Jahrhundert vor Christus von illyrischen Stämmen besiedelt, erlangte jedoch erst unter der römischen Herrschaft Bedeutung, da sie zu diesem Zeitpunkt an der Via Egnatia, der Handelsstraße nach Byzanz, lag. So errichteten die Römer ein riesiges Militärlager, welches eine gesamte Legion aufzunehmen vermochte, um den Verkehr zwischen Rom und Konstantinopel kontrollieren zu können. Im Laufe des 5. Jahrhunderts stieg Elbasan außerdem zum Bischofssitz auf, doch bereits im 7. Jahrhundert hatte die Stadt unter den Überfällen slawischer Stämme zu leiden. Über den weiteren Verlauf der historischen Ereignisse gibt es nur wenige gesicherte Informationen, doch schließlich geriet Elbasan unter den Einflussbereich der Osmanen, welche die Festung erneuern ließen und der Stadt ihren heutigen Namen gaben. Vor allem während des 16. und 17. Jahrhunderts genoss die Stadt aufgrund der hervorragenden Produkte ihrer Handwerker hohes Ansehen, denn hier wurden sowohl Holz und Silber als auch Leder und Seide verarbeitet und die Menschen waren bereits in Zünften organisiert. Die Stadt an der Grenze zwischen gegischem und toskischem Dialekt war außerdem schon früh mit der

Pflege der albanischen Sprache und der Entstehung des albanischen Alphabets verknüpft, denn die lokalen Philologen legten den Grundstein für die Entstehung einer einheitlichen Schriftsprache. Elbasan verfügte ab 1909 über eine eigene Bildungsanstalt für Lehrer und später auch über eine Universität. Im frühen 20. Jahrhundert bauten die Italiener in den nahen Bergen Chrom und Nickel ab und unter der Herrschaft Hoxhas avancierte Elbasan schnell zum Vorzeigeobjekt der kommunistischen Partei, denn vor den Toren der Stadt wurde das in der Nähe abgebaute Erz mit Hilfe chinesischer Technologie zu Stahl verarbeitet. Damals waren allerdings tausende Arbeiter beschäftigt, während es nach einer zwischenzeitlichen Schließung heute nur noch wenige sind, denn die veralteten, extrem umweltschädlichen Anlagen gerieten durch ihren enorm hohen Rußausstoß in Verruf. Generell stehen mittlerweile kleine Industriebetriebe im Vordergrund, wobei vor allem

Bild: M. K.

Holzverarbeitung, Tabakindustrie und die Herstellung von Zement eine Rolle spielen. Die negativen Einflüsse auf die Umwelt versucht man mit zahlreichen Grünanlagen zu kompensieren. Typisch sind aber auch gepflegte Stadthäuser aus dem 18.

Bild: M. K.

Jahrhundert, welche auf großzügig bemessenen Grundstücken thronen.

⌖ 41°06′46.00″N, 20°04′55.10″E

www.elbasani.gov.al
www.albania.al
www.akt.gov.al

Festung von Elbasan

Die einst rund zehn Hektar große Festung von Elbasan *Kalaja e Elbasanit* gilt als äußerst ungewöhnlich, denn sie wurde nicht wie sonst üblich auf einem markanten Felsen oder einem hohen Berg errichtet, sondern inmitten eines ebenen Landstrichs. Geschützt wurde die Anlage durch hohe, bis zu drei Meter dicke Mauern, 26 Wachtürme sowie einen Wassergraben. Vom ehemaligen römischen Castrum Scampis ragen heute inmitten des Stadtzentrums aber lediglich Teile der südlichen sowie der westlichen Mauern empor, denn die Osmanen ließen die Anlage, welche zuvor noch von Ali Pasha Tepelene restauriert beziehungsweise erneuert worden war, nämlich im 19. Jahrhundert großteils schleifen. Dennoch lässt sich der Verlauf der fehlenden Mauerteile anhand der Bebauung auch heute noch gut nachvollziehen, ebenso

Bild: Josef Hora

wie man anhand des südlichen Nebeneingangs die Dimensionen der beiden Hauptzugänge noch erahnen kann. Wer möchte, kann die rund vierhundert Meter langen Reste der Festungsmauern auch erklimmen, wobei diese nun niedriger sind als früher, da das Bodenniveau einst tiefer lag. Bei dem 47 Meter hoch aufragenden Turm handelt es sich allerdings nicht um einen Wehrturm sondern um den Uhrturm *Kulla e Sahatit* aus dem Jahr 1899, mittlerweile Wahrzeichen Elbasans. Schließlich sollte man noch dem südöstlichen Bereich des Komplexes einen Besuch abstatten. Hier dient eine Freiluftbühne während der Sommermonate als Austragungsort für Konzerte und unter einem terrassenförmig angelegten Hotel hat man die Möglichkeit, archäologische Ausgrabungen zu besichtigen.

Königsmoschee

Bei der Königsmoschee *Xhamia Mbret* unweit des Eingangs der Festung handelt es sich um eine der ältesten Moscheen des gesamten Landes, denn mit ihrer Errichtung wurde bereits im Jahr 1492 begonnen. Ihr Baustil mit einem sehr großen, offen gestalteten Vorraum ist lediglich für eine äußerst kurze Zeitspanne, nämlich die Regentschaft von Sultan Bayezid II., typisch. Während der kommunistischen Zeit blieb dem Gebäude das Schicksal vieler anderer Sakralbauten erspart, denn es wurde nicht zerstört. Mittlerweile ist die Moschee renoviert und das fehlende Minarett wurde ergänzt, wodurch sie zusammen mit dem umliegenden Garten wieder überaus ansprechend wirkt, obwohl von ihrem historischen Charakter nur wenig erhalten blieb. Der Innenraum ist ziemlich schlicht gestaltet, wirkt jedoch trotzdem hell und einladend.

Bild: Wolfgang Sauber | CC BY-SA 4.0

Kathedrale der heiligen Maria

Weiter nördlich, jedoch noch innerhalb des Festungsareals, ist außerdem die etwas versteckt gelegene, ausschließlich über einen Hof erreichbare, orthodoxe Kathedrale der heiligen Maria *Katedralja e Shën Mërisë* aus dem frühen 19. Jahrhundert sehenswert. Es handelt sich um eine dreischiffige Basilika, die auf den Fundamenten eines älteren Vorgängerbaus errichtet wurde. Flankiert wird das Gotteshaus mit seinem schlichten, viereckigen Glockenturm aus Ziegelsteinen, welcher von einem säulengetragenen Turmhelm gekrönt wird, von hohen Bäumen und im Inneren verfügt es über eine besonders aufwändig gearbeitete, vergoldete Ikonostase. Zwei besonders bemerkenswerte Abbildungen der Erzengel werden dem herausragenden Ikonenmaler Onufri zugeschrieben. Die Nutzung der Kathedrale als Militärlager während der atheistischen Diktatur Hoxhas konnte diese glücklicherweise so gut wie unbeschadet überdauern.

Bild: Wolfgang Sauber | CC BY-SA 4.0

Bezistan-Basilika

Unmittelbar vor dem Haupttor der Festung sollte man außerdem einem kleinen Ausgrabungsgelände Beachtung schenken, denn hier befinden sich die Grundmauern einer Bischofskirche aus dem 4. bis 6. Jahrhundert, die sogenannte Bezistan-Basilika *Basilika Bezistan*.

Bild: M. K.

Entdeckt wurde neben Fragmenten von schönen Wandmalereien ein überaus farbenprächtiges, leider zum Schutz meist mit Sand abgedecktes Bodenmosaik. Wissenschaftler gehen außerdem davon aus, dass unter weiten Teilen der Altstadt von Elbasan eine noch gut erhaltene, wesentlich ältere Stadt aus der Spätantike begraben liegt, doch mangelt es an den notwendigen finanziellen Mitteln, um deren Freilegung und Erforschung finanzieren zu können.

Hamam

Im osmanischen Hamam *Hamami*, einem typischen Dampfbad aus dem 16. Jahrhundert, das noch sehr gut erhalten ist, logiert heute eine Bar. Aus diesem Grund sind zwar einige der historisch interessanten Räumlichkeiten zugänglich, doch bleiben andere leider ausschließlich

Bild: Josef Hora

den Angestellten vorbehalten, sofern man nicht über enorm viel Überredungskunst verfügt. Zu finden ist die traditionelle Badeanlage mit ihrem ziegelgedeckten Kuppeldach direkt neben einem großen Hotel beim Südwestturm der Festung.

Ethnographisches Museum

Das Ethnographische Museum *Muzeu Etnografik* von Elbasan befindet sich östlich des Parks vor dem Hauptzugang zur ehemaligen Festungsanlage. Die Ausstellung konzentriert sich auf historische Handwerkzeuge, die beispielsweise für die Erzeugung von Bekleidung und Schuhen, aber auch für die Herstellung von Schnitzereien sowie fein verzierter Silber- und Kupferarbeiten genutzt wurden. Außerdem werden für die Region typische Wohnräume mit der entsprechenden Innenausstattung präsentiert. Das Gebäude selbst stammt aus der osmanischen Epoche und gilt mit seinem zentralen hölzernen Balkon und den kunstvollen Fensterläden als besonders gutes Beispiel für ein Wohnhaus einer wohlhabenden Familie aus dem 18. Jahrhundert.

Großer Markt

Wer genug Zeit hat, sollte sich den Großen Markt *Tregu i madh* der Stadt nicht entgehen lassen, denn er trägt seinen Namen zu Recht, gilt er doch als einer der beeindruckendsten Lebensmittelmärkte des gesamten Landes. Zu finden ist dieser in der Rruga Thoma Kalefi, welche unmittelbar von der Parkanlage südlich der Festung weiter in südliche

Bild: Smaragd I Pixabay

Richtung führt. Erhältlich sind hier neben saisonalem Obst und Gemüse auch unterschiedlichste Kräuter, duftende Gewürze, eingelegte Oliven, Fleisch und Fisch und dies zu unschlagbar günstigen Preisen, weshalb man selbst bei einem Großeinkauf gar nicht erst versuchen sollte, noch zu handeln.

Kirche des heiligen Nikolaus

Ganz in der Nähe von Elbasan kann man im Zentrum der kleinen Siedlung Shelcan der überregional bekannten Kirche des heiligen Nikolaus *Kisha e Shën Kollit* aus dem 14. Jahrhundert einen Besuch abstatten. Diese wird von Zypressen überragt und wirkt von außen zwar ansprechend, jedoch eher unspektakulär, weist aber im Inneren bemerkenswerte Fresken des berühmten Malers Onufri aus dem 16. Jahrhundert auf. Erreichbar ist der Ort von Elbasan aus, indem man an der Umfahrungsstraße nach Süden abbiegt, die Brücke überquert

Bild: Malenki I CC BY-SA 4.0

und sich dann links hält. Man folgt dem Straßenverlauf in südöstlicher Richtung, bis circa neun Kilometer vor Gjinar eine Abzweigung links zur Kirche führt, wobei der letzte Abschnitt relativ steil ansteigt.

⌖ 41°03'40.10"N, 20°08'03.50"E

www.akt.gov.al

Librazhd

Der Verkehrsknotenpunkt Librazhd im Shkumbin-Tal *Kanioni i Shkumbinit* lag

Bild: Josef Hora

seit jeher an einem Durchgangspunkt zwischen Osten und Westen. Die Stadt zählt nun zwar nicht unbedingt zu den Hauptsehenswürdigkeiten des Landes und wird daher nur selten von Reisenden angesteuert, verfügt jedoch abgesehen von der herrlichen Landschaft in der Umgebung über ein interessantes Denkmal zu Ehren der Dichter Vilson Blloshmi und Genc Leka, welche im Jahr 1977 durch das kommunistische Regime exekutiert wurden. Vorgeworfen wurden ihnen subversive Aktivitäten, denn sie kritisierten die extrem schlechten Lebensbedingungen und riefen die abgeschotteten Albaner überdies dazu auf, Fremdsprachen zu lernen. Die Arbeit in den nahegelegenen Minen wurde in der Zwischenzeit ganz eingestellt, denn nun stehen in diesem regionalen Zentrum Handel und Dienstleistungen sowie die Verwaltung im Vordergrund.

⌖ 41°10'45.50"N, 20°18'51.30"E

www.akt.gov.al

Nationalpark Shebenik-Jabllanicë

Direkt an der mazedonischen Grenze gelegen, umfasst der knapp 340 Hektar große Nationalpark

Bild: Skeeze I Pixabay

Shebenik-Jabllanicë *Parku Kombëtar Shebenik-Jabllanicë* die gleichnamigen Bergzüge Jabllanicë und Shebenik. Ersterer bestimmt den Grenzverlauf zum benachbarten Mazedonien, letzterer verläuft parallel dazu auf albanischem Territorium. Als höchste Erhebung ragt der Shebenik mit einer Höhe von 2 253 Metern empor. Während des kommunistischen Regimes war das gesamte Areal noch militärisches Sperrgebiet, doch heute ist es Teil des Grünen Bandes Europas. Errichtet wurde der jüngste Nationalpark auf albanischem Boden erst im Jahr 2008, doch könnte mit der Verwirklichung eines geplanten Projektes in Mazedonien einer der größten Nationalparks der Region entstehen. Dann soll auch ein grenzüberschreitendes Netz an Wanderwegen zur Verfügung stehen, denn die Pfade sind derzeit zwar in beiden Ländern markiert, jedoch noch nicht miteinander verbunden. Im letzten zusammenhängenden Buchenwaldgebiet Albaniens lebt neben Bären und Wölfen auch noch der gefährdete Balkanluchs, aller Wahrscheinlichkeit nach eine Unterart des Eurasischen Luchses, doch geht man heute von maximal fünfzig Exemplaren aus. Im Bereich der Flora ist neben dem Balkan-Veilchen auch die Jabllanicë-Lichtnelke zu nennen, denn bei beiden handelt es sich um endemische Arten.
Wie in den meisten geschützten Gebieten des Landes hat auch dieses mit einigen Problemen zu kämpfen, nämlich mit Überweidung sowie illegaler Jagd, denn zum Beispiel Rehe sind hier kaum noch anzutreffen.
Erreichbar ist der Nationalpark über eine Schotterstraße mit jedem durchschnittlichen Auto, doch ist die Fahrt aufgrund der groben Beschaffenheit der Steine mit Sicherheit alles andere als gemütlich.
Im kleinen Ort Fushë-Studë auf halbem Weg zwischen Lunik und Steblevë wird derzeit am Bau eines Besucherzentrums gearbeitet.

⌖ 41°14'09.00"N, 20°27'39.90"E

www.akzm.gov.al

Bild: Josef Hora

Nordalbanien

Ein wichtiger Karawanenweg führte einst von Peshkopi nach Tiranë, entlang des stellenweise weiten Tals des Flusses Mat, welches im Sommer geröllbedeckt ist und dann einen besonders schönen Anblick bietet. Die im Westen an Montenegro und im Osten an den Kosovo grenzende, nördliche Region Albaniens wird von den sogenannten albanischen Alpen dominiert, weshalb die Natur an sich und das Wandern im Speziellen natürlich im Vordergrund stehen. Charakteristisch sind hohe Gipfel sowie traditionelle Bergdörfer, die mitunter auch heute noch schwer erreichbar und im Winter sogar oft lange von der Außenwelt abgeschnitten sind. Den Bewohnern des albanischen Nordens, großteils Gegen, wird häufig nachgesagt, sie seien stur, doch ist dies wohl eine Notwendigkeit ihrer Lebensweise, da ihr Alltag definitiv nicht von Komfort und Luxus geprägt ist. Auch hier spielt jedoch der Tourismus eine immer größere Rolle und für Urlauber stehen bereits in vielen Dörfern einfache, aber dafür günstige Unterkünfte inklusive Verpflegung zur Verfügung. Keine Wünsche offen lässt in dieser Hinsicht natürlich Shkodër, die größte und sehenswerteste Stadt im Norden.

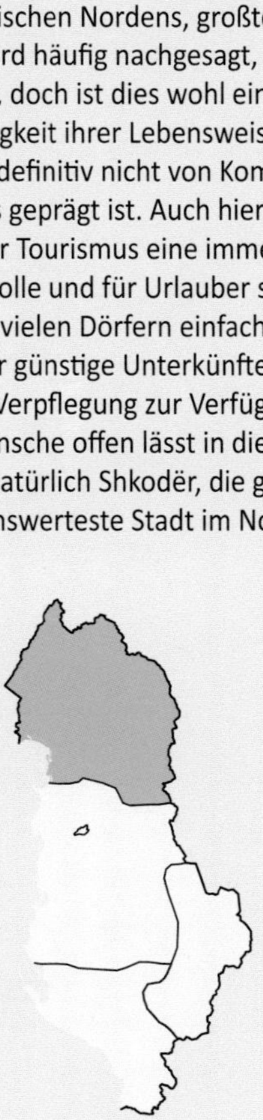

Kelmend • 128
Lepushë • 130
Nationalpark Valbonë-Tal • 123
Nationalpark Theth • 125
Grunas-Wasserfall • 127
Blaues Auge • 128
Grunas-Schlucht • 127
Steinerne Badewannen • 128
Koman-See • 121
Festung Drisht • 119
Mes-Brücke • 119
Skadar-See • 130
Festung Sardë • 120
Shkodër • 110
Buna-Delta • 132
Velipojë-Strand • 133
Shëngjin-Strand • 133
Lezhë • 134
Naturschutzgebiet Kune-Vain-Tale • 135
Kajakfahrt am Shkopet-See • 139
Mat • 137
Kirche des heiligen A
Naturschutzgebiet Patok-Fushë Kugë • 137
PODGORICA
SHKODËR
Tuzi
Koplik
Gusinje
Plav
Vau i Dejës
Lezhë
Rubik
Milot
Laç
Mamurras
Krujë
Shëngjin
Ulcinj
Ulqini
Bar
Stari Bar
Skadarsko jezero
Liqeni i Shkodrës
Bjeshkët e Namunë
N.p. Prokletije
P.K. Lugina e Valbonë
Liqeni Komanit
Gjiri i Rodonit
Gjiri i Lalëzit
Theth
Valbonë
Velipojë
Koman
Fushë-

Deçan
Dečane
Strelc i E.
G. Streoc
GJAKOVË
ĐAKOVICA
Rahovec
Orahovac
PRIZREN
Lutogllavë
Ljutoglav
Tropojë • 122
Bajram Curri • 122
Qafa e Luzhës
Qafa e Prushit
Krumë
Kukës
Kukës • 144
Pashtriku
Koritnik
Sharr
Dragaš
Gostil
Shtiqën
Novoselë
Kryezi
Fushë Arrëzi
Qafa e Malit
Qafa e Lalidhzë
Mali i Munellës
Mali i Shentit
Mali i Zebës
Pukë • 145
Gefängnis von Spaç • 146
Gjalica e Lumës
Korab
Korab • 143
Nac. park
Schwarzer Drin • 143
Golem Korab
Drini i Zi
Kurbnesh
P.K. Lura
Kunora e Lurës
Nationalpark Lurë • 146
Peshkopi
Peshkopi • 141
Macukull
P.K. Zall Gjoçaj
Mali i Dejës
Nationalpark Zall Gjoçaj • 147
Ulzës-See • 140
Burrel
Kirche der Verklärung Christi • 141
Allajbeg-Moschee • 141
Debar
Дебар
Bulqizë
M. i. Lopës
Gorno Jelovce
Горно Јеловце
Mavrovo
Negotino
Vrapčište
Debreše
Gostivar
Ljuboten
Titov Vrh
Debarsko Ez.

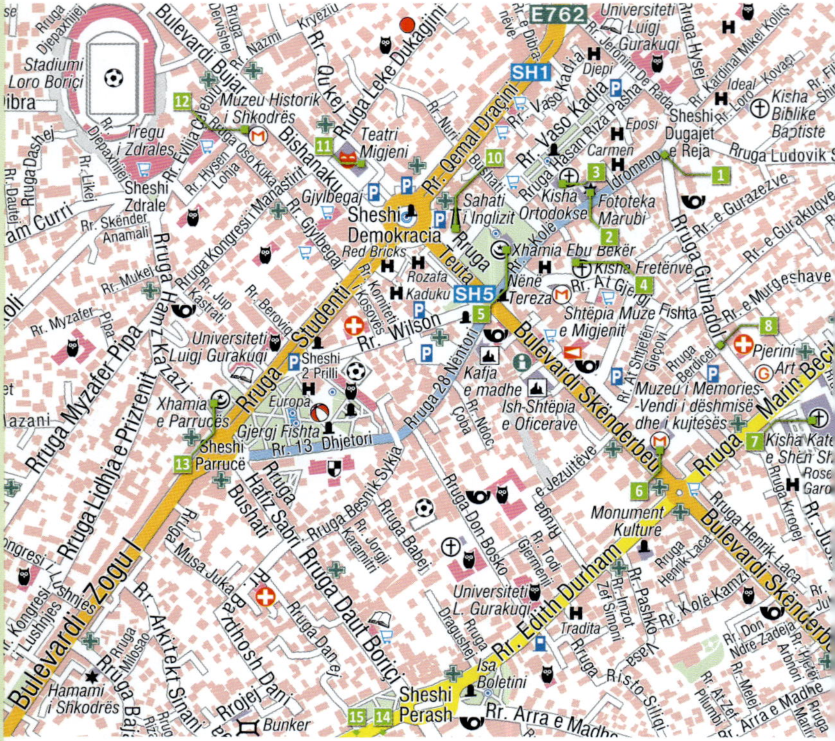

1 Kolë Idromeno-Straße
2 Marubi-Fotothek
3 Orthodoxe Kirche
4 Franziskanerkirche
5 Ebu Bekër-Moschee
6 Erinnerungs-Museum
7 Kathedrale des heiligen Stephan
8 Gjuhadol-Straße
9 Venezianische Maskenfabrik
10 Englischer Uhrturm
11 Migjeni-Theater
12 Historisches Museum
13 Parrucë-Moschee
14 Bleimoschee
15 Festung Rozafë

Shkodër

Shkodër wird gerne als eine der interessantesten Städte Albaniens bezeichnet, denn im Gegensatz zu vielen anderen Städten verlor es seine Bedeutung im Laufe der Geschichte nie. Gegründet wurde die in einer Tiefebene am Ufer des Skadar-Sees *Liqeni i Shkodrës* gelegene Stadt bereits in der Bronzezeit von den Illyrern, deren Könige bis zur Übernahme durch die Römer im Jahr 168 vor Christus hier ihren Sitz hatten. In weiterer Folge stieg sie zur Provinzhauptstadt auf und erreichte beachtliche Dimensionen, wobei der größte Bereich der antiken Stadt noch unerforscht unter der Erde ruht. Auch nach dem Zerfall des Römischen Reiches, als die Region von eigenständigen Fürsten beherrscht wurde, konnte sich Shkodër behaupten und erlebte schließlich unter der Herrschaft der Venezianer eine Blütezeit. Nach der

Eroberung des Gebietes durch die Osmanen, welche noch kurz von Skanderbeg aufgehalten werden konnten, richteten diese hier im Jahr 1479 quasi die Hauptstadt ihrer nördlichen Territorien ein. Vorerst führten die Zerstörung der Stadt und die Unterdrückung der Bevölkerung zu einem Rückschlag, doch im Laufe des 16. Jahrhunderts entwickelte sich Shkodër erneut zu einem bedeutenden Zentrum, da es weitgehend autonom regiert wurde. Vor allem während des 18. und 19. Jahrhunderts spielte das Handwerk eine enorm wichtige Rolle, denn die Stadt verfügte über ein eigenes Bazarviertel mit einer Vielzahl an Betrieben, welche hochwertige, im ganzen Land geschätzte Waren herstellten. Schließlich wurde Shkodër jedoch mehrfach besetzt, nämlich von Montenegro und Serbien während der Balkankriege beziehungsweise während des Ersten Weltkrieges sowie von Italien und Deutschland während des Zweiten Weltkrieges. Doch erst unter dem kommunistischen Regime setzte ein deutlich wahrnehmbarer Verfall ein, denn viele kulturelle Stätten und auch gewachsene Stadtteile wie zum Beispiel das Bazarviertel, wurden unwiederbringlich zerstört, da Enver Hoxha der gebildeten, freiheitsliebenden Bevölkerung Shkodërs seine Macht demonstrieren wollte. Dies geschah auch in Form von unerbittlichen Verfolgungen, denn zahlreiche Geistliche, Lehrer, Forscher und Künstler aus Shkodër wurden in Arbeitslagern interniert. Unmittelbar nach dem Ende des Regimes machte sich allerdings bereits wieder ein Aufschwung bemerkbar und die Stadt avancierte erneut zum politischen, wirtschaftlichen und kulturellen Zentrum Nordalbaniens. So wirkt Shkodër mit einer perfekt renovierten Altstadtgasse aus osmanischer Zeit, schön gepflasterten Fußgängerzonen, einer Vielzahl an Kindergärten und Schulen sowie einer Universität heute modern und weltoffen. Die Stadt wird nicht umsonst gerne als Fenster zum Westen bezeichnet, wobei vor allem der Einfluss Italiens schon immer stark spürbar war, was sich auch in der Architektur widerspiegelt. Eine ganz besondere Atmosphäre bekommt das lebhafte Zentrum in den Abendstunden, wenn einige Straßen zu Fußgängerzonen umfunktioniert werden, um den Einwohnern mehr Raum für ihren fast schon traditionellen Abendspaziergang, den sogenannten Xhiro, zu bieten. An vergangene Tage erinnern allerdings mehrere Denkmäler zu Ehren berühmter

Bild: Milcsk 50 | Adobe Stock

Bild: Nomadicniko.com

Bild: M. K.

Persönlichkeiten, darunter etwa Isa Boletini, einer der Anführer der Unabhängigkeitsbewegung gegen die Osmanen, Luigj Gurakuqi, ein Politiker, der 1912 die Unabhängigkeitserklärung Albaniens mitunterzeichnete, sowie Gjergj Fishta, ein bedeutender Literat und Lehrer aus Shkodër.

⌖ 42°04'05.30"N, 19°30'43.50"E

www.bashkiashkoder.gov.al
www.albania.al
www.akt.gov.al

Kolë Idromeno-Straße

Einen Spaziergang durch die Kolë Idromeno-Straße *Rruga Kolë Idromeno* sollte man sich nicht entgehen lassen. Viele Häuser entlang dieser Straße wurden im 19. beziehungsweise frühen 20. Jahrhundert vom namensgebenden Architekten im italienischen Stil geplant, was ihr den Beinamen venezianische Straße einbrachte. Heute sind die Gebäude, die meist über große Fensterfronten verfügen, vorbildlich renoviert und zahlreiche Kaffeehäuser laden zum Verweilen ein, während Boutiquen zum Einkaufen verführen, doch auch viele Künstler haben sich hier ihre Ateliers eingerichtet. Folgt man dem Verlauf der Fußgängerzone in südwestlicher Richtung, gelangt man schließlich zu einer Parkanlage, die vom Rathaus *Bashkia* im Süden sowie der beeindruckenden Präfektur *Prefekturë* und dem Gymnasium *Gjimnazi* aus dem Jahr 1880 im Nordosten gesäumt wird.

Marubi-Fotothek

Bei der sogenannten Marubi-Fotothek *Fototeka Kombëtare Marubi* handelte es sich ursprünglich um ein Fotostudio, welches über drei Generationen hinweg bestand und heute als Museum dient. Gegründet wurde es im Jahr 1836 von Pietro Marubi, der in Italien politisch verfolgt wurde und aus diesem Grund nach Albanien auswanderte. Die Ausstellung umfasst zahlreiche Fotografien und Negative, welche von wohlhabenden Bürgern aus der Stadt über einfache Bauern aus den Gebirgsregionen bis hin zu Baudenkmälern und Landschaften aus sämtlichen Regionen Albaniens reichen. Auf diese Weise ermöglicht die bemerkenswerte Ausstellung spannende Einblicke in das Alltagsleben der Albaner während des 19. und 20. Jahrhunderts. Präsentiert wird jedoch nur ein Teil der Archivbestände, denn die gesamte Sammlung umfasst mehr als 150 000

Aufnahmen und rangiert somit unter den bedeutendsten Europas.

Orthodoxe Kirche

Die erst im Jahr 2000 fertiggestellte orthodoxe Kirche *Kisha ortodokse* präsentiert sich als prächtiges Bauwerk mit hohem, freistehendem

Bild: M. K.

Glockenturm, welches man bei einem Stadtspaziergang nicht außer Acht lassen sollte. Ihr Vorgängerbau teilte das Schicksal zahlreicher anderer Sakralbauten des Landes, denn er wurde zerstört.

Franziskanerkirche

Die schlichte Franziskanerkirche *Kishe Françeskane* ist in Shkodër fast allgegenwärtig, denn ihr hoch aufragender Glockenturm im typisch italienischen Stil des 19. Jahrhunderts ist von so gut wie jedem Punkt der Stadt aus zu erkennen. Geziert wird er von einem riesigen, weißen Kreuz und auch der Innenraum ist ganz in den Farben weiß, gelb und grün gehalten. Teile des Gebäudes mussten allerdings rekonstruiert werden, da es während der kommunistischen Ära als Lagerhalle genutzt wurde und leider einige Schäden davontrug.

Ebu Bekër-Moschee

Die neue Hauptmoschee der Stadt, die Ebu Bekër-Moschee *Xhamia Ebu Bekër*, welche bis zu 1 300 Gläubigen Platz bietet, erinnert stark an die Hagia Sofia in Istanbul, obwohl sie nur über zwei Minarette verfügt. Sie erhebt sich an jener Stelle, wo zuvor eine bedeutende Moschee sowie eine Koranschule von der kommunistischen Regierung abgerissen worden waren. Ermöglicht wurde die Errichtung des neuen Gotteshauses mit riesigen, modernen Glasflächen im Jahr 1994 durch die großzügige finanzielle Unterstützung eines saudi-arabischen Scheichs.

Bild: Aterrom I Fotolia

Erinnerungs-Museum

Das sogenannte Erinnerungs-Museum *Muzeu i Memories* ist in einem ehemaligen Gefängnis der albanischen Geheimpolizei Sigurimi untergebracht. Das Gebäude wurde 1930 von den Franziskanern als Priesterseminar erbaut, jedoch bis in die 1990er Jahre hinein zweckentfremdet und schließlich in ein Museum beziehungsweise eine Gedenkstätte für die zahlreichen Opfer des Regimes umgewandelt. Heute kann man den Zellentrakt sowie das berüchtigte Verhörzimmer, in welchem Verdächtige mit allen nur erdenklichen Mitteln zum Reden gebracht werden sollten, besuchen. Ein kurzer Film sowie verschiedene Dokumente veranschaulichen das Leben der Häftlinge in einem der zahlreichen Straflager, die es früher im ganzen Land gab. Zur Verfügung gestellt wurden unter anderem Briefe und Fotos, entweder von ehemaligen Gefangenen selbst oder von deren Hinterbliebenen.

Kathedrale des heiligen Stephan

Wesentlich monumentaler ist die katholische Kathedrale des heiligen Stephan *Katedrajla e Shën Shtjefnit*, die nicht nur durch ihre Dimensionen sondern auch durch ihre prachtvolle Innenausstattung beeindruckt. Nach einer Bauzeit von 42 Jahren konnte 1898 die größte Kirche ihrer Art im gesamten Balkanraum mit einem schlanken Glockenturm sowie einer schönen Fensterrosette fertiggestellt werden. Ihr heller Innenraum wurde vom kommunistischen Regime zu einer Sportstätte mit großen Tribünen umfunktioniert, doch von den daraus resultierenden Zerstörungen ist heute glücklicherweise nichts mehr zu bemerken. Die aufwändigen Renovierungsarbeiten konnten allerdings erst 1991 abgeschlossen werden, denn lediglich die Decke war unversehrt erhalten geblieben. Neben dem Altar erinnern Fotos an zahlreiche Gläubige und Priester, die während der Diktatur aufgrund ihrer religiösen Überzeugung den Tod fanden. Sowohl Mutter Teresa als auch Papst Johannes Paul II. statteten der Kathedrale übrigens während ihres Aufenthalts in Albanien einen Besuch ab. Der Sakralbau wird heute außerdem oftmals für klassische Konzerte genutzt und während der Sonntagsmesse kann man die Gelegenheit nutzen, Menschen, welche aus den gebirgigen Regionen in die Stadt gezogen sind, in ihren traditionellen Trachten zu sehen. Neben der Kathedrale befinden sich der ebenfalls prunkvoll gestaltete Sitz des Erzbischofs sowie ein Museum, welches über die Geschichte der katholischen Kirche in der Stadt und dem Umland informiert.

Gjuhadol-Straße

Die Gjuhadol-Straße *Rruga Gjuhadol* zeichnet sich ebenfalls durch Bauten aus dem 19. Jahrhundert aus, sowohl Geschäfts- als auch Wohnhäuser. Hier sind die Renovierungsarbeiten noch nicht so weit vorangeschritten, weshalb einige Gebäude leider fast verfallen

Bild: Josef Hora

Bild: Marjo Gjini

wirken, doch andere erstrahlen bereits in neuem Glanz und erinnern oft an italienische Paläste, wenn auch im Miniaturformat. Nordöstlich der Straße erstreckt sich der relativ gut erhaltene osmanische Stadtteil Gjuhadol mit traditionellen Häusern, die meist hinter hohen Mauern mit riesigen Toren verborgen sind.

Venezianische Maskenfabrik

Tausende der aus dem Karneval von Venedig bekannten, traumhaft schönen Masken werden in Albanien produziert, und zwar von den Mitarbeitern der Venezianischen Maskenfabrik. Diese erreicht man, indem man der Rruga Lin Shkreli, quasi der Verlängerung der Rruga Filip Shiroka, folgt, rechts in die Rruga Lin Delia abbiegt und noch wenige Meter geht. In der unscheinbaren Fabrik werden die Kunstwerke aus mehreren Papierlagen und Leim hergestellt, getrocknet und schließlich von Hand bemalt beziehungsweise mit glitzernden Schmucksteinen oder bunten Federn dekoriert. Einkaufen ist hier natürlich auch möglich und zwar zu deutlich günstigeren Preisen als auf den Märkten in Venedig, wo der Großteil der fertigen Masken schließlich zum Kauf angeboten wird.

Bild: Foxy I Pixabay

Englischer Uhrturm

Der Englische Uhrturm *Sahati i Inglizit* aus dem 19. Jahrhundert gilt als eines der Wahrzeichen der Stadt, obwohl er renovierungsbedürftig ist. Es handelt sich um einen schlanken, oktagonalen

Bild: M. K.

Turm, der von einem auffälligen Zinnenkranz gekrönt wird. Seinen ungewöhnlichen Namen verdankt er Lord Paget, der die Albaner zum Protestantismus bekehren wollte, indem er sie sogar für die Teilnahme an seinen Predigten bezahlte.

Migjeni-Theater

Das über die Grenzen der Stadt hinaus bekannte Migjeni-Theater *Teatri Migjeni* befindet sich am größten Platz der Stadt, dem Platz der Demokratie *Sheshi Demokracia*, welcher ursprünglich von einem Heldendenkmal geziert wurde, das jedoch einem Brunnen Platz machen musste. Benannt wurde das Haus nach dem Künstlernamen des Dichters Migjeni, dessen Büste direkt neben dem Eingang des Theaters zu sehen ist. Bereits 1880, also ein Jahr nach der Eröffnung des Hauses wurde hier das erste in albanischer Sprache verfasste Stück aufgeführt. Schauspielerinnen dürfen

Bild: M. K.

Bild: Nomadicniko.com

allerdings erst seit 1919 die Bühne betreten, denn zuvor wurde dies von sämtlichen Glaubensgemeinschaften kategorisch abgelehnt, weshalb alle Rollen von Männern übernommen werden mussten. Übrigens finden auch heute noch Aufführungen eines lokalen Amateur-Ensembles im Theater statt. Der auffällige Rundbau südlich des Theaters beherbergt den lokalen Radiosender von Shkodër.

Historisches Museum

Das Historische Museum *Muzeu Historik* logiert im traditionellen Haus einer Kaufmannsfamilie aus dem 19. Jahrhundert. Es wird ähnlich wie viele Häuser aus dieser Epoche von einer hohen Mauer umringt und ist aufgrund seiner interessanten Architektur quasi selbst ein Teil der Ausstellung. Im unteren Bereich befanden sich üblicherweise Ställe und Arbeitsräume, während im oberen die Wohnräume direkt an einen offenen Bereich anschließen. Im großen Garten, der durch ein monumentales Holztor mit Türklopfer betreten wird, warten bereits erste archäologische Artefakte aus der umliegenden Region, welche aus der Zeit der Illyrer und Römer stammen, auf Besucher, doch die Exponate der Ausstellung in den ehemaligen Stallungen reichen bis in die Steinzeit zurück. In der ethnographischen Sammlung im Obergeschoß, dessen Räume sich durch hervorragende Holzschnitzereien auszeichnen, hat man die Möglichkeit, in das frühere Leben der Bewohner von Shkodër einzutauchen. Unter anderem kann man ein Esszimmer besichtigen, in welchem die Männer mit ihren Gästen zu sitzen pflegten, während den Frauen die Galerie vorbehalten war. Außerdem umfasst die Ausstellung Trachten, Instrumente und alltägliche Haushaltsgegenstände aus längst vergangenen Tagen.

Parrucë-Moschee

Die Parrucë-Moschee *Xhamia e Parrucës* auf dem gleichnamigen

Bild: Sigismund von Dobschütz I CC BY-SA 3.0

Platz ist ebenfalls einen Besuch wert, denn obwohl es sich um ein erst 2006 fertiggestelltes Bauwerk handelt, wurde es genau nach dem originalen Vorbild jener Moschee, welche 1967 dem kommunistischen Regime zum Opfer fiel, errichtet. Sie weist zwei Minarette sowie einen quadratischen Grundriss auf und verfügt über einen hellen, sehr ansprechend verzierten Innenraum.

Bleimoschee

Man erreicht die etwas außerhalb gelegene Bleimoschee *Xhamia e Plumbit*, indem man vom Sheshi Perash aus dem Verlauf der Rruga Tepe folgt, sich bei der Gabelung links hält und im gleich darauf folgenden Kreisverkehr rechts in die Rruga Shtatë Shaljanët, deren Name bald zu Rruga e Ajasmës wechselt, abbiegt. Die Straße führt fast bis zum Ziel, welches man schon aus einiger Entfernung auf der linken Seite ausmachen kann. Die Moschee, deren Name sich von ihren nicht weniger als zwanzig bleigedeckten Kuppeln ableitet, wurde bereits im Jahr 1774 nach dem Vorbild der Großen Moschee von Istanbul fertiggestellt. Sogar der Umgang des Vorhofs wird von Kuppeln geziert, wobei man beim Eintreten auch den floralen Mustern des Tors Beachtung schenken sollte. Obwohl der islamische Glaube damals der vorherrschende war, handelt es sich um die einzige größere Moschee aus jener Zeit, die in Albanien mit besonderem Aufwand gestaltet wurde. Im 19. Jahrhundert drohte das Gebäude zu verfallen, da sich die Stadt aufgrund der allgegenwärtigen Gefahr von Überschwemmungen immer weiter in Richtung Norden verlagerte, das begehrte Blei gestohlen wurde und ein Erdbeben schwere Schäden verursachte. In der Zwischenzeit wurden jedoch umfangreiche Sanierungsmaßnahmen eingeleitet, um das beeindruckende Bauwerk, welches nun auch wieder aktiv genutzt wird, zu retten.

Festung Rozafë

Auf einem Hügel westlich der Moschee erhebt sich die sehr gut erhaltene Festung Rozafë *Kalaja e Rozafës*, deren Anfänge bis ins 4. Jahrhundert vor Christus, also bis in die illyrische Zeit, zurückreichen. Später wurde die Anlage von Römern und Byzantinern genutzt, doch ihr heutiges Erscheinungsbild geht in erster Linie auf Venezianer und Osmanen zurück, denn sie erweiterten die bestehende Festung deutlich. Bewohnt war diese übrigens

Bild: Falco | Pixabay

Bild: M. K.

bis weit ins 17. Jahrhundert hinein, doch zu militärischen Zwecken wurde die Burg sogar bis ins frühe 20. Jahrhundert genutzt. Beim Eintreten kommt man nicht umhin, die Kalksinterablagerungen zu bemerken, bei welchen es sich der Legende nach um Muttermilch der Rozafë handelt. Sie soll hier eingemauert worden sein, um einen Fluch zu bannen, da dieser dafür verantwortlich gemacht wurde, dass die Baufortschritte nicht in der erhofften Geschwindigkeit erfolgten. Lediglich die Brust und die Hand der jungen Frau blieben angeblich frei, damit sie ihren neugeborenen Sohn noch bis zu ihrem unausweichlichen Tod stillen und berühren konnte.
Im Eingangsbereich sind noch Mauern aus illyrischer Zeit, welche typischerweise nur aus riesigen Steinblöcken, jedoch ohne Mörtel errichtet wurden, erhalten. Im zweiten Bereich der Festung, der einst Wohnhäuser, Vorratsräume und Zisternen beherbergte, befinden sich die Überreste einer Moschee. Ursprünglich handelte es sich um eine Kathedrale aus dem Jahr 1319, welche im 15. Jahrhundert noch von den Venezianern erweitert, dann allerdings von den Osmanen adaptiert wurde, indem sie den Glockenturm abrissen und durch ein Minarett ersetzten. Ihr unterer Bereich ist noch gut erhalten und man erkennt selbst die großzügigen Fensterbögen. Im dritten, erhöht gelegenen Innenhof befindet sich schließlich das ehemalige Arsenal, welches nun ein Museum beherbergt. Dieses widmet sich anhand von Dokumenten und archäologischen Artefakten aus illyrischer beziehungsweise römischer Zeit der bewegten Geschichte der Burganlage. Nebenan befinden sich die Kasematten, also bunkerartige Gebäude mit starken Wänden, die Schutz vor Artilleriebeschuss boten. Von den ursprünglich acht Verteidigungstürmen, die das circa vier Hektar große Areal beschützen sollten, sind heute aber lediglich jene auf der Nordseite erhalten.
Bei der Besichtigung sollte man auf jeden Fall gute Schuhe tragen, denn der von Gängen durchzogene Untergrund weist an einigen Stellen Löcher auf. Früher verbanden die unterirdischen Stollen die Burg mit der Stadt, doch nun sind diese nicht mehr begehbar. Von der Burg aus kann man allerdings den herrlichen Panoramablick genießen, denn dieser reicht bis zur Adria beziehungsweise ins benachbarte Montenegro sowie zu den Gebirgsregionen Albaniens im Norden. Spektakulär ist jedoch auch

Bild: Wander.al

Bild: M. K.

die Aussicht auf die unmittelbare Umgebung, nämlich die Stadt selbst sowie den Zusammenfluss von Buna, Drin und Kir.

Mes-Brücke

Die Mes-Brücke *Ura e Mesit*, die den kleinen Fluss Kir überspannt, wurde Mitte des 18. Jahrhunderts errichtet, um Shkodër und Drisht zu verbinden, da hier ein bedeutender Handelsweg bis in den Kosovo verlief. Heute gilt das aus dreizehn Bögen bestehende Bauwerk mit einer Länge von 108 Metern und einer Höhe von rund achtzehn Metern nicht nur als die größte sondern auch als die am besten erhaltene Steinbrücke aus osmanischer Zeit. Bemerkenswert ist allerdings, dass sie nicht in einer geraden Linie verläuft sondern etwa fünf Meter vor ihrem Mittelpunkt einen Knick hat. Ursprünglich wies sie nämlich eine noch höhere Steigung auf, doch wurden später Bögen hinzugefügt, um die Nutzung der Brücke auch bei Hochwasser zu ermöglichen. Im Zuge dieser Arbeiten wurde außerdem ihr Verlauf begradigt. Genutzt wird die Brücke heute allerdings nicht mehr beziehungsweise nur mehr

Bild: Nomadicniko.com

von Fußgängern, denn mittlerweile befindet sich nur rund zweihundert Meter südlich eine neue Verbindung.

⌖ 42°06‘52.30“N, 19°34‘30.20“E

www.albania.al
www.akt.gov.al

Festung Drisht

Die in byzantinischer Zeit auf einem Hügel in etwa achthundert Metern Seehöhe gegründete Stadt Divastium war nachweislich schon vor Christi Geburt von den Illyrern besiedelt und verfügte bereits über eine Burg. Während der Antike zählte die Festung Drisht *Kalaja e Drishtit*, die auf deren Fundamenten errichtet wurde, zu einer ganzen Kette von Verteidigungsanlagen, von welchen heute jedoch ausschließlich Ruinen erhalten sind, vor allem aus der venezianischen Ära. Drisht war in Kombination mit den umliegenden Anlagen lange Zeit über von enormer strategischer Bedeutung, denn diesen kam die Aufgabe zu, die noch bedeutendere Festung der nahen Stadt Shkodër zu beschützen. Als die Burg jedoch von den Osmanen eingenommen werden konnte, wurde der Ort rasch verlassen und war dem

Bild: Josef Hora

Verfall preisgegeben. Zu sehen sind heute einige Mauerreste sowie ein Wehrturm, der einst etwa um ein Viertel höher gewesen sein dürfte. Allerdings befinden sich innerhalb des Geländes der Burg noch einige bewohnte Häuser. Die zum kleinen Dorf auf dem Hügel führende Straße ist zwar in einem relativ schlechten Zustand, jedoch bei trockenem Wetter auch mit einem normalen Auto zu bewältigen, wenn man beim Fahren Vorsicht walten lässt.

⌖ 42°07'24.80"N, 19°36'40.00"E

www.akt.gov.al

Festung Sardë

Die Festung Sardë *Kalaja e Sardës* befindet sich heute auf der Insel Shurdhah inmitten des Vaut të Dejës-Sees *Liqeni i Vaut të Dejës*, doch lag sie ursprünglich lediglich auf einer hügeligen Halbinsel am Ufer des Flusses Drin. Die mit einer Länge von knapp vierhundert Metern größte Insel im See kann mit dem Boot angesteuert werden, etwa vom Staudamm des riesigen Wasserkraftwerkes in Vau i Dejës oder vom kleinen Ort Rragam aus. Bis zum Ende des 15. Jahrhunderts, als die Osmanen die Region verwüsteten, befand sich auf der heutigen Insel ein bedeutendes kulturelles Zentrum, nämlich die bereits im 6. bis 8. Jahrhundert vor Christus gegründete Stadt Sarda, die später von den Römern befestigt wurde und im 12. Jahrhundert als Bischofssitz fungierte. Erhalten sind Überreste der einstigen Anlage, darunter zwei Ringe der Festungsmauern sowie Türme, doch liegen diese nun teilweise unter dem Wasserspiegel. Ursprünglich muss die Anlage eher einem Palast als einer Festung geglichen haben, denn beispielsweise am Haupteingang erkennt man noch gut, mit welcher Sorgfalt hier jeder einzelne Stein platziert wurde. Außerdem befinden sich auf der Insel die Überreste einer romanischen Kirche, die schlicht als

Bild: Josef Hora

Shurdhah-Kirche *Kisha e Shurdhahut* bezeichnet wird. Sie soll angeblich über 365 Altäre, also einen eigenen für jeden Tag des Jahres, verfügt haben.

42°04'12.90"N, 19°39'12.50"E

www.akt.gov.al

Koman-See

Beim Koman-See *Liqeni i Komanit* handelt es sich um einen über dreißig Kilometer langen, aber extrem schmalen Stauee, welcher sich zwischen den Orten Koman und Fierzë erstreckt. Er entstand durch die Umsetzung eines ambitionierten Energiegewinnungsprojektes und stellt einen Teil einer ganzen Reihe von Stauseen entlang des Drin dar. So grenzt er bei Fierzë unmittelbar an die gigantische Staumauer des Fierzë-Sees *Liqeni i Fierzës*, der größten des ganzen Landes, während im Süden der aufgestaute Vaut të Dejës-See *Liqeni i Vaut të Dejës* anschließt. Vor der Fertigstellung der Autobahn nach Kukës stellte die auf dem See verkehrende Autofähre eine beliebte Alternative zur schwierig zu befahrenden, kurvenreichen Straßenroute in den Nordosten des Landes dar, doch auch heute noch beeindruckt diese Variante durch ihre landschaftliche Schönheit. Die Fahrt auf dem grün schimmernden See, der von steilen Berghängen mit oft spektakulären Felsformationen überragt wird, nimmt knapp über zwei Stunden in Anspruch. Früher verkehrten hier noch relativ große Fähren, doch wurde ihr Betrieb dann eingestellt und lediglich Personenfähren, die auch Motorräder mit an Bord nahmen, waren im Einsatz. Da sich der See jedoch immer mehr zur Touristenattraktion entwickelt, besteht mittlerweile auch wieder die Möglichkeit, mit dem Auto überzusetzen. Unterwegs wirkt die Umgebung vielerorts völlig verwaist, jedoch verlassen immer wieder Menschen die Fähre, um steile Pfade zu ihren versteckt gelegenen Häusern und Dörfern hinaufzusteigen. Meist können diese ausschließlich über den Seeweg versorgt werden, da sie von der Landseite her vollkommen von der Umwelt abgeschnitten sind. Alternativ zur Fähre werden eigens für Touristen spezielle Bootstouren angeboten. Diese nehmen mitunter einen ganzen Tag in Anspruch und bieten neben Verköstigung auch Abstecher zu beeindruckenden Schluchten entlang der Strecke sowie die Möglichkeit zum Baden. Ganz egal für welche Variante man sich schließlich entscheidet, eine Fahrt

Bild: Albania National Tourism Agency

Bild: Wander.al

Bild: Anton Krasniqi

auf dem an norwegische Fjorde erinnernden See gilt auf jeden Fall als eines der absoluten Highlights einer Albanienreise.

⌖ 42°09'52.10"N, 19°52'38.30"E

www.komanilakeferry.com
www.komanilake-explore.com

Bajram Curri

Der lebhafte, jedoch aufgrund der zahlreichen Plattenbauten nicht wirklich ansprechende Ort Bajram Curri verdankt seinen Namen jenem Volkshelden, der gegen die Osmanen beziehungsweise die Besatzer des Ersten Weltkrieges kämpfte, für die Unabhängigkeit des Kosovo eintrat und das Land demokratisieren wollte. Er hatte in verschiedenen Regierungen Ministerposten inne und fungierte überdies als Kommandant der albanischen Armee, scheiterte jedoch schließlich an der Politik König Zogus. Ihm ist ebenso wie einigen seiner Mitstreiter das lokale Museum, vor dessen Eingang der Kosovare in Form einer imposanten Statue thront, gewidmet. Dieses war lange Zeit geschlossen, wurde jedoch mit einigen neuen Ausstellungsstücken versehen und soll nun revitalisiert werden. Ein weiteres Museum befindet sich etwas außerhalb beim benachbarten Ort Bujan, in einem der für Albanien typischen Wehrtürme aus mittelalterlicher Zeit, dem sogenannten Mic Sokol-Turm *Kulla e Mic Sokolit*. Dieser gilt als besonders gut erhalten und wurde außerdem renoviert, wobei die Ausstattung noch im Originalzustand erhalten ist. Generell ist der ländlich wirkende Ort Bujam Curri jedoch in erster Linie als Ausgangspunkt für Ausflüge ins Valbonë-Tal *Lugina e Valbonës* bekannt. Alljährlich im Juli findet hier außerdem das Festival Sofra Dardane, eine überregional beliebte Folkloreveranstaltung, statt.

⌖ 42°21'26.30"N, 20°04'24.40"E

www.kqk.gov.al
www.albania.al

Tropojë

Obwohl Tropojë direkt an der Grenze Albaniens liegt, ist es namensgebend für die gesamte umliegende Region, denn früher fungierte der Ort als Verwaltungszentrum. Überdies bestehen nun wieder enge

Beziehungen zum benachbarten Kosovo, denn viele Einwohner haben dort Verwandte, zu welchen sie allerdings unter der kommunistischen Diktatur keinerlei Kontakte pflegen konnten. Als berühmtester Sohn Tropojës ist wohl der Arzt und Politiker Sali Berisha, der unweit des Ortes das Licht der Welt erblickte und seine Kindheit als Schafhirte verbrachte, zu nennen. Wirkliche Sehenswürdigkeiten fehlen zwar, doch aufgrund der malerischen Landschaft und des guten Essens ist Tropojë, wo auch noch einige Häuser aus osmanischer Zeit erhalten sind, durchaus einen kurzen Abstecher wert, wenn man genug Zeit hat.

42°24'13.10"N, 20°09'58.80"E

www.kqk.gov.al

Nationalpark Valbonë-Tal

Der rund achtzig Quadratkilometer große Nationalpark Valbonë-Tal *Parku Kombëtar lugina e Valbonës* ganz im Norden des Landes ist einer der Touristenmagnete der albanischen Alpen, denn er präsentiert sich besonders abwechslungsreich und einladend. Hier trifft man auf hoch aufragende, schroffe Felswände, Höhlen und Schluchten, ausgedehnte Mischwälder, in welchen Buchen, Eichen, Kiefern, Tannen und Fichten dominieren, doch auch auf Maroniwälder, Weideflächen und saftige Almwiesen, den kleinen Fluss Valbonë, glucksende Gebirgsbäche, Wasserfälle, kleine Seen und eine Vielzahl an Säugetieren, Vögeln sowie Fischen. Vertreter sind etwa Bären, Wölfe, Luchse, Gämsen, Rehe, Fischotter, mehrere Forellenarten und sogar majestätische Adler wie zum Beispiel der Keilschwanzadler. Im Valbonë-Tal *Lugina e Valbonës* befinden sich insgesamt vier Bergdörfer, nämlich Dragobi, Valbonë und Rrogam sowie Çerem ganz im Norden. Besiedelt wurde die Region erst sehr spät, was der wilden Ursprünglichkeit der Berglandschaft nun eindeutig zum Vorteil gereicht. Dennoch sind die Lebensbedingungen nach wie vor sehr hart, da in den schindelgedeckten Steinhäusern das Wasser vor dem Baden erst erwärmt werden muss und gekocht wird noch auf offenem Feuer. Als Zentrum gilt Valbonë, wo man neben den typischen Wohntürmen auch eine alte Mühle besichtigen und je nach Kondition verschiedenste Spaziergänge beziehungsweise Wanderungen in Angriff nehmen

Bild: Jamahica I Adobe Stock

Bild: Rudolpho Duba I PIXELIO

kann. Ganz einfach ist zum Beispiel der Xhamës-See *Liqeni i Xhamës* zu erreichen. Es handelt sich um einen idyllisch gelegenen See mit klarem Wasser, der jedoch nach längeren Hitzeperioden im Hochsommer enttäuschend klein sein kann. Weiters sind Wanderungen zur Dragobisë-Höhle *Shpella e Dragobisë*, die nach einem etwa zweistündigen Fußmarsch erreicht werden kann, beliebt. An diesem Zufluchtsort wurde der Nationalheld Barjam Curri im Jahr 1925 wahlweise von den Anhängern König Zogus ermordet beziehungsweise in den Selbstmord getrieben, je nachdem, welcher Variante man lieber glauben möchte. Als Highlight gilt definitiv die von Rrogam über den 1 815 Meter hoch gelegenen Valbonë-Pass *Qafa e Valbonës* nach Theth führende Tour, die zwar gut markiert ist, jedoch etwa acht Stunden in Anspruch nimmt und entsprechend anstrengend ist. Die sich bietende Aussicht ist überaus beeindruckend, aber man muss über sehr gute Trittsicherheit verfügen, da einige Stellen ziemlich ausgesetzt sind. Keinesfalls sollte man alleine aufbrechen, am besten wandert man in Begleitung eines einheimischen Führers, der mit dem Territorium vertraut ist. Die Strecke ist übrigens Teil des grenzüberschreitenden Fernwanderweges Peaks of the Balkans. Auch die 2 694 Meter hoch aufragende, markante Jezercë *Maja e Jezercës* als Teil des gleichnamigen Gebirgsmassivs am westlichen Rand des Nationalparks kann erklommen werden. Sie gilt als höchster zur Gänze in Albanien gelegener Berg. Da die Zufahrtsstraße zum Park asphaltiert und das Gebiet deshalb auch während der kalten Jahreszeit meist erreichbar ist, stellt dieser Nationalpark selbst im Winter ein beliebtes Ausflugsziel dar, wobei dann Schi- und Schneeschuhtouren auf dem Programm stehen. Auch in dieser Region war die allgegenwärtige Landflucht lange Zeit ein Thema, doch

Bild: Josef Hora

scheint sich dieser Trend in letzter Zeit sogar umzukehren, da viele Bewohner durch den angestrebten sanften Tourismus auch hier wieder neue Zukunftsperspektiven für sich und ihre Kinder entdecken können.

42°25'36.50"N, 19°55'44.80"E

www.thethi-guide.com
www.akzm.gov.al
www.albania.al
www.akt.gov.al

Nationalpark Theth

Die Dukagjin-Hochebene *Dukagjini* umfasst einige schöne Flusstäler, allen voran das Teth-Tal *Kanioni i Thethit* als Teil des gleichnamigen Nationalparks Theth *Parku Kombëtar i Thethit* und das Shala-Tal *Lugina e Shalës*. Reist man von Koplik und Bogë an, muss zuerst der bis auf 1 630 Meter ansteigende Terthorë-Pass *Qafa e Terthorës* auf einer engen Straße mit wenigen Ausweichmöglichkeiten überwunden werden, doch sobald man den höchsten Punkt erreicht hat, wird man mit einer atemberaubenden Aussicht belohnt. Nähert man sich dem Ort Theth hingegen aus südlicher Richtung, gestaltet sich die Anfahrt zwar weniger kurvenreich, jedoch landschaftlich nicht so herausragend. Der Park selbst besteht bereits seit dem Jahr 1976 und umfasst eine Fläche von rund 26 Quadratkilometern, welche von majestätischen, oft das ganze Jahr über schneebedeckten Berggipfeln überragt und von alten Waldbeständen mit einigen Baumriesen sowie alpinen Weiden dominiert wird. Etwa zwei Drittel des gesamten Areals werden von Mischwäldern eingenommen, darunter Kaukasusfichten und Mannaeschen, aber auch Rotbuchen, Bergahorne, Weißtannen, Eiben und Schwarzkiefern. Insgesamt konnten im Nationalpark circa 1 600 Pflanzenspezies nachgewiesen werden, darunter viele bedrohte und endemische. Bekannte Vertreter sind neben dem Dukagjin-Veilchen auch Enzian und Edelweiß. Die über hundert Heilkräuterarten umfassen hingegen beispielsweise Bergbohnenkraut oder Bergthymian.

Bild: Albania National Tourism Agency

Zahlreiche Tiere finden hier ebenfalls ein hervorragendes Rückzugsgebiet vor, darunter Salamander, Molche, Unken, Eidechsen und Nattern sowie verschiedene Spechte und Falken, aber auch Säugetiere wie der Braunbär, der Wolf oder der überaus scheue Luchs. Trotzdem ist der Nationalpark von Menschen bewohnt, denn es handelt sich um eine sehr fruchtbare Region. Meist liegen ihre Häuser aber weit verstreut, denn die Bewohner verfügen ausnahmslos über gepflegte Gemüsegärten beziehungsweise kleine Felder und versorgen sich ebenso wie ihre gerne gesehenen Gäste weitgehend selbst. Als einzige nennenswerte architektonische Sehenswürdigkeit hat das Dorf Theth den sogenannten Absperrturm *Kulla e Ngujimit* zu bieten. Dieser sollte einem angeklagten Mörder einst Schutz vor der gefürchteten Blutrache bieten, bis die Einzelheiten des zur Last gelegten Verbrechens geklärt waren und ein Rat der Dorfältesten ein Urteil fällen beziehungsweise eine Versöhnung der betroffenen Familien erreichen konnte. So diente das Untergeschoß als Vorratslager, während der obere, fensterlose Stock ausschließlich über eine von innen entfernbare Leiter zugänglich war. Ganz in der Nähe befinden sich außerdem die im Jahr 1892 errichtete Kirche, die sich nun perfekt renoviert präsentiert, sowie eine historisch wirkende Wassermühle, welche jedoch noch bis vor wenigen Jahren in Betrieb war, um Mais zu mahlen. Die erste Schule entstand hier übrigens schon im Jahr 1919 und auch heute sprechen die Kinder in Theth sehr gut Englisch und besuchen später meist sogar eine Universität. Nordöstlich des Dorfes Okol, das eigentlich nur ein Ortsteil von Theth ist, entspringt inmitten eines schönen Buchenwaldes die Quelle der Shala und auch ein Wasserfall befindet sich unweit des Ortes, nämlich der oft nur als Theth-Wasserfall *Ujëvara e Thethit* bezeichnete Gjeçaj-Wasserfall *Ujëvara e Gjeçajve*. Dieser stürzt nordwestlich der Siedlung unweit der Straße über eine Fallhöhe von etwa 25 Metern in die Tiefe. Ihn zu erreichen, kann man quasi noch als Spaziergang und nicht als wirkliche Wanderung bezeichnen. In der Umgebung von Theth sollen außerdem mehr als hundert Höhlen existieren, wobei diese oft sehr weit verzweigt und meist noch nicht erforscht sind. Deshalb sollte man sich keinesfalls zu weit vorwagen und ohne entsprechende Ausrüstung und vor allem Erfahrung höchstens einen vorsichtigen Blick ins Innere werfen, wobei die Höhlen meist ohnehin hoch in den Bergen liegen und somit im Rahmen eines gemütlichen Spaziergangs nicht zu erreichen sind. Angeln ist innerhalb des Parkgeländes uneingeschränkt erlaubt und ein ehrgeiziges Projekt, das von einer Studentengruppe aus Brünn ins Leben gerufen wurde, befasst sich mit der Markierung lokaler Wanderwege. Derzeit bestehen bereits einige markierte und ausgeschilderte Wege im Nationalpark, doch sollte man unbedingt einen ortskundigen Führer engagieren, wenn man zu einer Tour, die über einen Spaziergang hinausgeht, aufbrechen möchte.

Bild: Albania National Tourism Agency

Bild: Villa Gjecaj

Bild: Albania National Tourism Agency

Wohnen kann man direkt bei den hier ansässigen Familien, denn ein weiteres Projekt hat es sich zum Ziel gesetzt, den sanften Bergtourismus in der Region zu fördern. So wurden viele Häuser renoviert und um einen eigenen Gästebereich mit modernem Badezimmer erweitert. Derzeit wird Theth zwar noch als Geheimtipp für Wanderer gehandelt, doch kann es im Hochsommer bereits jetzt schwer sein, ein freies Zimmer zu ergattern.

⌖ 42°23'42.40"N, 19°46'30.70"E

www.thethi-guide.com
www.akzm.gov.al
www.albania.al
www.akt.gov.al

Grunas-Wasserfall

Verwirrend ist, dass auch der Grunas-Wasserfall *Ujëvara e Grunasit* in der Nähe der gleichnamigen Schlucht am Fuße des Maja e Boshit manchmal als Theth-Wasserfall *Ujëvara e Thethit* bezeichnet wird. Dieser ist nämlich ebenfalls nicht weit vom Dorf entfernt und kann im Rahmen einer kurzen Wanderung über Stock und Stein erreicht werden. Er weist eine Fallhöhe von rund dreißig Metern auf und stürzt in ein natürliches Felsbecken, unmittelbar nachdem er

Bild: Wander.al

aus einer Karstquelle entsprungen ist. In weiterer Folge fließt das Wasser in Form eines Baches parallel zur Schlucht und mündet schließlich in die Shala. Der Weg ist ausgeschildert und ohne große Probleme begehbar, doch auch hier empfiehlt es sich zur Sicherheit, in Begleitung eines einheimischen Führers aufzubrechen, wenn man keinerlei Erfahrung im Gelände hat.

⌖ 42°22'34.80"N, 19°47'48.80"E

www.thethi-guide.com

Grunas-Schlucht

Verlässt man den Nationalpark in südlicher Richtung, erreicht man bald das Dorf Ndërlysë, welches streng genommen noch zu Theth zählt, doch bereits zuvor beginnt die tief ins Kalkgestein eingegrabene Grunas-Schlucht *Kanioni i Grunasit* mit interessanten Formationen. Die Schlucht ist rund zwei Kilometer lang und sechzig Meter tief, während ihre Breite von zwei bis hin zu vierzig Metern variiert. Der beste Blick in den Canyon bietet sich direkt von der Brücke über die Shala, welche man zu Fuß gut erreichen kann. Möchte man die Schlucht aus nächster Nähe erforschen, ist dies zwar im

Bild: Petrit Imeraj

Prinzip möglich, doch sollte man aus Sicherheitsgründen davon absehen, alleine hinabzusteigen.

42°22'34.90"N, 19°47'18.50"E

www.thethi-guide.com

Steinerne Badewannen

In der Nähe der Brücke von Ndërlysë faszinieren die sogenannten steinernen Badewannen *Vaskat e Gurit* am Schwarzen Fluss *Lumi i Zi*. Diese im Laufe von Jahrtausenden durch die ständige Bewegung des Wassers ausgewaschenen Becken mit vorwiegend runden, jedoch auch einigen spitzen, bizarr wirkenden Felsformationen sind vom Ufer aus gut einzusehen. Sie wirken fast wie von Menschenhand geschaffene, moderne Kunstwerke, schimmern teilweise rosa und laden auch zum Baden ein, wobei man bedenken muss, dass das Wasser des Flusses selbst im Hochsommer sehr kalt ist.

42°21'21.10"N, 19°45'56.20"E

www.thethi-guide.com

Blaues Auge

Um das sogenannte Blaue Auge Syri i Kaltër ganz in der Nähe des Dorfes Kaprre zu erreichen, muss man von Ndërlysë aus eine etwa einstündige, jedoch relativ eben verlaufende Wanderung auf sich nehmen, wobei der Weg nicht schwer zu finden ist und mit einer gewissen Erfahrung auch alleine in Angriff genommen werden kann. Ist man schließlich am Ziel angekommen, erblickt man ein riesig wirkendes, rundes Naturbecken mit türkis schimmerndem Wasser, welches von einem herabstürzenden Wasserfall gespeist wird. Baden ist hier zwar ebenfalls möglich, doch darf man nicht vergessen, dass das Wasser auch an dieser Stelle sogar während der Sommermonate extrem kalt ist.

Bild: Josef Hora

42°21'51.80"N, 19°44'46.20"E

www.thethi-guide.com

Kelmend

Plant man einen Ausflug in die nördlichste Region Albaniens, sollte man auf jeden Fall mit einem Allradfahrzeug unterwegs sein, obwohl laufend an der Verbesserung der Straßen gearbeitet wird und diese bereits in vielen Gebieten asphaltiert sind. Das albanische Hochland, eine zumeist als Kelmend bezeichnete Region, erstreckt sich entlang der Grenze zu Montenegro zwischen den Grenzübergängen Hani i Hotit im Südwesten und Gusinë im Nordosten, wobei man gleich zu Beginn einen ersten Blick auf das traumhafte Cem-Tal *Kanioni i Lumit Cem* werfen kann. Inmitten dieser Abgeschiedenheit trifft man auf enge, kaum zugängliche Täler, steil aufragende Felswände, blühende Almwiesen, ausgedehnte Wälder, tosende Wasserfälle, glasklare Bäche und eine Vielzahl an meist noch unerforschten Karsthöhlen. Trachten trägt man hier selbst noch im Alltag und auch zahlreiche überlieferte Bräuche und Traditionen werden nach wie vor gepflegt.

Die Fahrt beginnt in Tamarë, dem Zentrum der umliegenden Region, in welchem man der etwa 310 Meter langen Malqe Gradës-Höhle *Shpella Malqe Gradës* mit beeindruckenden Stalagmiten und Stalaktiten sowie einem unterirdischen See einen Besuch abstatten kann. In weiterer Folge passiert man die Dörfer beziehungsweise Ansiedlungen Dobrinje, Selcë, Gropa und Budac sowie den 1 355 Meter hohen Bordolec-Pass *Qafa e Bordolecit* beziehungsweise Predelec-Pass *Qafa e Predelecit*. In Vermosh, dem größten Dorf der albanischen Alpen, angekommen, sind neben zwei spektakulären Wasserfällen auch die umliegenden Bergkuppen und Höhlen von Interesse. Die Wege sind hier nämlich großteils in gutem Zustand, markiert und beschildert und außerdem verhältnismäßig leicht zu begehen, am besten aber trotzdem in Begleitung eines ortskundigen Führers, der sich im Dorf finden lässt.

Am östlichen Ende des Vermosh-Tals *Kanioni Vermosh*, nahe des Grenzüberganges Gusinë, bezaubert schließlich die etwa einen Kilometer lange, lediglich zwischen vier und sechs Meter breite, jedoch stellenweise bis zu vierzig Meter tief eingeschnittene Bashkim-Schlucht *Kanioni i Bashkimit* mit spektakulären Gesteinsformationen sowie vielen kleinen Wasserfällen und -becken.

Doch auch andere Abstecher sind äußerst empfehlenswert. In Selcë hat man beispielsweise die Möglichkeit, einem markierten Wanderweg bis unmittelbar vor die mazedonische Grenze zu folgen, wo sich einer der beeindruckendsten Wasserfälle des Tales, wenn nicht sogar des gesamten Landes verbirgt. Beim Sllap-Wasserfall *Ujëvara e Sllapit* stürzen sich die Wassermassen, an sonnigen Tagen sogar von einem bunten Regenbogen begleitet, rund dreißig Meter weit in die Tiefe. Außerdem bietet die rund 25 Meter tief eingeschnittene Gërrle-

Bild: Wander.al

Bild: Josef Hora

Bild: Wander.al

Schlucht *Kanioni Gërrle* unmittelbar zwischen den Häusern und den bewirtschafteten Feldern einen überaus spektakulären Anblick.
Am Rückweg hat man ganz in der Nähe von Tamarë die Möglichkeit, das rund dreizehn Kilometer lange, nach Vukël beziehungsweise Nikç führende Tal zu besuchen. Hier begegnet man noch traditionellen Steinhäusern, mit steilen, schindelgedeckten Dächern und meist hoch aufragenden Rauchfängen. Berühmt ist das Tal übrigens auch für das Trachtenfest Logu i Bjeshkëve sowie das köstliche, geräucherte Rindfleisch, denn dieses zeichnet sich durch einen besonders intensiven Geschmack aus, da die Tiere so viele Kräuter fressen.

⌖ 42°35‘22.80“N, 19°41‘31.90“E

www.thethi-guide.com

Lepushë

Besucht man das Vermosh-Tal *Kanioni Vermosh* im Sommer, sollte man unbedingt einen Abstecher nach Lepushë, den höchsten und abgelegensten Ort Nordalbaniens auf knapp 1 360 Metern Seehöhe, einplanen. Der Weg ins Dorf zweigt etwa an jener Stelle, wo die Straße zwischen Selcë und Budac ihren Verlauf von östlicher in nördliche Richtung ändert, auf der rechten Seite ab, ist im Winter jedoch oft unpassierbar. Namensgebend sind die nach der Schneeschmelze hier anzutreffenden Sumpfdotterblumen, welche die umliegenden Wiesen gelb erstrahlen lassen. In diesem katholisch geprägten Dorf leben heute noch etwa hundert Menschen weitgehend autark, indem sie Kühe, Schafe, Ziegen, Schweine und Hühner halten und vor allem Erdäpfel und Gemüse anbauen. Damit ist der Speiseplan bereits weitgehend abgedeckt, denn Getreide gedeiht in der rauen Umgebung nur schlecht. Berühmt ist der Ort außerdem für seine Bandbreite an Heilkräutern beziehungsweise die Kenntnisse der Bewohner, was deren Anwendung betrifft, denn ärztliche Versorgung ist hier keine vorhanden.

⌖ 42°31‘40.50“N, 19°43‘46.90“E

www.wander.al

Skadar-See

Beim Skadar-See oder Skutari-See *Liqeni i Shkodrës*, wie er oft auch bezeichnet wird, handelt es sich um das größte Binnengewässer des Landes, wobei dieses mit dem angrenzenden Montenegro geteilt werden muss, denn die Grenzlinie verläuft genau durch den See. Gespeist wird dieser durch die Flüsse Morača, Rijeka Crnojevića, Plavnica und Crmnica, vor allem aber durch zahlreiche unterirdische Quellen, weshalb er sich in tieferen Schichten selbst im Sommer nur geringfügig erwärmt. Der Abfluss erfolgt über die Buna, welche teilweise die Grenze zu Montenegro bildet und schließlich in die Adria entwässert. Die Ausdehnung des Sees variiert allerdings stark, denn im Frühling nach der Schneeschmelze beziehungsweise nach ausgedehnten Regenfällen nimmt er meist eine Fläche von mehr als fünfhundert Quadratkilometern ein, während es im Herbst lediglich knapp über dreihundert Quadratkilometer sind. Der zu Montenegro zählende Teil wurde bereits im Jahr 1983 inklusive des angrenzenden Uferbereiches zum Nationalpark erklärt, doch der zu Albanien gehörende, östliche Bereich des Sees, welcher etwa ein Drittel der Gesamtfläche ausmacht, wurde erst 2005 als Schutzgebiet ausgewiesen. Bekannt ist der größte See der Balkanhalbinsel nicht nur für seine hervorragende Wasserqualität und seinen enormen Fischreichtum sondern auch für die hier lebenden Vögel. Beispielsweise brüten an den Ufern Reiher, Störche, Pelikane, Ibisse und Kormorane, doch auch eine Vielzahl von Zugvögeln verbringt den Winter hier, wenn die Temperaturen in nördlicher gelegenen Ländern für sie zu kalt werden. Wer sich eingehend mit der etwa 280 Arten umfassenden Vogelwelt der Region beschäftigen möchte, findet hier perfekte Bedingungen vor und sollte daher keinesfalls auf ein Fernglas vergessen. Im Wasser tummeln sich hingegen Karpfen, Hechte, Zander, Lachsforellen und Aale, obwohl viele Fischer nach wie vor ihrem angestammten Beruf nachgehen, beispielsweise in den beiden idyllischen und nach wie vor sehr traditionellen Dörfern Zogaj und Shirokë. Auch Urlaubsgäste haben die Möglichkeit, Tageskarten zu lösen und ihr Glück beim Angeln zu versuchen. An Land leben schließlich neben Säugetieren wie Ottern, Wieseln und Füchsen auch zahlreiche Vertreter der Amphibien, Reptilien und Insekten, darunter Frösche, Salamander, Eidechsen und Schmetterlinge, um nur einige stellvertretend anzuführen. Im Bereich der Flora gedeihen im See neben traumhaft schönen Seerosen, gelb leuchtenden Wasserlilien und

Bild: A. Mikhail I Adobe Stock

Wassernüssen über neunhundert verschiedene Algenarten, darunter auch mehrere endemische, also ausschließlich in diesem Gewässer beheimatete. Aufgrund des schwankenden Wasserstandes und des stellenweise dichten Schilfgürtels ist der See oft nur schwer zugänglich,

Bild: Ollirg I Fotolia

doch an einigen Stellen entlang des südlichen Ufers ist das Baden sehr gut möglich. Ganz im Gegensatz zur Adriaküste trifft man hier jedoch kaum auf einheimische Badegäste, denn diese bevorzugen eindeutig das Meer.

⌖ 42°09'09.20"N, 19°23'11.30"E

www.albania.al
www.akzm.gov.al

Buna-Delta

Die Buna fließt vom Skadar-See *Liqeni i Shkodrës* ins Adriatische Meer, wobei sie sich bereits unmittelbar nach dem Verlassen des Sees mit dem Drin vereinigt, seit dieser im Jahr 1858 durch Bodensenkungen seinen Lauf verändert hat. Sie gilt mit einer Tiefe von circa drei Metern und einer Breite von etwa 150 Metern zwar als schiffbarer Fluss, doch spielt die Schifffahrt in der Praxis keine Rolle. Mittels Brücken kann man den Fluss lediglich kurz hinter dem See, aus welchem sie entspringt, überqueren, denn das in vielen Bereichen versumpfte Gebiet präsentiert sich noch sehr naturbelassen, da es rund vierzig Jahre lang als militärisches Sperrgebiet abgeschottet war. Auf den letzten zwei Dritteln fungiert die Buna schließlich als natürliche Grenze zum benachbarten Montenegro. Im Flusslauf bestehen einige kleine Inseln, doch durch Sandaufschwemmungen konnte sich auch im Meer eine Insel bilden, nämlich die winzige Franz-Joseph-Insel *Ishulli i Franc Jozefit*. Sie liegt nahe der Spitze von Ada Bojana, der deutlich größeren Insel, welche allerdings zum montenegrinischen Staatsgebiet zählt. Teile des Deltas auf albanischem Territorium sowie der umliegende Auwald sind als eigenes Schutzgebiet ausgewiesen. Dabei handelt es sich um das größte noch erhaltene Feuchtgebiet entlang der Route vieler Zugvögel, die auf dem Weg nach Afrika hier eine Pause einlegen, beispielsweise Fischadler. Weiters brüten hier neben diversen Reiherarten auch Kormorane, Zwergscharben, Löffler und die vom Aussterben bedrohte Moorente. Außerdem soll es sich um eines der letzten Rückzugsgebiete des überaus

Bild: Schemmi I PIXELIO

seltenen Goldschakals handeln. Leider besuchen aber nicht nur Ornithologen das Buna-Delta gerne und so stellt die illegale Vogeljagd in den Wintermonaten ein überaus beliebtes Hobby zahlreicher Albaner sowie italienischer Touristen dar.

⌖ 41°56'47.90"N, 19°24'20.60"E

www.albania.al

Velipojë-Strand

Das Dorf Velipojë selbst hat nur wenig zu bieten, aber das Umland besticht ebenso wie das azurblau schimmernde Wasser durch seine Schönheit. Geprägt wird das Ortsbild jedoch längst nicht mehr von kleinen Häusern mit gepflegten Gemüsegärten, denn auch hier entstehen immer mehr Hotelbauten. Der Velipojë-Strand *Plazhi i Velipojës* gilt nämlich längst als berühmtester Strand Nordalbaniens. Er wird oft sogar als Hausstrand von Shkodër bezeichnet und ist im Sommer überaus belebt. Velipojë ist zwar vom weiter südlich gelegenen Ort Shëngjin mit dem Auto gut erreichbar, doch stellt die Anreise per Boot eine abwechslungsreiche Alternative dar. Auch in der Lagune Vilun *Këneta e Vilunit*, welche den Strand im Osten begrenzt, sind Bootsausflüge sehr beliebt. Bei dieser handelt es sich um ein rund dreihundert Hektar großes, durchschnittlich drei Meter tiefes Brackwasserbecken, welches gemeinsam mit den angrenzenden Uferbereichen neben Fischen auch Fischottern und verschiedenen Vögeln einen perfekten Lebensraum bietet.

⌖ 41°51'54.10"N, 19°25'33.50"E

www.albania.al

Shëngjin-Strand

Shëngjin, ein kleiner Hafen- und Badeort, liegt direkt an einem breiten, flach abfallenden Sandstrand, dem eigentlich sehr schönen, jedoch mittlerweile leider ziemlich verbauten Shëngjin-Strand *Plazhi i Shengjinit*. Zahlreiche Urlauber aus dem Kosovo und dem nahegelegenen Montenegro verbringen hier ihre Sommerferien, weshalb der beliebte Küstenstreifen im Hochsommer regelrecht überfüllt ist. Nördlich der Stadt findet man allerdings auch einige ziemlich ruhige Abschnitte, die zum Verweilen einladen, da sie noch nicht über eine Straße erreichbar sind. Spaziert man

Bild: Josef Hora

rund eine Stunde lang gemütlich den Strand entlang, erreicht man eine einzigartige Sanddüne, die sich auf den angrenzenden Hügel hinaufzieht. Diese wird mit verschiedenen sprachlichen Abwandlungen als Rana e Hedhur bezeichnet und verändert ihr Aussehen laufend, sowohl durch den hier vorherrschenden Südwind als auch durch kletternde Urlauber. Der Hafen der Stadt gliedert sich übrigens in einen Handels- und einen Marinehafen. Letzterer ist zwar meist zugänglich, doch sollte man hier vorsichtshalber keine Fotos schießen.

Bild: Josef Hora

Fährt man durch das Hafengelände, kann man die Düne auch über einen einfachen Weg, der teils durch den Wald führt, mit dem Auto ansteuern.

⌖ 41°48'49.50"N, 19°35'34.20"E

Lezhë

Obwohl Lezhë keine besonders große Stadt ist, wird ihr in den Augen der Albaner ein besonders hoher Stellenwert beigemessen, denn hier befindet sich die letzte Ruhestätte des verehrten Nationalhelden Skanderbeg. Jenes Grab, das seine sterblichen Überreste enthalten haben soll, wurde zwar von den Osmanen geplündert, doch um die Ruine der nahen Kirche, die in eine Moschee umfunktioniert worden war, entwickelte sich in der Folge ein regelrechter Kult. Sie wurde als Skanderbeg-Gedenkstätte *Vendvarrimi i Skënderbeut* mit einem monumentalen Betondach versehen, welches außerdem eine kleine Ausstellung mit einigen Bildern sowie eine Replik von Skanderbegs Schwert und Helm schützt. Die Albaner besuchen diesen Andachtsort gerne, denn dadurch, dass es Skanderbeg gelang, den weiteren Vormarsch der Osmanen nach Europa aufzuhalten, vermochte er eventuell den Verlauf der gesamten europäischen Geschichte zu beeinflussen. Dies erfüllt die Menschen noch heute mit großem Stolz. In der umliegenden Parkanlage finden laufend Grabungen statt, denn hier soll in naher Zukunft ein großer Archäologiepark eröffnet werden. Bis jetzt wurden auf dem Areal zum Beispiel das ehemalige Hafentor aus dem 4. Jahrhundert vor Christus, ein Baptisterium sowie mehrere antike Mosaike freigelegt. Eine riesige Steintafel weiter südlich auf dem Platz Besëlidhja ist im Zusammenhang mit den legendären Schlachten Skanderbegs ebenfalls erwähnenswert. Man erreicht diese, indem man das Rathaus *Bashkia* und die dem gleichnamigen Künstler gewidmete Përvathi Art Gallery passiert. Das überdimensionale Monument erinnert schließlich an die berühmte Liga von Lezhë, ein Verteidigungsbündnis zahlreicher albanischer Fürsten, welches dem glorreichen Sieg des Nationalhelden im Jahr 1444 erst den Weg ebnete. Möchte man der Festung von Lezhë *Kalaja e Lezhës* einen Besuch abstatten, kann man dies entweder mit dem Auto oder man folgt von der Gedenkstätte aus zuerst den bergan führenden Stufen. Wo sich der Weg gabelt, kann man sich für den linken Pfad entscheiden, welcher in etwa

Bild: Ollirg I Adobe Stock

einer Stunde zur Burg führt, oder für den rechten, der zwar steiler ist, aber nur die Hälfte der Zeit in Anspruch nimmt. Bei dieser Variante passiert man außerdem eine gut erhaltene Mauer aus römischer Zeit. Oben angelangt, erheben sich die Überreste jener illyrischen Siedlung, auf deren Fundamenten die Albaner unter der Führung Skanderbegs beziehungsweise die Osmanen den Großteil der heute erhaltenen Mauern errichtet haben. Lezhë, von den Illyrern als Lis bezeichnet, ist nämlich eine der ältesten albanischen Städte, die damals als Flusshafen und Handelszentrum von Bedeutung war. Bemerkenswert ist, dass die Anlage über vierzehn Tore verfügte, denn dies ist äußerst ungewöhnlich. Bevor man sich wieder an den Abstieg von der angeblich größten Burganlage des gesamten Landes macht, sollte man noch kurz verweilen, um den traumhaften Ausblick zu genießen. Auf der anderen Seite des Flusses kann man schließlich noch die Kirche Maria Verkündigung *Kisha Zoja Nunciatë* des Franziskanerklosters nordwestlich der Brücke, unweit der Flussbiegung besuchen. Diese stammt aus dem Jahr 1240 und beeindruckt durch herrliche Fresken und bunte Glasfenster. Leider trug sie im Laufe der Geschichte schwere Schäden davon, unter anderem während des Ersten Weltkrieges, doch konnte sie mittlerweile renoviert werden. Die Gründung des Klosters erfolgte übrigens angeblich im Jahr 1221 durch Franz von Assisi persönlich. Auf dieser Seite des Drins befindet sich ganz in der Nähe des Flussufers auch die ansprechende orthodoxe Kirche *Kisha ortodokse*.

⌖ 41°46‘49.80“N, 19°38‘41.60“E

www.albania.al

Naturschutzgebiet Kune-Vain-Tale

Das Naturschutzgebiet Kune-Vain-Tale *Rezervati Kune-Vain-Tale* umfasst

Bild: Pixabay

Bild: Wander.al

die drei gleichnamigen Lagunen, die auch als Ramsar-Schutzgebiete ausgewiesen sind. Dazu zählen über tausend Hektar Sumpf- und Brackwassergebiet, etwa 185 Hektar Wald sowie fast 560 Hektar Strand. Hier finden circa 135 Vogelarten sowie fast sechzig Fischarten optimale Lebensbedingungen vor, wobei zum Beispiel Enten, Kormorane, Fasane, Adler oder Aale anzutreffen sind. Ihre Entstehung verdanken die Lagunen im ehemaligen Mündungsgebiet des Drins der Tatsache, dass dieser seit einer Überschwemmung Mitte des 19. Jahrhunderts nicht mehr ausschließlich bei Lezhë ins Meer mündet. So konnte sich eine stabile, insgesamt knapp elf Kilometer lange Lagunenlandschaft ausbilden. Das Areal ist teilweise mit dem Auto befahrbar, doch sind Spaziergänge über die Dämme, hin zu den eigens errichteten Aussichtstürmen wesentlich spannender, vor allem für Ornithologen. Ganz im Norden liegt die Kune-Lagune *Laguna e Kunes*, die sich noch in ihrer ursprünglichsten Form präsentiert und am besten von Shëngjin aus angesteuert wird. Sie ist zwar gut erreichbar, doch sind die eigentlichen Feuchtgebiete verhältnismäßig schwer zugänglich. Das Riedsumpfgebiet der folgenden Vain-Lagune *Laguna e Vainit*, die man am besten von Lezhë aus erreicht, liegt südlich der Flussmündung. Hier hat man noch die Möglichkeit, Fischer in kleinen Booten zu beobachten, während sie ihrer täglichen Arbeit nachgehen. Die Tale-Lagune *Laguna e Tales*, die letzte der drei Lagunen, kann auf direktem Wege von Vain aus angesteuert werden und verfügt über einen breiten Sandstrand, der auch bereits touristisch erschlossen ist. Ein ambitioniertes Projekt, die sehr gut erhaltenen, mächtigen Bunker aus kommunistischer Zeit in perfekt gelegene Unterkünfte direkt am Strand zu verwandeln, konnte allerdings bislang nicht realisiert werden. Das ehemalige Jagdhaus des italienischen Grafen Galeazzo Ciano aus der Zeit des Zweiten Weltkrieges beherbergt nun allerdings ein

Bild: Dimitris Vetsikas | Pixabay

Restaurant mit angeschlossenem Hotel. Keinesfalls vergessen sollte man bei einem Aufenthalt in diesem Naturschutzgebiet auf guten Insektenschutz, denn Mücken fühlen sich in der feuchten Umgebung überaus wohl.

⌖ 41°42'51.90"N, 19°35'52.90"E

www.akzm.gov.al

Mat

Entlang des Flusses Mat *Lumi i Matit*, welcher seinen Weg durch eine gleichnamige Hochebene bahnt, führte einst ein bedeutender Karawanenweg in Richtung Osten, wobei die heute wenig ansprechende Stadt Burrel damals einen wichtigen Stützpunkt auf der Strecke darstellte. Folgt man dem Flusslauf von der Küste ins Landesinnere hinein, so begegnet man bei Milot der imposanten, fast fünfhundert Meter langen Brücke König Zogu I. *Urë e Zogut* aus dem Jahr 1927. In diesem Gebiet sucht sich der Fluss nämlich während der Sommermonate seinen Weg durch ein stellenweise über einen Kilometer breites Bett aus Kies und Geröll, während er im Winter fast immer Hochwasser führt. Aus diesem Grund stellte er früher für Reisende zu so gut wie jeder Jahreszeit ein enormes Hindernis dar, bis der Bau der Stahlbogenbrücke das Vorankommen deutlich erleichterte. Schließlich erreicht man jene Stelle, wo sich der Mat mit dem Fan vereinigt, bevor man weiter östlich zum Shkopet-See *Liqeni i Shkopetit* und zum deutlich größeren Ulzës-See *Liqeni i Ulzës* gelangt.

⌖ 41°41'54.30"N, 19°35'35.10"E

Naturschutzgebiet Patok-Fushë Kuqë

Die Patok-Lagune *Laguna e Patokut* in der Bucht von Rodon *Gjiri i Rodonit* ist Teil des Naturschutzgebietes Patok-Fushë Kuqë *Rezervati Patok-Fushë Kuqë* und wird oft als schönste Lagune der umliegenden Region bezeichnet. Ab dem kleinen Ort Fushë-Kuqë, wo einst die Schlacht der Albaner unter Skanderbegs Führung gegen die Osmanen stattgefunden hat, hat man nämlich die Möglichkeit, die Lagune auf einem fast zwei Kilometer langen Damm zu durchqueren und die einzigartige Landschaft so hautnah zu erleben. In unmittelbarer Nähe ragen außerdem schilfgedeckte Fischerhütten sowie Restaurants auf Stelzen aus dem Wasser. Durch

Bild: Albinfo I CC BY-SA 4.0

Bild: Usien I CC BY-SA 3.0

Überflutungen, vor allem während der Schneeschmelze, verändert sich die Lagune nach wie vor laufend. In letzter Zeit ist beispielsweise eine zweite Lagune entstanden, da sich im Mündungsdelta des Mat ausgedehnte Sandbänke abgelagert haben. Für den nördlichen Bereich ist eine Ried- und Sumpflandschaft typisch, in Süden präsentiert sich die Lagune hingegen als offene Fläche. Mit etwas Glück kann man im Mündungsgebiet Wasserschildkröten und den einen oder anderen Vertreter der seltenen Krauskopfpelikane erspähen. Um der Versalzung ihrer reichen Fischgründe während der heißen Sommermonate entgegenzuwirken, bohren die Fischer Rohre etwa sechs Meter tief in den Boden, wodurch Süßwasser führende Schichten erreicht werden und der Salzgehalt des Wassers in der Lagune verringert wird. Generell ist die Gefahr der Versalzung jedoch eher gering, da ein laufender Zustrom durch den Fluss erfolgt. Die Lagune ist übrigens nicht nur bei Touristen ein beliebtes Ausflugsziel, denn auch die Einheimischen unternehmen am Wochenende gerne Ausflüge in dieses Gebiet.

⌖ 41°38'13.20"N, 19°35'23.60"E

www.akzm.gov.al

Bild: Usien | CC BY-SA 3.0

Bild: Ndok Piniqi | CC BY-SA 4.0

Kirche des heiligen Antonius von Padua

Südöstlich von Laç befindet sich am Fuße des Skanderbeg-Gebirges *Mali i Skëndërbeut* die in ganz Albanien als Wallfahrtsort bekannte Kirche des heiligen Antonius von Padua *Kisha e Shna Ndout*. Sie wurde nämlich unmittelbar neben der angeblich wundertätigen Höhle des heiligen Blasius *Shpella e Shën Vlashit*, die von Menschen aller Konfessionen ebenso wie von Atheisten aufgesucht wird, errichtet. Aus diesem Grund pilgern regelmäßig am 13. Juni, dem Tag des Schutzpatrons, tausende Menschen zu dieser Kirche, um eine Kerze zu entzünden und sich sogar an den Felsen zu schmiegen, um Heilung von diversen Krankheiten sowie gesundheitlichen Problemen zu erbitten. Selbst während der atheistischen Ära konnte der Zustrom an Pilgern ausschließlich durch die Errichtung einer militärischen Sperrzone rund um das Gotteshaus unterbunden werden. Dessen Innenraum ist zwar schlicht gestaltet, wirkt jedoch lichtdurchflutet und sehr freundlich. Tonreliefs zeigen Szenen aus dem Leben des namensgebenden Heiligen, der außerdem in Form einer geschnitzten Statue vertreten ist. Erreichbar ist die Kirche direkt vom

Bild: Shkelzen Rexha | CC BY-SA 4.0

Zentrum Laçs aus, wobei der Ort selbst keine Sehenswürdigkeiten zu bieten hat. Früher war hier eine Phosphorfabrik in Betrieb, doch nun ist Laç in erster Linie als jener Ort bekannt, an welchem das einzige Panzerbataillon der albanischen Armee stationiert ist.

⌖ 41°37′43.50″N, 19°44′00.60″E

Kirche der Auferstehung Christi

Der Ort Rubik im Flusstal des Fan war lange Zeit über ein wichtiger Industrieort, in welchem Buntmetalle verarbeitet wurden, weshalb er nicht besonders einladend wirkt. Auf einem markanten, weiß leuchtenden Felsvorsprung thront allerdings eine bekannte Sehenswürdigkeit, nämlich die schlichte Kirche der Auferstehung Christi *Kisha e Shëlbuemit*. Ihre Errichtung geht auf das 12. und 13. Jahrhundert zurück, wobei sie zu diesem Zeitpunkt noch Teil eines Franziskanerklosters war. Die Anlage wurde allerdings während der Kampfhandlungen des Zweiten Weltkrieges schwer in Mitleidenschaft gezogen, während der Atheismus-Kampagne der kommunistischen Regierung jedoch nicht abgerissen oder einer anderen Nutzung zugeführt. Mittlerweile präsentiert sich die Kirche, die noch von einigen Resten der ehemaligen Klostermauern flankiert wird, aber wieder in einem sehr guten Zustand, denn alle notwendigen Renovierungsarbeiten des Gebäudes selbst sowie der Fresken sind bereits abgeschlossen.

⌖ 41°45′54.50″N, 19°46′51″E

Kajakfahrt am Shkopet-See

Wenn man schwimmen kann, keine Angst davor hat, eventuell nass zu werden, und neben Badekleidung auch wasserfeste Schuhe sowie ein Handtuch im Reisegepäck hat, sind alle Voraussetzungen erfüllt, um am Shkopet-See *Liqeni i Shkopetit* an einer Kajakfahrt teilzunehmen. Wie bei so vielen albanischen Seen handelt es sich auch bei diesem um einen Stausee, wobei er vom Fluss Mat gespeist wird. Insgesamt ist der See etwa neun Kilometer lang, jedoch mit einer maximalen Ausdehnung von 250 Metern sehr schmal und überdies wird er von meist hoch

Bild: Sebadelval I Pixabay

aufragenden Felswänden begrenzt, weshalb man auch gerne von der Shkopet-Schlucht *Gryka e Shkopetit* spricht. An mehreren besonders engen Stellen spannen sich wackelig wirkende Hängebrücken über den See, doch fügen sich diese überaus malerisch ins Landschaftsbild ein. Organisiert werden die Tagesausflüge inklusive Picknick und fachkundiger Leitung von Tiranë aus und natürlich werden auch Helme, Neoprenanzüge und Schwimmwesten zur Verfügung gestellt. Man paddelt insgesamt etwa drei Stunden entlang des sehr idyllischen, fast unbewohnten Ufers, wo lediglich verstreut liegende Bauernhäuser auf die hier lebenden Menschen hindeuten, und genießt dabei die herrliche Landschaft aus einer ungewöhnlichen Perspektive. Wenn das Wetter mitspielt, hat man im Sommer außerdem die Möglichkeit, sich im kühlen Nass zu erfrischen, bevor es wieder zurück an Land geht.

⌖ 41°41'30.70"N, 19°50'02.20"E

www.outdooralbania.com

Ulzës-See

Auch der Ulzës-See *Liqeni i Ulzës* ist im westlichen Bereich genau wie das angrenzende Bergland als Naturschutzgebiet definiert, doch ist das Gewässer bislang von den meisten Touristen noch nicht als Ausflugsziel entdeckt worden. Es handelt sich um einen Stausee, der etwa 124 Millionen Kubikmeter Wasser fasst, welches vom Fluss Mat stammt. Charakteristisch sind die langen Arme des Sees, die sich mitunter tief in die hügelige Umgebung hinein erstrecken. In letzter Zeit entsteht entlang der weitläufigen Ufer immer mehr Infrastruktur, die Touristen anziehen und natürlich zum Verweilen bewegen soll. Beliebt sind vor allem

Bild: Fation Plaku I CC BY-SA 4.0

Bootsfahrten am See, doch auch zum Radfahren bietet die Region hervorragende Bedingungen.

41°40'43.50"N, 19°52'53.00"E

www.akzm.gov.al

Allajbeg-Moschee

Am Ortsrand des Dorfes Burim befindet sich die Allajbeg-Moschee *Xhamia e Allajbegisë* aus dem 16. Jahrhundert, welche bereits seit 1967 als nationales Kulturdenkmal gelistet ist, da es sich um eine der ältesten Moscheen der umliegenden Region handelt. Die Mauern des von einer Kuppel überspannten Gotteshauses mit einem annähernd quadratischen Grundriss wurden in der dekorativen Bauweise der Schächteltechnik aus Ziegeln und Natursteinen errichtet, wobei Minarett und Vorbau in den 1990er Jahren rekonstruiert werden mussten. Die schlichten Fenster der Moschee werden durch spitz zulaufende Ziegelbögen perfekt hervorgehoben. Angeschlossen sind einige Räume, die der Fortbildung dienen sollen.

41°34'41.80"N, 20°27'56.80"E

www.qarkudiber.gov.al

Kirche der Verklärung Christi

Die orthodoxe Kirche der Verklärung Christi *Kisha e Shpërfytyrimit* im Dorf Herebel wurde zum nationalen Kulturdenkmal erhoben, da sie bereits im späten 13. beziehungsweise frühen 14. Jahrhundert, also noch vor der Eroberung Albaniens durch die Osmanen, entstand. Sie wurde im byzantinischen Stil errichtet und weist schöne Wandmalereien auf, wird jedoch heute nicht mehr aktiv als Gotteshaus genutzt. Alljährlich am 19. August verbringen allerdings die Einwohner aus der Umgebung traditionellerweise eine Nacht in der Kirche, sowohl betend als auch schlafend, da auf diese Weise angeblich Krankheiten geheilt werden sollen. Meist beschränkt sich die Teilnahme nicht ausschließlich auf Christen, da Feste ebenso wie Bräuche in Albanien nur selten von einer Religionsgemeinschaft alleine begangen werden.

41°37'05.60"N, 20°28'15.50"E

Peshkopi

Peshkopi, im 19. Jahrhundert osmanisches Verwaltungszentrum,

Bild: Qyteti i Peshkopise | CC BY-SA 3.0

liegt nur zwanzig Kilometer von der mazedonischen Grenze entfernt in einem weitläufigen Tal am Fuße des Korab-Gebirges *Mali i Korabit*. Die tagsüber sehr lebhafte Stadt ist auch heute noch islamisch dominiert und wird vom Handel geprägt, wovon ein täglich abgehaltener Markt *Treg* zeugt. Angeboten wird so gut wie alles von frischem Obst und Gemüse über Milchprodukte bis hin zu

Bild: H. D. Volz I PIXELIO

Bild: Malenki I CC BY-SA 4.0

Haushaltsgeräten und Antiquitäten. Außerdem begegnet man bei einem Spaziergang durch die Stadt oft Frauen, die gemeinsam ihrer Arbeit nachgehen, sowie relativ vielen Häusern aus osmanischer Zeit, die teilweise leider stark verfallen, oft aber bereits hervorragend renoviert sind. Sehenswert ist die Alte Moschee *Xhamia e Vjetër*, die auch von innen besichtigt werden kann, wenn der Imam gerade Zeit hat und die Tür öffnet. Sie stammt aus dem Jahr 1991, da ihr Vorgängerbau während der sozialistischen Ära wie zahlreiche andere religiöse Bauwerke zerstört wurde. Weiters verfügt die kleine, insgesamt ziemlich gepflegt wirkende Stadt über die von einem Scheich aus Katar finanzierte Neue Moschee *Xhamia e Re* mit zwei Minaretten und einem silber glänzenden Dach, einen Kulturpalast, ein Museum mit wechselnden Ausstellungen sowie ein Theater. Entlang der Hauptstraße laden außerdem gleich mehrere Kaffeehäuser zum Verweilen ein.
Im lokalen Heilbad Llixhat rund zwei Kilometer außerhalb des Zentrums werden Kuren im schwefelhaltigen Wasser der nahen Thermalquellen, die bereits von den Römern geschätzt wurden, angeboten. Diese strömen mit einer Temperatur von bis zu 43 Grad Celsius an die Oberfläche und versprechen Linderung bei diversen rheumatischen Beschwerden, weshalb sie von den Einheimischen gerne aufgesucht werden. Einfache Becken laden sogar im Außenbereich zum gemütlichen Beisammensitzen ein. Auch sonst darf man kein luxuriöses Resort erwarten, doch wenn man sich mit einer Badewanne in einem kleinen Abteil zufriedengibt, ist ein Besuch der Anlage definitiv ein Erlebnis. Obwohl der Geruch des Wassers nicht unbedingt angenehm ist, sind es gerade diese Quellen, die in der Zukunft viel Potential für den Tourismus in sich bergen.
Außerdem sollen die Landstriche in der Umgebung von Peshkopi ihrem legendären Ruf als Obstgarten Albaniens wieder gerecht werden, weshalb bereits zahlreiche Plantagen angelegt wurden. Neben Obst spielen dabei auch Maroni, Salbei und Lavendel eine bedeutende Rolle.
Wirklich berühmt ist Peshkopi aber für die sogenannte Oda Diberna, ein Festival für traditionelle Musik, welches jeweis Ende Oktober eine Vielzahl an Besuchern anzieht. Diese reisen nicht nur aus Albanien sondern sogar aus dem Kosovo und dem nahen Mazedonien an, um sich dieses beliebte Event nicht entgehen zu lassen.

⌖ 41°41'05.80"N, 20°25'44.30"E

www.qarkudiber.gov.al

Schwarzer Drin

Der Schwarze Drin *Drini i Zi* entspringt im Ohrid-See *Liqeni i Ohrit* und fließt von dort durch Mazedonien sowie den Nordosten Albaniens, wo er sich schließlich mit dem im benachbarten Kosovo entspringenden Weißen Drin *Drini i Bardhë* vereinigt. Der Fluss gilt als besonders fischreich, wobei vor allem Karpfen, Forellen und Aale zu nennen sind. Die kurvenreiche Straße entlang des Ufers gilt als eines der absoluten Offroad-Highlights des gebirgigen Landes, denn sie führt durch eine besonders idyllische Landschaft und verfügt zudem über zahlreiche Aussichtspunkte. Man muss allerdings mit sehr engen beziehungsweise teilweise auch ausgesetzten Stellen rechnen, wenn man sich für diese Route entscheidet. Zu Beginn wirkt die Landschaft noch vergleichsweise sanft, doch je weiter man gen Norden fährt, desto spektakulärer präsentiert sich das Erscheinungsbild. Man passiert enge Schluchten, die teilweise direkt von der Straße aus einsehbar sind, sowie hoch aufragende Felsen, während man im Wesentlichen dem tief ins Gestein eingeschnittenen Flusslauf folgt. Schließlich erreicht man ein einladend wirkendes Waldgebiet, wo man eine Pause einlegen kann, bevor sich der Ausblick auf die malerisch gelegene Stadt Kukës am Ufer des Stausees eröffnet.

41°33'19.50"N, 20°26'58.90"E

www.akzm.gov.al

Korab

Beim 2 764 Meter hoch aufragenden Korab *Maja e Korabit* direkt an der Grenze zu Mazedonien handelt es sich um den höchsten Gipfel Albaniens, wenn der Berg auch nicht zur Gänze im Land liegt. Vom Dorf Radomirë auf einer Seehöhe von etwa 1 250 Metern aus führen zwei unterschiedliche Routen auf die Spitze. Wer diese erklimmen möchte, muss aber sowohl über gute Kondition als auch über viel Ausdauer verfügen, denn die Gehzeit beträgt rund zehn Stunden und es müssen fast achtzehn Kilometer zurückgelegt werden. Außerdem ist es notwendig, ausreichend Vorräte und Wasser mitzunehmen, da es unterwegs keine bewirtschafteten Hütten gibt. Von Radomirë aus folgt man dem Pfad in östliche Richtung, passiert einen großen Stall mit Schafen und erreicht schließlich eine weitläufige Ebene namens Fushe Korabi. Man wandert

Bild: Pixabay

Bild: Josef Hora

Bild: Ljupco Smokovski I AdobeStock

weiter, bis der Weg unmittelbar vor der mazedonischen Grenze nach Süden und schließlich entlang des Kammes auf den Gipfel mit einem markanten Grenzstein führt. Im Prinzip ist der Aufstieg zwar lang, aber nicht besonders schwer, doch ist es auch hier empfehlenswert, sich nur gemeinsam mit einem ortskundigen Führer auf den Weg zu machen, denn man darf die Gefahren, mit welchen man im der alpinen Region unter Umständen konfrontiert sein kann, nicht unterschätzen.

41°47'28.00"N, 20°32'52.00"E

www.qarkudiber.gov.al

Kukës

Ursprünglich befand sich das inmitten einer traumhaft schönen Landschaft gelegene Kukës an einer tieferen Stelle, welche allerdings im Jahr 1976 durch die Entstehung des Fierzë-Stausees *Liqeni i Fierzës* überflutet wurde. Nun erhebt sich die neu entstandene Stadt zwischen zwei Armen des Sees an jener malerischen Stelle, wo sich der Weiße Drin *Drini i Bardhë* mit dem Schwarzen Drin *Drini i Zi* vereinigt. Den besten Ausblick auf dieses herrliche Szenario kann man vom ehemaligen Hotel Turizmi im Westen der Stadt aus genießen. Diese machte in erster Linie während des Kosovokrieges im Jahr 1999 auf sich aufmerksam, denn vor ihren Toren befand sich ein Flüchtlingslager, in welchem über hunderttausend Menschen Unterschlupf fanden, während weitere direkt bei Familien aus dem Ort untergebracht waren. Davon ist heute jedoch abgesehen von einem Denkmal nichts mehr zu bemerken. Obwohl Kukës später sogar für den Friedensnobelpreis vorgeschlagen wurde, gilt es nach wie vor als eine der ärmsten Ortschaften des gesamten Landes, da es vor

Bild: Shkelzen Rexha Gjakovë I CC BY-SA 4.0

der Fertigstellung der Autobahn extrem abgeschieden lag. Generell ist das Stadtbild noch überraschend stark vom Kommunismus geprägt, vor allem am zentralen Platz, welcher von vielen administrativen Gebäuden umringt wird. Dennoch sorgen bereits einige Veränderungen für eine modernere Atmosphäre, darunter ansprechende Neubauten, in Fußgängerzonen umgewandelte Straßen sowie grüne Parkanlagen. Außerdem verfügt Kukës über eine große Moschee, die aus aus den 1990er Jahren stammt. Vor den Toren der Stadt existiert mittlerweile sogar ein Flughafen, um die Stadt noch besser anzubinden, doch konnte dieser bis jetzt noch nicht in Betrieb genommen werden, da jene Gesellschaft, welche den Flughafen in Tiranë betreibt, über sämtliche Exklusivrechte verfügt.

42°04'39.30"N, 20°25'26.70"E

www.akzm.gov.al

Pukë

Die von Shkodër nach Pukë führende Straße galt bereits in der Antike als wichtige Verbindungsroute für die östlichen Balkanregionen. Das Gebiet war zuerst von den Illyrern besiedelt, wobei der Stadtkern damals weiter südlich lag, danach von den Römern, und galt seit frühester Zeit als kulturelles Zentrum. Heute ist der auf einer Hochebene auf 838 Metern Seehöhe gelegene Ort für seine gesunde Luft bekannt und wird deshalb oft bereits jetzt als künftiger Erholungsort gehandelt. Außerdem fällt hier im Winter bei einer durchschnittlichen Temperatur von minus drei Grad Celsius für gewöhnlich sehr viel Schnee, weshalb nun Skifahren zu den besonders angesagten Freizeitaktivitäten zählt. So ist es nicht verwunderlich, dass es Pukë schnell gelang, sich einen Namen als eines der beliebtesten Skigebiete des Landes zu machen. Sehenswert ist neben der Schule in erster Linie das zwar kleine, aber trotzdem interessante Migjeni-Museum *Muzeu i Migjenit*, welches sich dem bekannten Dichter widmet. Beliebt sind außerdem sogenannte Öko-Produkte aus Pukë und der umliegenden Region, nämlich Bier, Honig und Säfte, doch auch Kräuter und Pilze werden oft angeboten.

42°02'32.80"N, 19°54'00.80"E

www.hotel-puka.com

Bild: Polly D. I Pixabay

Bild: Simon I Pixabay

Gefängnis von Spaç

Das Gefängnis von Spaç *Burgu i Spaçit* ist keine Sehenswürdigkeit sondern vielmehr ein bedrückender Gedenkort, denn hier bestand ab 1967 ein Gefangenenlager für politische Häftlinge, die zur Arbeit in den nahen Kupferminen gezwungen wurden. Vierundzwanzig Jahre lang waren jeweils rund 1 400 Menschen, welche das kommunistische Regime kritisiert hatten, unter unvorstellbar grausamen Bedingungen in Spaç interniert. Im Mai 1973 fand hier eine großangelegte Revolte, nicht nur gegen das Gefangenenlager als solches sondern auch gegen das kommunistische Regime, statt. Es handelte sich dabei um einen der ersten gegen die Diktatur gerichteten Aufstände des ganzen Landes, der aufgrund seiner antikommunistischen Parolen in die Geschichte einging. Nach dem Ende der Diktatur im Jahr 1991 konnten 830 Menschen befreit werden, darunter der Autor Fatos Lubonja, der noch während seiner Gefangenschaft einen Roman auf Zigarettenpapier verfasst hatte. Obwohl genaue Zahlen nach wie vor nicht bekannt sind, da die Toten meist in Massengräbern beigesetzt wurden, geht man davon aus, dass hier infolge von Erschöpfung, Kälte, Unterernährung oder Hinrichtungen tausende Dissidenten ihr Leben lassen mussten. Die Überlebenden wurden nach der Auflösung des Lagers zwar in die Freiheit entlassen, sahen sich dann jedoch mit enormen Problemen konfrontiert, denn sie hatten weder eine Wohnung oder einen Arbeitsplatz, noch erhielten sie Entschädigungszahlungen. Diese wurden später zugesichert, doch sehen sich viele der ehemaligen Häftlinge in sozialer Hinsicht auch heute noch diskriminiert und teilweise werden sie noch immer von ihren Mitmenschen ausgegrenzt. Pläne sehen vor, das zwar zum Nationaldenkmal erklärte, jedoch aufgrund fehlender Mittel de facto dem Verfall preisgegebene Gefangenenlager in eine moderne Gedenkstätte inklusive eigenem Museum umzugestalten, um die Erinnerung nicht verblassen zu lassen.

⌖ 41°53'56.90"N, 20°02'46.80"E

Nationalpark Lurë

Ein einst traumhaft schönes Schutzgebiet inmitten der Region Dibër ist der 1 280 Hektar große, langgestreckte Nationalpark Lurë *Parku Kombëtar i Lurës*. Dieser zeichnet sich durch eine Vielzahl

Bild: Jonathan Eaton I CHwB-Albania

Bild: Josef Hora

an Seen aus, nämlich sieben große und zahlreiche kleinere, die im Sommer allerdings austrocknen. Als besonders idyllisch gilt der Blumen-See *Liqeni i Luleve*, denn weite Teile seiner Wasseroberfläche werden von See- und Teichrosen bedeckt, wovon sich auch sein Name ableitet. Zu den endemischen Pflanzen, die auf dem Areal zu entdecken sind, zählt die Makedonische Kiefer, welche ausschließlich im westlichen Balkanraum gedeiht und bereits vom Aussterben bedroht ist. Im Bereich der Fauna sind vor allem Forellen und Molche zu nennen, denn andere Wildtiere leiden stark unter der illegalen Abholzung, die vor allem im südlichen Teil des Schutzgebietes schwere Schäden angerichtet hat. Die Anfahrt ist ausschließlich mit Allradfahrzeugen möglich, doch wenn man diese hinter sich gebracht hat, bieten sich hervorragende Freizeitmöglichkeiten, wenn auch keinerlei Infrastruktur für Touristen vorhanden ist und man sich daher selbst versorgen muss. Abgesehen davon kann man das Gebiet natürlich auch mit dem Mountainbike oder zu Fuß erreichen, wenn man über gute Kondition verfügt, doch muss jeder für sich entscheiden, ob sich der Aufwand lohnt, da der Park durch den Raubbau leider viel von seiner einstigen landschaftlichen Attraktivität eingebüßt hat.

⌖ 41°45'41.60"N, 20°11'40.50"E

www.akzm.gov.al

Nationalpark Zall Gjoçaj

Der kleine Nationalpark Zall Gjoçaj *Parku Kombëtar Zall Gjoçaj* zeichnet sich besonders durch seinen Wasserreichtum aus, denn hier sprudeln zahlreiche Quellen an die Oberfläche und formen dort sogleich malerische Bachläufe. Einige Exemplare in den lokalen Tannen-, Kiefern- und Buchenwäldern sind bis zu zweihundert Jahre alt und wirken durch ihren Bewuchs mit Flechten wie einem Märchen entsprungen. Generell ist das Gebiet reich an Pilzen und außerdem bietet es Wildtieren wie Bären, Wölfen, Füchsen und Wildschweinen einen perfekten Lebensraum, denn es ist nur über Pisten erreichbar und liegt daher überaus abgeschieden. Auch hier ist jedoch geplant, den sogenannten Ökotourismus zu fördern, um mehr Besucher in den Park zu locken.

⌖ 41°42'32.90"N, 20°11'10.40"E

www.akzm.gov.al

Südwest-albanien

Der Südwesten Albaniens ist quasi ein Synonym für Badeurlaub, denn hier laden traumhafte Strände und das türkisblau schimmernde Meer zum Entspannen ein. Die sogenannte albanische Riviera erstreckt sich von Vlorë bis Sarandë und ist außerdem ein Paradies für Outdoor-Sportler, denn das vielfältige Angebot reicht von Canyoning über Klettern bis hin zu Paragleiten. Das Hinterland bietet schließlich noch viel mehr Abwechslung. Unbedingt sehenswert ist hier natürlich die einmalige Stadt Gjirkoastër, welche nicht umsonst zum UNESCO-Weltkulturerbe zählt, doch auch die archäologische Ausgrabungsstätte Butrint findet sich auf dieser Liste wieder. Welche der beiden Hauptattraktionen dieser Region als das größere Highlight eingestuft werden sollte, muss wohl jeder für sich selbst entscheiden. Naturliebhaber kommen aber ebenso wie kulturinteressierte Urlauber auf ihre Kosten, da der Südosten Albaniens außerdem über mehrere idyllische Nationalparks verfügt, darunter sogar ein eigenes Meeresschutzgebiet entlang der Küste der Halbinsel Karaburun.

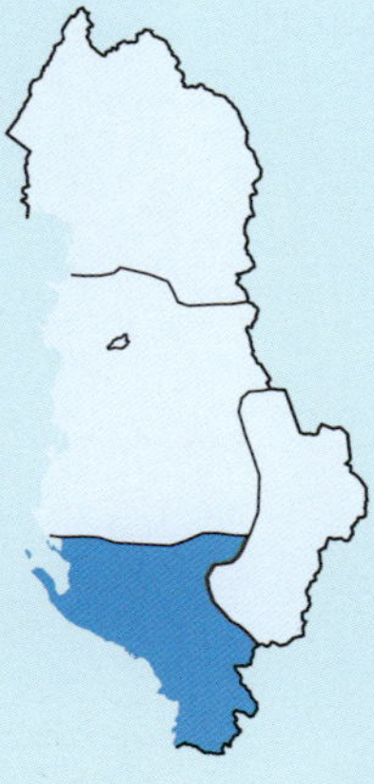

Bishan
Kreshpan
Poro
Novoselë
Aranitas
Cakran
Ballsh
Novoselë
Mifol
Varipop
Drenovë
Gorishovë
Trevllazer
Gjerbës
27
Cërkovinë
38
Hekal
Byllis
Panajë
Armen
Laguna e Nartës
Llakatund
Damës
Panajë
Selenicë
Ninësh
Nartë-Lagune ◆ 152
Zvërnec
Bejar
Kloster von Zvërnec ◆ 152
Nartë
Treblovës
Kutë
Sazan
Aulon
VLORË
Peshkëpi
Çorrush
Kamcis
Gërnec
Vlorë ◆ 153
Drashovicë
Krahës
Gjiri i Vlorës
36
Kaninë
Festung Kaninë ◆ 157
Qesara
Mavrovë
Sevaster
Karaburun
Kotë
Amantia
Lapardha
Archäologiepark Amantia ◆ 157
Radhimë
Vajzë
Gribë
Strände von Radhimë ◆ 158
1946
Marine-Nationalpark Karaburun-Sazan ◆ 160
Shushicës
Velcë
Orikum
Ramicë
Ken
Orikos
Archäologiepark Orikum ◆ 159
Gjorrë
Lungarë
Lepenicë-Höhle ◆ 158
Brataj
1830
Tërbaç
Bolenë
Nivicë
Dukat
Nationalpark Llogara ◆ 160
Kallarat
73
P.K. Llogara
Vranisht
1027
Q. e Llogarasë
2044
Kuç
Mali i Çikës
Paragleitflug ◆ 161
Palasë
Dhërmi
Pilur ◆ 164
Vuno
Klettern in der Gjipe-Schlucht ◆ 162
Dhërmi ◆ 162
Çorraj
Himarë
Himarë ◆ 163
Gjiri i Spillesë
DETI JON
Porto Palermo-Festung ◆ 165
Gjiri i Palermos
Qeparo
Borsh-Strand ◆ 167
Lukovë ◆ 16
N.Erikoussa
Ν.Ερεικουσσα
Othoni
Οθωνοί
Sidari
Σιδάρι
Roda
Ρόδα
Peroulades
Περουλάδες
Avliotes
Αυλιώτες
Kavallouri
Καβαλλούρι
Episkepsi
Magoulades
Μαγουλάδες
Mathraki
Μαθράκι
Horepiskopi
Χωρεπίσκοποι
Zigos
Ζυγός
Afionas
Αφιώνας
Pagi
Παγοί
Skripero
Σκριπερό
Angelokastro
Αγγελόκαστρο
Paleokastritsa
Παλαιοκαστρίτσα
Liapades
Λιαπάδες

Poliçan
Kulmakës
2173
Dërsnik
Osum
Rafting
Dobrushë
Skrapar
Kakrukë
Mollas
Radesh
Veleshtë
2383
Shtyllë
Vithkuq
Çorogjaf
Therepel
Vokopolë
Çorovodë
Potom
Ostrov
Kaltund-Stratobërdhë
Lubonjë
Canyoning in der Osum-Schlucht • 191
Treskë
Qytezë
Mollas
Osum
Kaltanj
Zaberzan
Qinam-Radovickë
Vodicë
Ballaban
Muzhenckë
Lenckë
Arrëz e Vogël
Maricaj
Suropull
Gostivisht
Sukë Goricë
Dangelli
P.K.
Frashër
Arrëz e Madhe
1282
Ersek
Cërrilë
Podgoran
Borovë
Fratar
Shijan
Trebeshinë
Damës
1922
Mezhgoran
Katundishtë
Këlcyrë
Bredhi i Hotovës
Dërmen
Kamnik
Tepelenë • 189
Këlcyrës-Schlucht • 190
Dragot
Dhëmbel
Përmet
Dangëlli
Leskaj
Radanj
Luzat
Hormovë
E853
Petran
Kurvelesh • 189
Hoshevë
Badëlonjë
Lashovë
Shtëpëz
Tërbuq
Konckë
Nemërçkë
28
Postenanit
1552
Progonat
Topovë
Sheper
Leskovik
Mi. Lunxhërisë
Palokastër
Erind
Stëmbec
1536
Poliçan
2485
Çepune
Dhoksat
Skore
Çarshovë
Tre Urat
Saraqinishtë
Mashkullorë
Archäologiepark Antigonea • 182
Sopik
M. Molivdoskepasto
M. Μολυβδοσκέπαστο
Stegopul
Kirche der heiligen Maria • 181
Gjirokastër
Hlliomo
Dhrmades
Δρυμάδες
Molivdoskepastos
Μολυβδοσκέπαστος
Suhë
Labovë e Poshtme
Festung Borsh • 166
Gjirokastër • 183
Kefalovriso
Κεφαλόβρυσο
Çatistë
Lazarat
Libohovë
Meropi
Μερόπη
Nikollaqit
1598
Pogoniani
Πωγωνιανή
Vasiliko
Βασιλικό
Olivenölfabrik • 166
SH4
19
Libohovë • 181
Haskovë
Dolo
Δολό
Oreokastro
Ωραιόκαστρο
Geroplatanos
Vergo
Hadrianopolis • 180
Melan-Tekke • 179
Peshkëp
Lefterohor
Kopaçez
Frashtan
Delvinaki
Δελβινάκι
Vissani
Βήσσανη
Kardhikaq
Nivicë • 168
SH78
Delvinë
Doliana
Δολιανά
25
Bamatat
Muzinë
Jorgucat
11
Kloster des heiligen Nikolaus • 178
SH99
Blaues Auge • 179
Kakavijë
22
E853
Mesopotami
Bularat
Kiismata
Κτίσματα
Kerasovo
Κεράσοβο
Finiq
Krane
24
Haravgi
Χαραυγή
E853
Archäologiepark Finiq • 177
Poshtëm
Pepel
Llongo
Ardhasovë
Sarandë
Sarandë • 169
Paidonia
Kastani
Καστάνι
Lëkuresi
Dhivër
Sotirë
Lavdani
Λαβδάνη
Stena Korfu
Dërmish
Cerkovicë
Ag. Marina
Αγ. Μαρίνα
Kodër
Tsamandas
Τσαμαντάς
K. Lavdani
K. Λαβδάνη
Aetopetra
Αετόπετρα
Lag. e Butrintit
P.K.
Komat
Grazhdan
Sopik
Livadhja
933
Lia
Λιά
Kastri
Ag. Stefanos
Αγ. Στέφανος
Butrinti
Nationalpark Butrint • 170
Lista
Λίστα
Ksamil
Ag. Pandes
Αγ. Πάντες
Ekklisohori
Butrinti
Butrinti
Markat
Anavryto
Αναβρυτό
Archäologiepark Butrint • 172
Vrissoula
Βρυσσούλα
Vrinë
Palambas
Παλαμπάς
Ag. Nikolaos
Αγ. Νικόλαος
Mursi
Keramitsa
Κεραμίτσα
Vervë
Kotsika
Κότσικα
Mavroneri
Μαυρονέρι
Çiflik
Plesio
Πλαίσιο
Vrosina
Βροσίνα
Konispol
Rizo
Ριζό
Malounio
Μαλούνιο
Finikio
Φοινίκιο
Polidroso
Πολύδροσο
Asproklisi
Ασπροκλήσι
Ahladia
Αχλαδιά
Kokkinia
Κοκκινιά
Sagiada
Σαγιάδα
Filiates
Fteri

Nartë-Lagune

Die Nartë-Lagune *Laguna e Nartës* südlich der Mündung des Flusses Vjosë stellt mit einer Fläche von knapp 42 Quadratkilometern die zweitgrößte Lagune Albaniens dar. Ähnlich wie in anderen Lagunen trifft man auch in diesem Schutzgebiet auf eine Vielzahl an Vögeln, darunter Pelikane und sogar Flamingos. Der Wasserstand schwankt im Verlauf des Jahres stark und vor allem die seichteren Regionen im Osten können in heißen Sommern komplett austrocknen. Da das Wasser salzhaltig ist, wird in einem abgetrennten Bereich im Norden Salz gewonnen, und zwar durch Verdunstung. Besonders sehenswert ist aber die einzigartige Dünenlandschaft, die im Nordwesten an die Lagune angrenzt, denn diese ragt, über Jahrhunderte hinweg von Meerwasser und Wind geformt, bis zu sechs Meter hoch auf und verändert ihr Aussehen auch heute noch. Es handelt sich um eines der letzten Dünengebiete des Landes, denn zahlreiche andere sind im Laufe der Zeit dem illegalen Sandabbau zum Opfer gefallen.

⌖ 40°31‘10.10“N, 19°27‘17.90“E

www.bashkiavlore.org
www.albania.al

Kloster von Zvërnec

Auf einer kleinen Insel inmitten der Nartë-Lagune *Laguna e Nartës* nördlich von Vlorë befindet sich das Kloster von Zvërnec *Manastiri në Zvërnecit*, dem man unbedingt einen Besuch abstatten sollte. Eine Straße führt zwar fast bis zur Insel, doch das letzte Wegstück, welches über eine schier unendlich wirkende Pfahlbrücke führt, muss man zu Fuß zurücklegen. Die attraktive, nun wieder bewohnte Anlage erhebt sich im östlichen Teil der sonst bewaldeten Insel. Interessant ist vor allem die aus dem 13. Jahrhundert stammende orthodoxe Klosterkirche im byzantinischen Stil, denn sie wirkt mit ihrem reich verzierten Säulengang besonders anmutig. Im Inneren zeichnet sie sich durch eine sehenswerte Ikonostase, Schnitzereien und Fresken sowie einen ungewöhnlichen Grabstein mit Totenkopf aus, obwohl viele der Schätze des Klosters, wie etwa die Bestände der Bibliothek, während der Atheismus-Kampagne zerstört wurden. Jeweils am 15. August finden hier die Feierlichkeiten zu Ehren der heiligen Maria, welcher die Klosterkirche geweiht ist, statt, wobei nicht ausschließlich gebetet sondern auch gegrillt wird, da die

Bild: Bashkia Vlorë I Studio Bleta Film & Photography

Bild: Wildman I Adobe Stock

Bild: Bashkia Vlorë I Studio Bleta Film & Photography

Gläubigen traditionell die ganze Nacht auf der Insel verbringen. Auf dem Friedhof befindet sich die letzte Ruhestätte von Marigo Posio, einer bekannten Unabhängigkeitskämpferin und Frauenrechtsaktivistin. Die erste albanische Flagge wurde angeblich von ihr gefertigt, denn sie unterrichtete unter dem Vorwand, Handarbeitsunterricht zu geben, in Wirklichkeit die albanische Sprache.

⌖ 40°31'02.90"N, 19°24'09.60"E

www.bashkiavlore.org

Vlorë

Vlorë, die zweitgrößte Hafenstadt Albaniens, liegt nur rund 75 Kilometer von Italien entfernt, weshalb es nicht verwunderlich ist, dass hier der Einfluss der italienischen Kultur so gut wie überall zu bemerken ist. In der Antike war die Stadt vor allem für Salz, Oliven, Wein, Holz und Kalkstein bekannt, doch auch aufgrund der weit verbreiteten Korruption genoss Vlorë damals einen zweifelhaften Ruf. Besonders nach dem Zerfall des Römischen Reiches im Jahr 395 erfolgte ein großer wirtschaftlicher Aufschwung, doch die Übergriffe der Slawen im 6. Jahrhundert bremsten diesen enorm. In weiterer Folge wechselten die Herrscher rasch, bis schließlich die Osmanen 1418 die Stadt übernahmen. Selbst in dieser Zeit blühte der Handel in der Region, wobei in erster Linie Waffen und Seidenwebereien beliebt waren. Dies führte im 15. Jahrhundert zu einem regelrechten Ansturm jüdischer Händler, die aus Spanien geflohen waren. Im November 1912 wurde in Vlorë die Unabhängigkeit Albaniens ausgerufen und der Ort avancierte zur neuen Hauptstadt des Landes, denn die Stadt wurde schon immer mit Autonomie in Verbindung gebracht, da hier zum Beispiel der erste albanische Heimatverein sowie eine der ersten albanischsprachigen Schulen des Landes gegründet wurden. Nur zwei Jahre später okkupierten allerdings die Italiener zu Beginn des Ersten Weltkrieges Vlorë und konnten von den lokalen Partisanenverbänden erst 1920 in die Flucht geschlagen werden. Doch bereits im Jahr 1939 bemächtigten sie sich der Stadt erneut, wobei diese nach einer kurzen Besatzung durch die deutsche Wehrmacht schließlich im Jahr 1944 befreit werden konnte. Unter der kommunistischen Regierung war Vlorë ein ruhiger Verwaltungssitz, aber im März 1991 gingen schließlich Bilder aus der Stadt um die Welt, denn die verzweifelten Menschen

Bild: Bashkia Vlorë I Studio Bleta Film & Photography

kaperten damals in der Hoffnung auf ein besseres Leben zahlreiche Frachtschiffe, um die Flucht in Richtung Italien anzutreten. Nach dem Pyramiden-Skandal hatte Vlorë den Ruf, ein besonders gefährlicher Ort zu sein, denn hier blühten sowohl der organisierte Waffen- als auch der Drogen- und sogar der Menschenhandel, doch mittlerweile konnten die Behörden diesen illegalen Machenschaften weitgehend ein Ende setzen. Heute beeindruckt die Skyline von Vlorë vom Meer aus mit modernen Hochhäusern und auch die palmengesäumte Hauptstraße, entlang derer sich so gut wie alle nennenswerten Sehenswürdigkeiten gruppieren, wurde neu gestaltet. Obwohl die Altstadt während der kommunistischen Ära im Gegensatz zu vielen anderen Orten sehr gut erhalten blieb, fielen nach dem Sturz der Regierung weite Teile dem einsetzenden Bauboom zum Opfer, weshalb heute leider nur wenige sehenswerte Gebäude erhalten sind. Die antike Stadt Aulon, wie Vlorë in den Jahrhunderten vor Christi Geburt genannt wurde, vermuten Archäologen übrigens im oberen Zentrum, doch wurden bisher noch keine Ausgrabungen durchgeführt, weshalb fundierte Beweise für diese Annahme noch auf sich warten lassen. Derzeit macht die Stadt innerhalb der Landesgrenzen auf sich aufmerksam, denn einerseits soll die Bebauung der Küste vorangetrieben werden, um Wirtschaft und Tourismus zu fördern, wobei sogar von einem Flughafen und neuen Industriestandorten die Rede ist, andererseits soll der Umweltschutz eine größere Rolle spielen. Beispielsweise ist ein mit Erdöl betriebenes Wärmekraftwerk inmitten des Vogelschutzgebietes Vjosë-Nartë nordwestlich der Stadt sehr umstritten.

⌖ 40°28‘01.70“N, 19°29‘00.70“E

Vlorë, Sheshi „4 Heronjtë“
www.bashkiavlore.org

Unabhängigkeitsmuseum

Ganz in der Nähe des Hafens befindet sich das Unabhängigkeitsmuseum *Muzeu Kombëtar i Pavarësisë* in jenem mittlerweile perfekt restaurierten, neoklassizistischen Gebäude, welches einst Ismail Qemali als Regierungssitz diente. Ausgestellt sind hier neben den Originalmöbeln der ersten albanischen Regierung, darunter zum Beispiel Qemalis Schreibtisch, auch zahlreiche Dokumente und Fotos, welche die turbulenten Ereignisse jener Tage veranschaulichen. Sogar

Bild: Bashkia Vlorë | Studio Bleta Film & Photography

die Federn und Siegel, die damals vom Kabinett genutzt wurden, sind noch erhalten. Wer möchte, hat in diesem Museum die Möglichkeit, an einer englischsprachigen Führung teilzunehmen, doch auch englische Beschriftungen sind vorhanden.

Petro Marko-Theater

Folgt man der Rruga Sadik Zotaj, passiert man das Flamurtari-Stadion *Stadiumi Flamurtari* und erreicht nach insgesamt circa 1,5 Kilometern das nach einem bekannten Schriftsteller benannte Petro Marko-Theater *Teatri Petro Marko*. Das ganz in den kontrastreichen Farben rot und weiß gehaltene Gebäude entstand im Jahr 1962 im neoklassizistischen Stil und hebt sich somit deutlich von den modernen Hochhäusern in seiner Umgebung ab. Es handelt sich übrigens nicht nur um eines der bekanntesten sondern auch um eines der aktivsten Schauspielhäuser des gesamten Landes, denn hier finden regelmäßig Aufführungen statt. Unmittelbar nördlich des Theaters erinnert eine Statue an Marigo Posio, welche sich vehement für die Unabhängigkeit ihres Landes einsetzte und heimlich die albanische Sprache unterrichtete.

Muradie-Moschee

Bei der nur ungefähr fünfhundert Meter weiter nördlich, direkt an der Gabelung der Straße gelegenen Muradie-Moschee *Xhamia e Muradies* aus dem 16. Jahrhundert handelt es sich um ein ansprechend verziertes Gebäude aus rötlichen und gelblichen Steinen mit einem schlanken, weißen Minarett. Besonders bemerkenswert ist, dass der Kuppelbau als einzige Moschee aus osmanischer Zeit sowohl das verheerende Erdbeben von 1851 als auch die zahlreichen kriegerischen Auseinandersetzungen ohne größere Beschädigungen zu überdauern vermochte. Während der kommunistischen Zeit diente das Gebäude, dessen Errichtung dem bekannten Architekten Mimar Sinan zugeschrieben wird, als Architekturmuseum der Stadt Vlorë. Trotzdem kann man im Inneren auch heute noch dekorative Kalligraphie ausmachen, in erster Linie auf der Decke.

Bild: C. Cat 82 | Adobe Stock

Unabhängigkeitsdenkmal

Das nur wenige Schritte entfernte, von einer kleinen Parkanlage umringte Unabhängigkeitsdenkmal *Monumenti i Pavarësisë* aus dem Jahr 1972 wirkt überaus imposant, denn es soll an jenen bedeutenden Tag erinnern, als Ismail Qemali hier die Unabhängigkeit des Landes und somit die Gründung der Republik Albanien verkündete. Er stellt auch die zentrale Figur dar, flankiert vom Freiheitskämpfer Isa Boletini sowie vier kampfbereiten Partisanen. Einst thronte an dieser Stelle jenes Gebäude, auf welchem die albanische Flagge gehisst wurde, doch musste dieses aufgrund von schweren Beschädigungen später abgerissen werden. Inmitten des Parks befindet sich auch die letzte Ruhestätte des in Vlorë geborenen Politikers Qemali, der als erster Ministerpräsident Albaniens tätig war. Erkennbar ist sie leicht an der bronzenen Statue, welche sich über dem Grabmal erhebt. Geht man von hier aus in westliche Richtung, gelangt man zu den spärlichen Überresten der Mauern von Avalon, während in östlicher Richtung entlang der Rruga Justin Godar einige Häuser aus osmanischer Zeit erhalten sind.

Bild: Josef Hora

Ethnographisches Museum

In einem der über die Rruga Justin Godar erreichbaren Häuser logiert das sehenswerte Ethnographische Museum *Muzeu Etnografik* und zwar in jenem Haus, in welchem 1908 der erste Heimatverein namens Labëria untergebracht war. Dieser widmete sich der Schaffung eines albanischen

Bild: Josef Hora

Identitätsbewusstseins und zwar vor allem durch die Besinnung auf Sprache und Kultur und so sind fast alle Ausstellungsstücke den Bemühungen der Vereinsmitglieder zu verdanken. Dokumentiert wird die Tradition der Stadt unter anderem in Form von kunstvollen Arbeiten der lokalen Metall- und Holzmanufakturen, doch auch Haushaltsgegenstände, Trachten, Möbel und landwirtschaftliche Geräte sind ausgestellt. Das Gebäude selbst stammt aus der Mitte des 18. Jahrhunderts und kann sich somit rühmen, zu den ältesten Bauwerken der gesamten Stadt zu zählen.

Bild: Bashkia Vlorë I Studio Bleta Film & Photography

Historisches Museum

Zurück an der Hauptstraße Vlorës folgt das neu gestaltete Historische Museum *Muzeu Historik*. Ausgestellt sind hier vor allem archäologische Artefakte aus der Stadt sowie dem Umland, etwa aus Amantia, Ploçe oder Kaninë, wobei die Palette der Exponate vom Neolithikum über die Bronzezeit bis hin zur Neuzeit reicht. Außerdem werden historische Waffen und Schriften präsentiert und der Rolle der Stadt während bedeutender Kriege ist sogar eine eigene Abteilung gewidmet, denn ursprünglich handelte es sich um ein Kriegsmuseum.

Festung Kaninë

Auf einem sanften Hügel unweit der Stadt Vlorë erheben sich beim gleichnamigen Dorf die Überreste der Festung Kaninë *Kalaja e Kaninës*. Ihre Ursprünge gehen auf das 4. bis 3. Jahrhundert vor Christus zurück, doch wurde sie später von Kaiser Justinian erneuert. Der Anlage kam vor allem nach dem Niedergang Apollonias enorme strategische Bedeutung zu, da sie den nahegelegenen Hafen schützen musste und vermutlich auch als militärisches und politisches Zentrum der Region fungierte. So sind architektonische Merkmale aus verschiedenen Jahrhunderten auszumachen, unter anderem aus byzantinischer, venezianischer und osmanischer Epoche. Interessant ist allerdings nicht nur die Festung selbst, sondern auch der herrlichen Aussicht auf die Stadt und die Lagune sollte man Beachtung schenken.

⌖ 40°26‘40.20“N, 19°31‘17.50“E

www.bashkiavlore.org
www.albania.al

Archäologiepark Amantia

Bei Amantia handelte es sich einst um eine bedeutende illyrische Festung am Fuße des Gribë-Gebirges *Mali i Gribës*, die auch heute noch unter den beeindruckendsten Stätten aus illyrischer Zeit rangiert. Bereits im 3. Jahrhundert wurden hier eigene Münzen geprägt und nachdem die Stadt zuerst stark vom griechischen Epiros beeinflusst war, verlor sie ab der Eroberung durch die Römer schließlich ihren hohen Stellenwert. Zu erkennen sind die gut erhaltenen Fundamente einer riesigen Arena, die bis zu viertausend Zusehern Platz bot, ein rekonstruierter Torbogen, eine Zisterne, Wohnhäuser sowie der dorische Aphrodite-Tempel aus dem 3. Jahrhundert vor Christus.

Einst war die Anlage von über zwei Kilometer langen Mauern umringt, von welchen ebenfalls noch Reste erhalten sind, vor allem im südlichen Bereich. Noch heute leben hier einige Familien, die ihren bescheidenen Lebensunterhalt als Viehhirten verdienen und von den Besuchern des sogenannten Archäologieparks Amantia *Parku Arkeologjik i Amantias* eine Eintrittsgebühr verlangen. Aus diesem Grund muss man sich vor den Hirtenhunden in Acht nehmen und

Bild: Josef Hora

das Auto eventuell erst verlassen, wenn ihre Besitzer vor Ort sind. Am besten erreichbar ist Amantia von Kotë und Vajzë aus, doch gestaltet sich die Anfahrt eher beschwerlich und sollte ohne Allradantrieb nicht in Angriff genommen werden. Der Panoramablick, den man von dem abgestuften Felsplateau aus genießen kann, sobald man dieses erreicht hat, ist allerdings bemerkenswert.

⌖ 40°22‘42.20“N, 19°41‘48.20“E

www.bashkiavlore.org
www.archeoparks-albania.com
www.albania.al

Lepenicë-Höhle

Bei der Lepenicë-Höhle *Shpella e Lepenicës* handelt es sich um eine Karsthöhle unter einem markanten Felsen etwas mehr als zwei Kilometer nordwestlich des gleichnamigen Dorfes. Sie zeichnet sich durch ihre überaus wertvollen, prähistorischen Zeichnungen, welche mit brauner Farbe direkt auf die Felswände aufgetragen wurden, aus. Datiert werden sie auf das dritte Jahrtausend vor Christus, denn die Höhle gilt als eine der ältesten besiedelten des gesamten europäischen Kontinents. Zu sehen sind insgesamt neunzehn figürliche Darstellungen sowie acht unregelmäßige, geometrische Muster, weshalb auch gerne von der sogenannten Geschriebenen Höhle *Shpella e Shkruar* gesprochen wird. Erreichbar ist diese allerdings nur, wenn man einen etwa halbstündigen Fußmarsch in Kauf nimmt.

⌖ 40°18‘38.80“N, 19°37‘20.90“E

Strände von Radhimë

Obwohl auch die direkt an die Stadt Vlorë angrenzenden Strände bei den Einheimischen sehr beliebt sind, sollte man sich zum Baden besser auf den Weg nach Radhimë machen. Im Zentrum der Bucht von Vlorë *Gjiri*

Bild: Josef Hora

Bild: Josef Hora

i Vlorës herrscht nämlich deutlich weniger Betrieb als in unmittelbarer Nähe der Stadt und die Strände, die sich nördlich und südlich des kleinen Ortes erstrecken, sind nicht zuletzt deshalb wesentlich einladender und gemütlicher.

⌖ 40°22'44.00"N, 19°28'49.90"E

www.bashkiavlore.org

Archäologiepark Orikum

Das historische Orikos ganz in der Nähe des heutigen Orikum wurde im 7. Jahrhundert vor Christus von griechischen Kolonialisten gegründet und gilt somit als eine der ältesten hellenistischen Siedlungen auf ursprünglich illyrischem, heute albanischem Territorium. Aufgrund seiner besonders günstigen Lage wurde der Ort lange Zeit über auch als Militärbasis genutzt, doch richtete ein Erdbeben schwere Schäden an und Orikos fungierte im Laufe der Geschichte außerdem mehrmals als Kriegsschauplatz, unter anderem im Jahr 48 vor Christus während des römischen Bürgerkrieges zwischen Caesar und Pompaius. Zu sehen sind im sogenannten Archäologiepark Orikum *Parku Arkeologjik i Orikumit* heute die Überreste eines großen Amphitheaters, einige Treppen- sowie Tempelanlagen. Mittlerweile sind auch Teile der ehemaligen Stadtmauer freigelegt, wodurch man die Dimensionen der antiken Stadt bereits gut erahnen kann, obwohl die Archäologen hier mit Sicherheit noch viel Arbeit vor sich haben, bis alle Geheimisse des Areals endgültig gelüftet sind und in weiterer Folge auch zur Besichtigung offen stehen. Im Prinzip ist das Ausgrabungsgelände jeden Tag zugänglich, doch befindet es sich unmittelbar neben einem militärischen Sperrgebiet, weshalb dies in der Praxis leider oft anders aussieht. Südlich der Pasha Liman-Lagune *Laguna e Pasha Limanit* kann man außerdem der überraschend gut erhaltenen Marmiroi-Kirche *Kisha e Marmiroit* einen Besuch abstatten. Sie wurde teilweise aus antiken Steinen, die aus dem nahen Okrium stammen, errichtet und gilt als eine der ältesten Kirchen im Balkanraum, da sie vermutlich im Laufe des 12. Jahrhunderts entstand.

⌖ 40°19'35.00"N, 19°28'27.30"E

www.bashkiavlore.org
www.archeoparks-albania.com
www.albania.al

Marine-Nationalpark Karaburun-Sazan

Genau genommen handelt es sich beim Marine-Nationalpark Karaburun-Sazan *Parku Kombëtar Detar Karaburun-Sazan* um ein Meeresschutzgebiet, welches die Küste der Halbinsel Karaburun und der Insel Sazan bis zu einer Tiefe von einer Seemeile unter Schutz stellt. Hier verläuft die Grenze zwischen Adriatischem und Ionischen Meer, die Straße von Otranto. Der Park zeichnet sich durch eine reiche Meeresflora und kleine, einsame Buchten mit herrlichen Sandstränden an der geschützten Ostseite aus. Mit viel Glück kann man im Sommer Delfine oder sogar die als stark gefährdet eingestufte Mittelmeer-Mönchsrobbe beobachten. Obwohl das Areal in nächster Zeit immer mehr für Touristen geöffnet werden soll, ist es derzeit nicht erschlossen und kann nur zu Fuß beziehungsweise mit dem Boot angesteuert werden, denn die einzige Straße führt direkt durch einen Stützpunkt der albanischen Marine. Davon, dass die Region in der Antike oftmals Schauplatz kriegerischer Auseinandersetzungen war, zeugen zahlreiche Schiffswracks von Griechen und Römern, aber auch aus dem Zweiten Weltkrieg. Möchte man den Nationalpark besuchen, muss man entweder eine Wanderung mit sehr viel Wasser im Gepäck unternehmen, denn es handelt sich um ein Karstgebiet ohne Quellen, oder einen Bootsausflug von Vlorë aus buchen. Dabei wird meist auch eine der zahlreichen Höhlen entlang der Küste angesteuert, nämlich die Haxhi Ali-Höhle *Shpella Haxhi Aliut*, die größte Meereshöhle Albaniens mit einer Länge von dreißig Metern, doch auch die Steilküste selbst wirkt überaus spektakulär. Die Regierung plant allerdings, inmitten dieses bedeutenden Schutzgebietes einen gigantischen Offshore-Windpark anzulegen, was bislang durch Klagen nationaler sowie internationaler Umweltschutzorganisationen verhindert werden konnte.

⌖ 40°22'22.00"N, 19°22'28.40"E

www.bashkiavlore.org
www.akzm.gov.al

Nationalpark Llogara

Über eine steil ansteigende Straße gelangt man zum Nationalpark Llogara *Parku Kombëtar i Llogarasë*,

Bild: Josef Hora

Bild: Wander.al

Bild: Bashkia Vlorë I Studio Bleta Film & Photography

der sich durch seinen Bergwald mit Kiefern, Tannen und Eschen sowie das Vorkommen von Wölfen, Füchsen, Wildkatzen, Raben, Uhus und sogar Steinadlern auszeichnet. Ganz im Gegensatz zu anderen Parks des Landes fühlt man sich hier mit Sicherheit nicht einsam, da Llogara ein beliebtes Ausflugsziel bei der einheimischen Bevölkerung darstellt. Entsprechend vielfältig ist auch das Angebot für Touristen, denn entlang der Passstraße findet man sowohl Restaurants als auch Hotels. Zu den beliebtesten Freizeitaktivitäten zählen selbstverständlich Wanderungen, beispielsweise auf dem Caesar-Weg *Shtegu i Çezarit*, auf welchem der römische Herrscher seine treuen Gefolgsleute einst in die Schlacht gegen Pompeius geführt haben soll. Sobald man das geschützte Gebiet beim 1 027 Meter hoch gelegenen Llogara-Pass *Qafa e Llogarasë*, welcher zwischen den Gipfeln Maja e Çikës mit einer Höhe von 2 045 Metern sowie Maja e Gjipalit mit 1 146 Metern hindurchführt, hinter sich gelassen hat, verändert sich das Landschaftsbild abrupt, denn hier fällt weniger Regen und die Temperaturen sind höher, weshalb das Gebirge nun kahl und felsig wirkt. Die Aussicht vom Pass ist bei klarem Wetter überaus spektakulär, doch ein kurzer Zwischenstopp lohnt sich auch bei der Aussichtsplattform in einer der folgenden Serpentinen, denn besonders wenn es in höheren Lagen nebelig ist, kann man hier die bessere Aussicht genießen.

⌖ 40°12'58.10"N, 19°34'17.80"E

www.bashkiavlore.org
www.albania.al
www.akzm.gov.al

Paragleitflug

Die Region um den Llogara-Pass *Qafa e Llogarasë* eignet sich hervorragend zum Paragleiten, denn die Thermik ist hier ausgezeichnet und der Panoramablick während des Fluges atemberaubend. Dieses Vergnügen ist allerdings nicht ausschließlich Könnern vorbehalten, denn für Neueinsteiger, die einen Nervenkitzel der ganz besonderen Art suchen, werden Tandemflüge angeboten. Gestartet wird inmitten der Bergewelt des Passes, doch die Landung erfolgt an der Küste, und zwar direkt am Strand. Möchten mehrere Personen gleichzeitig abheben, ist unbedingt eine Voranmeldung notwendig, damit genügend lizenzierte Piloten zur Verfügung stehen. Jedes Jahr

Bild: Aeroclub Albania

wird aufgrund der hervorragenden Bedingungen übrigens genau hier ein Wettbewerb mit Teilnehmern aus zahlreichen europäischen Ländern ausgetragen, der Albanian Open.

⌖ 40°11'29.90"N, 19°36'45.60"E

www.aeroclubalbania.com

Dhërmi

Dhërmi ist ein malerisches Bergdorf, welches im Mittelalter über mehr als dreißig Kirchen verfügte, doch auch heute noch bietet es mehrere sehenswerte Gotteshäuser mit teilweise gut erhaltenen Fresken. Am auffälligsten ist definitiv das weiß leuchtende Kloster der heiligen Maria *Manastiri i Shën Mërisë*, welches zwar auf einem hoch aufragenden Hügel thront, aber trotzdem mit einem normalen Auto über eine steil ansteigende Straße erreicht werden kann. Genau genommen handelt es sich heute allerdings lediglich um eine Kirche mit schönen Fresken, denn die zugehörige Klosteranlage wurde während des Zweiten Weltkrieges weitgehend zerstört. Von den neueren Ortsteilen im Norden aus erreicht man schließlich den langen Sand- beziehungsweise Kiesstrand, der in den Sommermonaten jedoch sehr überlaufen ist, da es sich um den ersten leicht erreichbaren Strand an der Riviera handelt. Wer einen Fußmarsch nicht scheut, findet in einiger Entfernung einsamere, wenn auch deutlich kleinere Buchten mit ebenfalls tiefblauem Wasser.

Bild: Yelena 011 I Fotolia

⌖ 40°08'59.60"N, 19°38'30.60"E

www.himara.gov.al
www.albania.al

Klettern in der Gjipe-Schlucht

Einen Adrenalinkick der Extraklasse garantiert allen wagemutigen

Bild: Albania Adventure

Reisenden ein Kletterausflug in die direkt an die gleichnamige Bucht angrenzende Gjipe-Schlucht *Kanioni i Gjipese*, wo sich vielfältige Möglichkeiten sowohl für Anfänger als auch für Könner bieten. Zur Wahl stehen Routen in unterschiedlichen Schwierigkeitsgraden, aber man hat auch die Möglichkeit, seinen eigenen Aufstiegsweg zu bestimmen. Als Klettergebiet ist Albanien zwar noch weitgehend unentdeckt, doch es werden sowohl längere Exkursionen als auch Tagestouren angeboten, etwa vom kleinen Ort Jala östlich der Schlucht aus, wobei auf Anfrage auch Transfers organisiert werden können. Profis, die sich auf eigene Faust an dieses Abenteuer heranwagen möchten, biegen von Nordwesten kommend bald nach dem kleinen Ort Ilias rechts ab und folgen der Straße zu den Resten einer Klosteranlage, in deren Nähe man parken kann, wenn man nicht über ein Allradfahrzeug verfügt. In diesem Fall folgt man dem Straßenverlauf nun zu Fuß bis zum Strand. Von hier aus marschiert man etwa zwanzig Minuten in östlicher Richtung der Küste entlang, bis man schließlich die Bucht und somit auch den Schluchteingang erreicht hat. Nach dem schweißtreibenden Kletterabenteuer kann man sich im Meer erfrischen und am Gjipe-Strand *Plazhi i Gjipesë* rasten, denn dieser bietet auch für Badefreunde wunderbare Möglichkeiten.

⌖ 40°07'34.40"N, 19°40'16.60"E

www.albania-adventure.com

Himarë

Himarë stellt abgesehen von Vlorë und Sarandë die größte Stadt an der albanischen Riviera dar. Typisch für diese Region ist die Teilung in ein meist älteres Bergdorf mit dem Beinamen Fshat sowie ein in Küstennähe gelegenes Dorf mit der Bezeichnung Plazh, also Strand. Die über dem heutigen Zentrum thronende Altstadt mit der Festung von Himarë *Kalaja e Himarës* wird derzeit noch restauriert, wirkt aber schon jetzt sehr attraktiv. Besonders

Bild: Josef Hora

interessant sind das renovierte Kloster, ein ehemaliger Bischofssitz, sowie die in unmittelbarer Nähe gelegene Schule, welche bereits im Jahr 1775 gegründet wurde. Die Burganlage selbst stammt aus dem 8. Jahrhundert vor Christus, wurde jedoch bis ins Mittelalter hinein genutzt und immer wieder ausgebaut. Zu sehen sind in erster Linie massive Festungsmauern, die teilweise noch aus illyrischer Zeit

Bild: Yelena 011 | Fotolia

Bild: Josef Hora

stammen, sowie die Reste einer Kirche aus dem 12. Jahrhundert. Direkt in der Neustadt lädt hingegen der relativ sanft abfallende Spile-Strand *Plazhi i Spilesë* zum Baden ein. Im Rahmen eines Spazierganges kann außerdem der südlich angrenzende Potami-Strand *Plazhi i Potamit* beziehungsweise nach etwa einer halben Stunde Gehzeit der nordwestlich gelegene, deutlich breitere Livadh-Strand *Plazhi i Livadhit* erreicht werden. Letzterer kann von der Festung aus auch mit dem Auto angesteuert werden. Egal, für welchen der drei Küstenstreifen man sich entscheidet, man findet erstklassige Bedingungen zum Baden vor, nämlich Sand beziehungsweise feinen Kies in Kombination mit kristallklarem, türkis schimmerndem Wasser. Abgesehen davon ist das Angebot an Freizeitaktivitäten noch nicht besonders umfangreich, doch dürfte sich dies in naher Zukunft rasant ändern, da Himarë schon als aufstrebender Badeort mit enormem Potenzial gilt. Viele Menschen in der Region sind übrigens zweisprachig, denn diese galt lange Zeit als Hochburg des griechisch-orthodoxen Glaubens, was sich heute noch im Gebrauch der griechischen Sprache bemerkbar macht. Die überwiegende Mehrheit der Dorfbewohner stammt aus Griechenland und viele leben auch dort, kehren im Sommer aber in ihr Heimatdorf zurück.

⌖ 40°06'04.20"N, 19°44'48.40"E

www.himara.gov.al
www.bashkiavlore.org

Pilur

Wer ein typisch südalbanisches Bergdorf kennenlernen möchte, sollte einen Abstecher nach Pilur einplanen. Aufgrund der herrlichen Aussicht über die albanische Riviera trägt es den stolzen Beinamen Balkon der Küste. An den einfachen Restaurants, die vor allem gegrilltes Fleisch anbieten, erkennt man gut, dass mittlerweile mehrere Touristen dem Ort einen Besuch abstatten. Von der langen Geschichte der umliegenden Region zeugen neben den Resten illyrischer Gräber auch zahlreiche Steine aus jener Zeit, welche von den Dorfbewohnern später zum Bau ihrer Häuser herangezogen wurden. Man erreicht Pilur auf einer alten Straße, die bald nach Himarë abzweigt und über zahlreiche Kurven, vorbei an einem Kloster, direkt ins Dorf führt. Empfehlenswert ist der Ausflug allerdings nur, wenn man mit einem Allradfahrzeug unterwegs ist, denn obwohl es sich bei der Strecke unter dem Regime Hoxhas noch um die Hauptverbindungsroute nach Sarandë gehandelt hat, ist diese in einem sehr schlechten Zustand. Unterwegs passiert man ein Kieswerk, bei dem man sich links halten muss, da sich die Straße an dieser Stelle gabelt.

40°07'43.90"N, 19°46'31.20"E

www.himara.gov.al

Porto Palermo-Festung

Während der kommunistischen Ära war die gesamte Palermo-Bucht *Gjiri i Palermos* militärisches Sperrgebiet, in dem die U-Boote der albanischen Marine stationiert waren, doch heute handelt es sich bei der Porto Palermo-Festung *Kalaja e Porto Palermos* um die vermutlich am häufigsten besuchte Sehenswürdigkeit entlang der gesamten Küste. Sie wurde um die Wende vom 18. zum 19. Jahrhundert von Ali Pasha Tepelene auf einer kleinen Halbinsel etwa in der Mitte der Bucht errichtet und zählt zu den besterhaltensten osmanischen Festungen des Landes. Der genaue Verlauf der Baugeschichte ist allerdings unklar, denn es bestehen keine gesicherten Informationen darüber, ob die Burg zur Gänze neu errichtet oder auf den bereits bestehenden Grundmauern einer Anlage aus venezianischer Zeit erbaut wurde. Möchte man das Innere besichtigen und über die steinerne Treppe zum zinnengekrönten Plateau aufsteigen, um die idyllische Aussicht auf die Bucht und die im Hintergrund aufragenden Berge zu genießen, sollte man nicht auf eine Taschenlampe vergessen, denn der Weg führt durch finstere Gänge und man kann auch den Katakomben und Verließen einen Besuch abstatten. Nach der Besichtigung lockt der Porto Palermo-Strand *Plazhi i Porto Palermos*, ein zwar kleiner, jedoch traumhaft schöner Strand mit feinem, fast weißem Sand ebenso wie einige andere winzige Buchten zum Bleiben. Der Küstenabschnitt genießt außerdem den Ruf, ein hervorragendes Tauchrevier zu sein, denn das kristallklare Wasser garantiert perfekte Sichtverhältnisse. Trotzdem ist die Entstehung größerer Hotelanlagen in nächster Zeit ziemlich unwahrscheinlich, da der nördliche Abschnitt der Bucht noch immer aktiv vom Militär genutzt wird.

40°03'44.40"N, 19°47'26.80"E

www.himara.gov.al

Bild: R. H. 2010 | Adobe Stock

Olivenölfabrik

Die gesamte Region ist als Zentrum des Olivenanbaus bekannt, doch der kleine, ruhige Ort Qeparo wartet abgesehen von ansprechenden Kirchen mit einer ganz besonderen Attraktion auf, denn hier haben Gruppen ab zehn Personen das ganze Jahr über die Möglichkeit, sich bei einem Fabriksbesuch mit der Produktion des hochwertigen Öls vertraut zu machen. Sofort nach der Ernte werden die aus der Region stammenden Oliven zu einer Paste verarbeitet, welche in weiterer Folge durch einen rotierenden Dekanter in Feststoffe, Wasser und das begehrte Öl getrennt wird. Dieses entspricht höchsten Qualitätsanforderungen und wurde bereits mehrfach in nationalen und internationalen Wettbewerben ausgezeichnet, weshalb es sich auch auf dem europäischen Markt großer Beliebtheit erfreut. Insgesamt werden hier vier verschiedene Sorten hergestellt, wobei pro Stunde bis zu zwei Tonnen Oliven verarbeitet werden können. Das Öl kann nach der Besichtigung natürlich sowohl verkostet als auch erstanden werden.

⌖ 40°03‘24.50“N, 19°49‘05.50“E

www.gjikondi-oliveoilfactory.com

Bild: Steve P. B. I Pixabay

Festung Borsh

Auf einem fast dreieckigen Hügel, dessen Spitze man im Rahmen einer etwa halbstündigen Wanderung erreicht, erhebt sich die oft auch als Festung Sopot *Kalaja e Sopotit* bezeichnete Festung Borsh *Kalaja e Borshit* nördlich des heutigen Ortszentrums. Gegründet wurde die einst bedeutende Burg bereits im 4. Jahrhundert vor Christus durch die Illyrer, jedoch geht die erste urkundliche Erwähnung auf das Jahr 1258 zurück. Später wurde die Anlage von den Osmanen genutzt und bewohnt war sie sogar bis ins 20. Jahrhundert hinein. Heute sind neben den Überresten der Festungsmauern auch jene von Gewölben, Wohnhäusern und der von den Osmanen im 18. Jahrhundert hinzugefügten Moschee zu erkennen. Obwohl ihr Minarett teilweise eingestürzt ist, gilt sie als besonders interessant, denn es handelt sich um die einzige erhaltene Moschee an der gesamten albanischen Riviera. Leider lassen die Malereien im Inneren heute nur mehr Rückschlüsse auf ihre einstige Pracht zu, denn sie müssten dringend restauriert werden. Auf der Südseite der Burg, jedoch bereits außerhalb

Bild: Josef Hora

Bild: Uwe Kordula Vahle I PIXELIO

der Verteidigungsmauern, befindet sich außerdem ein Gräberfeld mit fünfzehn antiken Grabmälern. Ähnlich wie bei anderen Festungen lohnt sich der Aufstieg auch hier nicht nur aufgrund der historischen Bedeutung des Ortes sondern auch wegen der atemberaubenden Aussicht.

⌖ 40°04'11.00"N, 19°51'22.00"E

www.himara.gov.al
www.visitsaranda.com

Borsh-Strand

Sucht man an der albanischen Riviera einen schönen Badeplatz, ist man am über vier Kilometer langen Borsh-Strand *Plazhi i Borshit* genau richtig. Tatsächlich ist der Sand- beziehungsweise Kiesstrand jedoch noch viel länger, wenn auch deutlich schmäler, denn er reicht ohne nennenswerte Unterbrechung bis zum schönen, aber oft sehr belebten Bunec-Strand *Plazhi i Bunecit*, welcher sich seinerseits fast bis zum Ort Lukovë erstreckt. Den wohl schönsten Abschnitt weist die Küste beim kleinen Ort Piqeras auf, wo ruhesuchende Gäste den perfekten Platz für einen entspannenden Badetag vorfinden, denn es stehen zwar weder Liegen noch Schirme zur Verfügung und man muss einen Fußmarsch in Kauf nehmen, um die Küste überhaupt zu erreichen, doch spenden die angrenzenden Olivenplantagen Schatten. Dass der Strand weitgehend unberührt und naturbelassen ist, ist vor allem der Beschaffenheit des Bodens zu verdanken, denn dieser erweist sich als äußerst problematisch in Bezug auf die Errichtung riesiger Hotelkomplexe.

⌖ 40°02'49.60"N, 19°50'55.80"E

www.himara.gov.al
www.visitsaranda.com

Lukovë

Die Region um Lukovë war bereits sehr früh besiedelt, wovon nahe des Shpellë-Strandes *Plazhi i Shpellës* südlich des heutigen Ortes die Überreste einer Festung aus der Bronzezeit zeugen. In der gesamten Umgebung fallen terrassenförmig angelegte Olivenhaine sowie einige Zitrusplantagen auf. Diese wurden unter Hoxha geschaffen, indem er nach chinesischem Vorbild junge Menschen als sogenannte Freiwillige einmal pro Jahr zum Arbeitseinsatz

Bild: Aleksandar Todorovic I Adobe Stock

verpflichtete. Sieht man von den Umständen ihrer Entstehung und den enorm harten Arbeitsbedingungen ohne den Einsatz von Maschinen ab, sind sie wirklich bemerkenswert, denn sie verfügen sogar über ein ausgeklügeltes Bewässerungssystem mit einer Vielzahl von kleinen Kanälen, welches durch eine über einen Kilometer lange Wasserleitung aus dem nahen Gebirge gespeist wird. Generell birgt der Ort viel Potential in sich, denn er verfügt über mehrere hervorragende Strände, doch sind die Zufahrtsstraßen teilweise in einem sehr schlechten Zustand.

39°59'31.40"N, 19°54'50.40"E

www.himara.gov.al

Nivicë

Von Norden her kommend, erreicht man unmittelbar nach dem Ort Shënvasi beziehungsweise Shën Vasil mit einer von Ali Pasha Tepelene gegründeten Festung, auf deren Grundmauern sich mittlerweile eine Kirche erhebt, ein weiteres kleines Dorf, nämlich Nivicë. Dieses bietet zwar keine herausragenden Sehenswürdigkeiten, doch lohnt sich ein kurzer Zwischenstopp aufgrund der zahlreichen landestypischen Steinhäuser, die großteils bereits perfekt renoviert sind. Die als Rrapi bezeichnete, mächtige Linde im Zentrum soll bereits über dreihundert Jahre alt sein und wurde während des Zweiten Weltkrieges von der deutschen Wehrmacht als Galgen zur Exekution aufgegriffener albanischer Partisanen genutzt, während sie heute ausschließlich friedlichen Zwecken dient, nämlich als schattiger Versammlungsort der Dorfbewohner. Südlich von Nivicë führt schließlich eine Straße zum schönen Kakome-Strand *Plazhi i Kakomesë*, der allerdings aufgrund ungeklärter Besitzverhältnisse und der geplanten Entstehung eines Hotelresorts leider abgesperrt ist. Etwa einen Kilometer vor der Küste passiert man das zum Ort Nivicë zählende, mittelalterliche Kakome-Kloster *Manastiri i Kakomes*, welches der heiligen Maria geweiht ist. Über Jahrhunderte hinweg war es für seine umfangreiche Bibliothek und sein Priesterseminar berühmt und auch heute noch beeindruckt es durch die leider teilweise stark beschädigten Fresken in der Kirche.

39°56'51.50"N, 19°58'05.80"E

www.visitsaranda.com

Sarandë

Gegründet wurde Sarandë, die südlichste Stadt Albaniens, bereits von den Illyrern und zwar als Hafen des weiter nordöstlich gelegenen Ortes Phoinikes, heute Finiq. In weiterer Folge gelang es der Stadt sogar während der römischen Herrschaft, ihre Unabhängigkeit zu bewahren, was heute noch anhand der Überreste der einst fast einen Kilometer langen und bis zu sechs Meter hohen Stadtmauer beziehungsweise an der Hafenanlage zu erkennen ist, wobei diese nun zum Teil auf dem Meeresgrund liegt. Vor allem die Zeit der Völkerwanderung hinterließ schwere Schäden und die Stadt verlor massiv an Bedeutung, bis sie schließlich als italienischer Flottenstützpunkt genutzt wurde und sich erholte. Besonders in den letzten Jahren hat Sarandë eine rasante Entwicklung durchgemacht, denn es war zwar bereits zu Hoxhas Zeiten ein beliebter Urlaubsort, doch bestand damals kaum Infrastruktur. Heute handelt es sich hingegen um eine malerische, terrassenförmig angelegte Kleinstadt, die zwischen dem tiefblauen Ionischen Meer und den sanften Gebirgszügen im Hinterland der Küste eingebettet ist. Die attraktive, vor allem am Abend sehr belebte Strandpromenade, die dem Verlauf der ehemaligen Stadtmauer folgt, lädt zum Flanieren ein, denn obwohl auch hier zahlreiche große Hotels, Restaurants und Bars errichtet wurden, harmonieren diese meist deutlich besser mit dem Landschaftsbild als etwa in Durrës. Sehenswert ist in Sarandë in erster Linie das nördlich des Jachthafens gelegene Ausgrabungsgelände zwischen dem Miqësia-Park *Parku Miqësia*, also dem Freundschafts-Park, und der Moschee. Dort sind besonders die Überreste einer Basilika aus dem 5. Jahrhundert, die ursprünglich jedoch als Synagoge errichtet wurde, von Interesse. Auch die Motive der freigelegten Bodenmosaike, wie unter anderem ein siebenarmiger Leuchter, deuten auf das Bestehen einer jüdischen Siedlung hin. Archäologen sprechen in diesem Zusammenhang vom ältesten bekannten Religionszentrum der jüdischen Diaspora weltweit. Schließlich verfügt die Stadt noch über ein Historisches Museum *Muzeu Historik* sowie ein Ethnographisches Museum *Muzeu Etnografik*, wobei vor allem ersteres vor einem Besuch der antiken Ausgrabungsstätte von Butrint von Interesse ist, da es den

Bild: Aleksandar Todorovic I Fotolia

Verlauf der Grabungen dokumentiert. Etwas außerhalb, jedoch aufgrund der Beschilderung kaum zu verfehlen, sollte man auch der Festung Lëkures *Kalaja e Lëkuresit* einen Besuch abstatten, denn von der Anlage aus bietet sich ein überwältigender Panoramablick über das Stadtgebiet sowie das weitere Umland bis hin zur griechischen Insel Korfu. Erhalten sind lediglich die auf das 16. Jahrhundert zurückgehenden Grundmauern, doch wurde die Anlage bereits während der kommunistischen Ära teilweise rekonstruiert und wiederbelebt. Außerdem kann man von hier aus noch die Überreste jener auf einem Hügel gelegenen Klosterkirche, welche vierzig Märtyrern gewidmet war, erspähen. Vom griechischen Wort vierzig leitete sich schließlich der heutige Name der Stadt ab,

Bild: Josef Hora

Bild: Pasztilla aka Attila Terbócs | CC BY-SA 4.0

denn es handelte sich um einen der monumentalsten und wohl auch bedeutendsten Sakralbauten zwischen Rom und Byzanz. Leider ist eine Besichtigung aus der Nähe nicht wirklich lohnenswert, da die während des Zweiten Weltkrieges zerstörte Kirche nicht touristisch erschlossen ist, obwohl geplant ist, die erhaltenen Katakomben zugänglich zu machen. Wer die zahlreichen Sonnenstunden, derer sich Sarandë rühmt, zum Baden nutzen möchte, hat sowohl direkt im Stadtzentrum als auch in diversen kleinen Buchten in der Umgebung die Möglichkeit dazu.

⌖ 39°52'32.20"N, 20°00'15.70"E

www.visitsaranda.com

Nationalpark Butrint

Der Nationalpark Butrint *Parku Kombëtar i Butrintit*, eines der vermutlich am besten geschützten Gebiete des ganzen Landes, umfasst die weitläufige Butrint-Lagune *Laguna e Butrintit*, den kleinen, seichten Bufi-See *Liqeni i Bufit* sowie die Orte Ksmil und Butrint mit der berühmten archäologischen Ausgrabungsstätte. Ursprünglich handelte es sich bei dem Gebiet um das Mündungsdelta der zwei Flüsse Bistrica und Pavllas, doch verlandete dieses im Laufe der Zeit immer mehr und es entstand ein See, welcher vorerst noch von der Bistrica durchquert wurde. Während der kommunistischen Ära wurden allerdings auch hier die Sumpfgebiete trockengelegt, indem die Bistrica im Norden in einen Kanal umgeleitet wurde, wodurch der natürliche Zufluss des Sees unterbrochen war. Weiters wurde die ursprüngliche Flussmündung zu einem Kanal erweitert, was zur Folge hatte, dass sich der große See schnell in eine

Bild: Wander.al

Brackwasser-Lagune verwandelte. Die mangelnde Süßwasser- und somit auch Sauerstoffzufuhr brachte schwerwiegende ökologische Probleme für die Lagunenlandschaft mit sich, weshalb später wieder ein Zufluss geschaffen werden musste. Dadurch ist der Salzgehalt des Wassers nun im Norden des Sees tendenziell geringer als im Süden. Ähnlich wie in den weiter nördlich gelegenen Lagunen sind auch hier vor allem die zahlreichen Vogelarten von Bedeutung, nämlich 246 verschiedene, wie zum Beispiel Haubentaucher und Enten, aber auch Eisvögel und kleine Grasmücken. Außerdem findet in den hiesigen Feuchtgebieten eine Vielzahl an Reptilien, Amphibien, Fischen und Säugetieren einen geschützten Lebensraum vor und mit sehr viel Glück kann man vielleicht einen Fischotter zu Gesicht bekommen. Zu den endemischen, also ausschließlich hier vorkommenden, Arten zählen zum Beispiel der Epirus-Wasserfrosch oder die Taurische Eidechse. Im Allgemeinen wird der Norden der Lagune von einem Schilfgürtel dominiert, während im südlichen und im westlichen Uferbereich sowohl Fischzuchtanlagen als auch Muschelbänke aus kommunistischer Zeit im Wasser zu erkennen sind.
Der Ort Ksmil, welcher sich zwischen dem Meer und der Lagune immer mehr ausbreitet, verfügt über herrliche Strände, die zum Plantschen einladen, doch auch wenn man sich hier inmitten eines unter Naturschutz stehenden Gebietes befindet, darf man keinesfalls mit Abgeschiedenheit rechnen. Zahlreiche Badegäste weichen mit Booten oder oft sogar schwimmend auf die meist winzigen Buchten der vorgelagerten Inseln aus, wenn die flach abfallenden Strände der Stadt während des Hochsommers zu überfüllt sind. Deutlich ruhiger präsentieren sich die weiter nördlich gelegenen Buchten, der Pulebardha-Strand *Plazhi i Pulebardha*, der Pasqyrave-Strand *Plazhi i Pasqyrave* und der Manastir-Strand *Plazhi i Manastirit*, der seinen Namen den Überresten eines Klosters aus dem 16. Jahrhundert verdankt, wobei diese mit ihren massiven Mauern eher wie eine Wehranlage wirken. Macht man hier allerdings außerhalb der Hochsaison Urlaub, kann man die Idylle noch in vollen Zügen genießen. Von der im Südwesten an Ksmil anschließenden Halbinsel aus wirkt die griechische Insel Korfu lediglich

Bild: Fxxu I Pixabay

einen Steinwurf entfernt, ist die sogenannte Straße von Korfu *Kanali i Korfuzit* an der engsten Stelle doch nur knapp über zwei Kilometer breit. Bemerkenswert ist, dass der Park sein Aussehen im Laufe des Jahres stark verändert, denn im Frühling trifft man überall auf bunt blühende Wiesen, in welchen verschiedenste Insekten auf Nahrungssuche gehen, während sich in den Sommermonaten aufgrund des niedrigeren Wasserstandes auch Salzwiesen mit ihrer typischen Flora ausbreiten können. In der kalten Jahreszeit sind schließlich weite Teile des Parks überflutet und von tausenden Zugvögeln bevölkert. Diese überwintern entweder hier oder legen nur eine kurze Pause ein, bevor sie weiter in Richtung Süden ziehen. Besucher, welche mehr Zeit im Nationalpark verbringen, finden perfekte Bedingungen zum Angeln, Wandern, Mountainbiken oder Kanufahren vor und können auch mit dem Boot zur Festung von Ali Pasha Tepelene fahren.

⌖ 39°44‘44.20“N, 20°01‘13.60“E

www.butrint.al
www.visitsaranda.com
www.albania.al
www.akzm.gov.al

Archäologiepark Butrint

Als bedeutendste archäologische Stätte Albaniens zählt der überaus sehenswerte Archäologiepark Butrint *Parku Arkeologjik i Butrint* bereits seit dem Jahr 1992 zum UNESCO-Weltkulturerbe, weshalb man von einem der absoluten Highlights des Landes sprechen kann. Im Verlauf der Geschichte hinterließen hier verschiedenste Kulturkreise, von den Illyrern über die Griechen und Römer sowie Byzantiner bis hin zu den Venezianern und Osmanen ihre architektonischen Spuren, wobei die erste Besiedelung bereits vor etwa zwanzigtausend Jahren erfolgte. Die ersten Gebäude, die

Bild: Christian Marin I Pixabay

noch aus riesigen Steinquadern errichtet wurden, entstanden auf der bewaldeten Halbinsel inmitten der Lagune im 8. Jahrhundert vor Christus. Nur rund dreihundert Jahre später handelte es sich bei Butrint um die größte befestigte Ansiedlung der gesamten Region. Die damals circa vier Hektar große Stadt unterhielt nicht nur rege Handelsbeziehungen zu Süditalien sondern verfügte zu diesem Zeitpunkt auch schon über viele wichtige Institutionen wie Akropolis, Amphitheater, Prytaneion, Gymnasium und Tempel. Obwohl der Einfluss der Römer ab dem Jahr 168 vor Christus deutlich spürbar

1 Wehrturm
2 Amphitheater
3 Forum
4 Gymnasium
5 Trikonchos-Palast
6 Baptisterium
7 Basilika
8 Löwentor
9 Akropolis
10 Festung und Museum
11 Festung Treport

wurde, gelang es Butrint relativ gut, seine Unabhängigkeit zu bewahren und sich eigenständig zu entwickeln. Als Caesar die strategisch überaus günstig gelegene Stadt während des Römischen Bürgerkrieges in einen bedeutenden Militärstützpunkt verwandelte, erlebte sie eine neue Blütezeit und es kamen zahlreiche weitere Gebäude hinzu. Unter der Herrschaft der Byzantiner konnte die Stadt ihren Wohlstand weiterhin bewahren und avancierte sogar zum Bischofssitz, da die Christianisierung zu diesem Zeitpunkt bereits weit fortgeschritten war. Erst mit dem Vordringen der Slawen während des 6. bis 8. Jahrhunderts setzte ein langsamer Niedergang ein, der durch kriegerische Auseinandersetzungen auch in den folgenden Jahrhunderten andauerte. Ab dem 14. Jahrhundert verhalfen die Venezianer Butrint allerdings zu einem neuerlichen Aufschwung, was sich auch in der Architektur der expandierenden Stadt bemerkbar machte. Schließlich gelang es den Osmanen im Jahr 1799, die Stadt endgültig unter ihre Herrschaft zu bringen, und Ali Pasha Tepelene nutzte sie aufgrund ihrer traumhaften Lage als Erholungsort. Nach seinem Tod verlor Butrint allerdings rasch an Bedeutung und begann bald zu verfallen. Allerdings dürften zu diesem Zeitpunkt bereits zahlreiche

Bild: Christian Marin | Pixabay

Bild: Josef Hora

Bild: Albanian National Tourism Agency

antike Gebäude beziehungsweise deren Überreste von einer Erdschicht bedeckt gewesen sein, denn ein schweres Erdbeben hatte die gesamte Region im 4. Jahrhundert verwüstet. Längerfristig gesehen gereichte dies der historisch so bedeutenden Stätte jedoch definitiv zum Schutz. In der Nähe des Eingangs erläutert eine interessante Schautafel die Veränderung der Landschaft Butrints im Laufe der letzten Jahrtausende. Nähert man sich der Stätte heute, erblickt man gleich zu Beginn einen restaurierten viereckigen Wehrturm, dessen heutiges Erscheinungsbild auf das 16. Jahrhundert zurückgeht, als er von den Venezianern aufgrund der drohenden Gefahr von osmanischen Übergriffen verstärkt wurde. Die antike Stadt war zu diesem Zeitpunkt allerdings schon großteils zerstört, wovon an dieser Stelle die Überreste einer römischen Therme zeugen. Eine Eukalyptusallee führt nach Norden ins eigentliche Zentrum der Stadt, das sich etwa in der Mitte der Halbinsel erstreckt. Hier begegnet man sowohl Relikten aus griechischer als auch aus römischer Zeit, unter anderem dem Asclepius-Tempel aus dem 4. Jahrhundert vor Christus. Zahlreiche Menschen erhofften sich hier Heilung, weshalb der Äskulapstab dann sogar auf die Münzen der Stadt geprägt wurde. Dem Tempel gehörten überdies eine große Stoa sowie ein Schatzhaus mit Rundbogenöffnungen, welches der Aufbewahrung der zahlreichen Opfergaben diente, an. Schließlich wurde das Areal erweitert und es kam ein kleines Theater hinzu. Etwas abseits, ganz in der Nähe der Wehrmauern, erkennt man das Prytaneion, also den Sitz der Repräsentanten der Ratsversammlung. Im Anschluss erhebt sich das noch gut erhaltene Amphitheater, welches aus einem ursprünglich griechischen Bau hervorging und nach der Erweiterung durch die Römer mehr als zweitausend Zusehern Platz bot. Im Aufführungsraum sollte man dem noch erhaltenen Teil einer Säule Beachtung schenken, da dieser mit interessanten Masken dekoriert ist. Auch die untersten Sitzreihen der Arena, die Löwendarstellungen aufweisen und ausnahmslos den bedeutendsten Persönlichkeiten der Stadt vorbehalten blieben, sind bemerkenswert. Bis ins 4. Jahrhundert wurde das Theater aktiv genutzt, doch auch heute finden hier aufgrund der ansprechenden Kulisse immer wieder Aufführungen und Konzerte statt. Zum Schluss sollte man seine Aufmerksamkeit noch diversen Inschriften aus dem 2. Jahrhundert vor Christus widmen. Ganz in der Nähe trifft man auf die Reste öffentlicher Thermenanlagen aus dem 2. bis 3. Jahrhundert, welche mit einer ausgeklügelten Fußbodenheizung ausgestattet waren. Die Räumlichkeiten umfassten unter anderem ein Tepidarium, ein Caldarium und ein Frigidarium, doch kann das hier freigelegte Bodenmosaik leider fast nie besichtigt werden, da es zum Schutz meist mit einer Sandschicht bedeckt wird. Im Anschluss erstrecken sich die Fundamente eines Wohnhauses, das über das für die Römerzeit typische Atrium verfügte, sowie der Stoa, also eines säulenbesetzten Wandelganges. Einen alten Brunnen erkennt man leicht an den tiefen Einschnitten, welche die Seile der Wasserkübel über die Jahrhunderte hinweg im Gestein hinterlassen haben. Hier befindet man sich bereits direkt im Herzen der antiken Stadt und zwar auf der Agora beziehungsweise dem Forum. Dieser zentrale Ort wurde von Griechen und Römern gleichermaßen für Märkte, Feste und Zeremonien, aber auch für Prozesse und politisch orientierte Versammlungen genutzt. In weiterer Folge biegt der Weg nach Süden zum Gymnasium hin ab. Es handelt sich um ein Gebäude, das im Laufe der Geschichte aller Wahrscheinlichkeit nach sehr unterschiedlichen Zwecken diente, wobei man sowohl von einer Schule beziehungsweise einer Sportstätte als auch von einem Tempel ausgeht. Im Süden der Halbinsel befindet sich schließlich der sogenannte Trikonchos-Palast, eine besonders luxuriös ausgestattete Villa, deren Räumlichkeiten um ein zentrales Esszimmer herum angeordnet sind. Diese ging nach und nach aus bereits vorhandenen Wohnanlagen hervor und datiert aus dem 5. Jahrhundert. Das Gebiet zählte zu den bevorzugten Wohngebieten der angesehenen und wohlhabenden Bürger, da es sich einerseits durch seine günstige Lage, andererseits durch den herrlichen Rundumblick auszeichnete. Unklar ist allerdings, warum das Haus verlassen wurde, doch deuten Drainagerohre und mehrere schützende Amulette auf Probleme mit dem Wasserspiegel hin. Im Osten der Insel folgt nun das interessante Baptisterium, das der byzantinischen Epoche zuzuordnen ist. Seine spezielle Bauweise lässt erkennen, dass es vorwiegend der Taufe von Erwachsenen dienen sollte, wobei es sich sogar um die größte Taufkapelle des

Bild: Cristian Marin I Pixabay

Bild: M. K.

gesamten Balkanraums handelt. Das oktagonale, fast rund wirkende Gebäude mit dem kreuzförmigen Taufbecken im Zentrum wurde im 6. Jahrhundert anstelle einer römischen Thermenanlage errichtet, wobei den Granitsäulen die Aufgabe zukam, eine heute leider nicht mehr vorhandene Kuppel zu tragen. Das herrliche, farbenprächtige, jedoch leider so gut wie immer zum Schutz mit Sand bedeckte Fußbodenmosaik zeigt neben konzentrischen Kreisen auch Pflanzen- und Tierdarstellungen, die Wiedergeburt, Unsterblichkeit und Auferstehung symbolisieren sollen. Eine eigene Taufkapelle war übrigens notwendig, weil dem damaligen Kirchenrecht zufolge ungetauften Menschen das Betreten einer geweihten Kirche nicht gestattet war. Lediglich einige Meter weit entfernt liegt das ausgezeichnet erhaltene Nymphäum aus dem 2. Jahrhundert, also jene Brunnenanlage, die der Wasserversorgung der römischen Einwohner von Butrint diente, indem sie durch ein Aquädukt, das vom heutigen Ort Xarrë bis auf die Halbinsel führte, gespeist wurde. Deutlich auffälliger ist allerdings die beeindruckende byzantinische Basilika aus dem 6. Jahrhundert, die bis ins 18 Jahrhundert hinein unbeschädigt überdauert haben soll. Das ursprüngliche Aussehen des dreischiffigen Gotteshauses mit einem großen Querhaus und einem halbkreisförmigen Chor kann man sich mit etwas Phantasie noch heute gut vorstellen. Archäologen gehen davon aus, dass einst ihr gesamter Boden mit Mosaiken ausgelegt war, aber heute sind lediglich Teile erhalten. Weiters vermutet man, dass unter der Basilika zahlreiche Gräber zu finden sind, doch wurden diese bislang nicht freigelegt oder erforscht. Im folgenden Bereich im Nordosten der Halbinsel sind die Stadtmauern noch besonders gut erhalten. Sie stammen aus unterschiedlichen Epochen und werden aufgrund der gigantischen Steinblöcke, die hier zum Einsatz kamen, als Zyklopenmauern bezeichnet. Charakteristischerweise wurden diese ohne die Verwendung von Mörtel als Bindemittel errichtet, was der Erdbebensicherheit dienen sollte. Man passiert mehrere Tore, unter anderem auch das mit einem Relief verzierte Löwentor. Interessant ist aber nicht nur die Kampfszene zwischen Löwe und Stier sondern auch die Bauweise selbst, denn das Portal ist ebenfalls aus riesigen Blöcken zusammengesetzt. Jener Steinquader, der von besagtem Relief geziert wird,

Bild: Josef Hora

dürfte allerdings aus einem anderen Gebäude stammen, vermutlich aus einer ehemaligen Tempelanlage. Hier kann man zu einer in den Stein gehauenen Grotte, einem weiteren Nymphäum, welches aus dem 2. Jahrhundert stammt, absteigen. Direkt vom Löwentor ist es außerdem möglich, zur erhöht gelegenen Akropolis beziehungsweise deren Ruinen aufzusteigen, doch handelt es sich dabei lediglich um wenige Mauerreste. Auf dem Hügel erhebt sich allerdings auch eine Festung aus venezianischer Zeit und man hat die Möglichkeit, dem modern gestalteten Museum, welches sich neben archäologischen Exponaten auch der bewegten Geschichte von Butrint widmet, einen Besuch abzustatten. Im Westen der Anhöhe gelangt man über einige Stufen wieder auf den Hauptweg, der zum Ausgang führt. Von dort kann man mit der Fähre zur sogenannten Dreiecksfestung beziehungsweise Festung Treport *Kalaja trekëndore* aus venezianischer Zeit gelangen, wenn man das Glück hat, dass gerade ein Auto den Kanal überqueren möchte. Für Fußgänger ist die Überfahrt nämlich gratis, aber die Fähre legt nur dann ab, wenn auch Fahrzeuge übersetzen möchten. Butrint lässt sich gut auf eigene Faust

Bild: Aleksander Todorovic | Fotolia

erkunden, denn die Attraktionen sind durch Wanderwege verbunden und mit englischsprachigen Tafeln versehen. Außerdem werden mittlerweile auch deutschsprachige Führungen angeboten, wenn man sich noch eingehender mit der

Bild: M. K.

archäologischen Stätte beschäftigen und sich über die aktuellsten Grabungsfortschritte informieren möchte. Beispielsweise sind die Archäologen noch immer auf der Suche nach der Villa von Atticus, welchen Cicero einst hier besuchte. Ein großes Problem stellen leider tektonische Senkungen dar, denn ein Teil der Ausgrabungen ist bereits von Wasser bedeckt.

⌖ 39°44‘44.20“N, 20°01‘13.60“E

www.butrint.al
www.albania.al

Archäologiepark Finiq

Der historisch überaus bedeutsame Ort Phoinikes existiert heute in Form des Archäologieparks Finiq *Parku Arkeologjik i Finiqit* nahe der gleichnamigen Stadt Finiq. Hier siedelten ursprünglich illyrische Stämme, bald jedoch gemeinsam mit griechischen Kolonisten. Die Akropolis der antiken Stadt galt als eine der größten der damaligen Zeit, denn Phoinike hatte sich bereits im 3. Jahrhundert vor Christus als eine der wohlhabendsten und bedeutendsten Städte der Region Epirus etabliert, doch verschwand Phoinikes nach dem 6. Jahrhundert wieder von der Bildfläche. Freigelegt wurden bisher sowohl die Fundamente diverser Bauwerke, darunter Wohnhäuser, eine Basilika, ein Amphitheater, eine Bibliothek, mehrere Zisternen und die legendäre Akropolis, als auch Skulpturen, die zum Teil im Museum von Butrint ausgestellt sind. Die Nekropole von Phoinike wurde in der Ebene angelegt, also dort, wo sich heute die Felder des Dorfes Finiq erstrecken. Leider fehlen auf dem Areal, obwohl es als Archäologiepark ausgewiesen ist, jegliche Schilder, was die Besichtigung nicht einfach macht, wenn auch markante Anlagen wie etwa die Arena selbst von Laien ohne Probleme identifiziert werden können. Bei einem Besuch des Ausgrabungsgeländes sollte man auf keinen Fall die berauschende Aussicht außer Acht lassen, denn die Berge sind quasi zum Greifen nahe, während das in der Region sonst fast allgegenwärtig scheinende Meer kaum auszumachen ist.

39°54′46.90″N, 20°03′32.40″E

www.visitsaranda.com
www.albania.al

Bild: Giuseppe lepore | CC BY-SA 3.0

Kloster des heilgen Nikolaus

Von Westen kommend, befindet sich, kurz nachdem man den leicht erhöht gelegenen Ort Mesopotami durchquert hat, auf der rechten Seite die Abzweigung zum Kloster des heiligen Nikolaus *Manastiri i Shën Kollit*. Dessen Errichtung geht aller Wahrscheinlichkeit nach auf das frühe 13. Jahrhundert zurück, wobei ein Vorgängerbau bereits in den ersten Jahrhunderten nach Christus an dieser Stelle bestanden haben dürfte und man zudem davon ausgeht, dass die Kirche auf den Fundamenten eines antiken Tempels entstand. Heute ist von der wehrhaft wirkenden Anlage lediglich die 1793 und 1843 rekonstruierte, byzantinische Klosterkirche mit dem Rest eines Turms erhalten, doch handelt es sich bei dieser um das größte erhaltene byzantinische Gotteshaus des Landes. Bei näherer Betrachtung der Mauern mit unregelmäßigem Schächtelmauerwerk kann man zahlreiche interessante Details ausmachen, darunter hervorragende dekorative Ornamente. Einige Steine, welche Tierreliefs wie zum Beispiel Adler oder Löwen zeigen, dürften aber noch wesentlich älter sein und eventuell aus dem antiken Phoinikes stammen. Interessant ist außerdem

Bild: Josef Hora

Bild: Josef Hora

der Grundriss des Gebäudes, denn er entspricht nicht der sonst üblichen Bauweise von Kirchen. Daher wird vermutet, dass das Gotteshaus eventuell von katholischen und orthodoxen Gläubigen parallel genutzt wurde. Im Innenraum fällt die helle Farbe der Wände auf, denn ein möglichst unauffälliger Anstrich sollte die Fresken vor den Osmanen verbergen, um sie zu schützen. Heute sind sie zwar wieder an einigen Stellen zu sehen, doch bleiben die Tore der Kirche meist geschlossen.

⌖ 39°54'21.00"N, 20°06'02.70"E

www.visitsaranda.com

Blaues Auge

Einen Besuch des sogenannten Blauen Auges *Syri i Kaltër*, einer malerischen Karstquelle inmitten eines Waldgebietes, sollte man sich nach Möglichkeit nicht entgehen lassen. Hier tritt das Quellwasser aus einem senkrecht verlaufenden Gang mit einer Temperatur von nur knapp über zehn Grad Celsius an die Oberfläche und bildet dort einen glasklaren, grün schimmernden Bach beziehungsweise bald einen tiefblauen Stausee mit herrlichen Seerosen. Dieser wird noch von siebzehn weiteren, jedoch nicht so wasserreichen Quellen gespeist und zur Energiegewinnung genutzt. Den besten Ausblick genießt man von einer eigens eingerichteten Plattform. Das umliegende Gebiet, in welchem noch weitere Quellen entspringen, steht unter Schutz und wirkt mit seinen alten Eichen, Platanen und Tamarisken auf den Betrachter tatsächlich noch fast wie ein Urwald. Wer Abkühlung sucht, darf hier auch baden, doch erfordert dies einige Überwindung, denn das Wasser hat nur selten mehr als dreizehn Grad. Die Anfahrt ist an der Hauptstraße ausgeschildert, doch führt das letzte Stück über eine sehr enge Piste, auf welcher vor allem im Sommer mit Gegenverkehr zu rechnen ist.

⌖ 39°55'07.80"N, 20°11'11.40"E

www.gjirokastra.org
www.visitsaranda.com

Melan-Tekke

Wer sich mit der Religion der Bektashi vertraut machen möchte, hat in der Melan-Tekke *Teqja e Melanit*

Bild: Josef Hora

die Gelegenheit dazu, denn das aus dem Jahr 1800 stammende Gebäude wurde nach dem Ende der Diktatur und der damit verbundenen militärischen Nutzung vorbildlich restauriert. Nun umfasst die gepflegt wirkende, von Zypressen gesäumte Anlage neben der Tekke selbst auch eine Türbe und einen Brunnen. Beim Eintreten darf man nicht darauf vergessen, die Schuhe auszuziehen, denn es handelt sich um einen der heiligsten Orte der Bektashi. Erstaunlich ist, dass in das Gebäude die Überreste einer orthodoxen Kirche integriert wurden und selbst einige Steinquader aus illyrischer Zeit kann man ausmachen. Unterhalb des Klosters erkennt man noch besser, dass die Region einst von den Illyrern besiedelt war, denn von ihrer Festungsmauer beziehungsweise deren Wachtürmen sind ebenfalls noch einige Steinquader erhalten. Man erreicht die Tekke, übrigens ein berühmter Pilgerort des Sufiordens, indem man vorerst der Abzweigung in Richtung Peshkëp folgt, sich jedoch bei der Gabelung nach dem Fluss links hält. Man fährt nach Norden weiter, hält sich nach dem Fabriksgelände erneut links und fährt somit am kleinen Dorf Glinë vorbei. In weiterer Folge durchquert man Vllaho Goranxi, wo man nach den letzten Häusern am Ortsende schließlich links abbiegen und zuerst in eine Senke fahren muss, bevor die Straße dann zur Tekke hin ansteigt.

⌖ 39°59'18.30"N, 20°16'41.60"E

www.gjirokastra.org

Hadrianopolis

Hadrianopolis erreicht man, indem man im Dorf Sofratikë mittels einer Unterführung die Hauptstraße quert und der Strichstraße etwa einen Kilometer weit folgt, wobei das letzte Wegstück nicht mehr mit dem Auto zurückgelegt werden kann. Die antike Stadt wurde bereits im 2. Jahrhundert errichtet und war vermutlich bis zum 6. Jahrhundert bewohnt, denn besonders unter Kaiser Hadrian setzte sich die Idee durch, Städte in der Ebene zu erbauen. Bisher wurde allerdings lediglich das in einer natürlichen Bodensenke errichtete Amphitheater der insgesamt rund sechzehn Hektar großen Anlage freigelegt, da dieses zufällig bei Feldarbeiten entdeckt wurde. Die halbkreisförmige Arena mit einem Durchmesser von knapp sechzig Metern konnte auf 24 Sitzreihen bis zu viertausend Zuseher aufnehmen und verfügte über ein prachtvoll ausgestattetes

Bild: WorldPhotoGallery.com

Bühnenhaus. Im Anschluss sind noch Reste des Forums und einer Therme zu erkennen.

39°59'47.50"N, 20°13'29.00"E

www.albania.al

Libohovë

Auch Libohovë ist einer jener Orte, die zwar keine nennenswerten Sehenswürdigkeiten zu bieten haben, aber dennoch einen Abstecher wert sind. Vom Wohlstand, der hier während des 19. Jahrhunderts

Bild: Albinfo

herrschte, zeugen einige prunkvolle Häuser, wobei derzeit noch nicht alle renoviert sind. Das Zentrum wird von einer gigantischen Platane mit einem Stammumfang von rund sieben Metern und einer Höhe von etwa dreißig Metern dominiert, angeblich der ältesten auf der ganzen Balkanhalbinsel. So findet man hier nach einem Spaziergang durch den Ort selbst an heißen Sommertagen immer ein kühles Plätzchen zum Rasten vor. Schließlich kann man den Mauern einer Festungsanlage aus der Zeit Ali Pasha Tepelenes einen Besuch abstatten. Dessen Schwester war nämlich mit einem der lokalen Großgrundbesitzer verheiratet. Das

Bild: Torbjørn S. | CC BY-SA 4.0

Gebäude wird nun jedoch als Stallung genutzt und wirkt daher aus der Nähe wenig spektakulär.

40°01'54.10"N, 20°15'46.50"E

www.gjirokastra.org

Kirche der heiligen Maria

Die Anfahrt auf der unbefestigten Straße ist zwar anstrengend, jedoch mit einem normalen PKW zu bewältigen. Im Dorf Labovë e Sipërme unmittelbar vor Labovë e Poshtme angekommen, kann man die Kirche der heiligen Maria *Kisha e Shën Mërisë* kaum noch verfehlen. Sie stammt vorwiegend aus dem 13. bis 14. Jahrhundert, doch gehen einige Bauteile wie beispielsweise die schlichten Kapitelle im Inneren noch auf das 6. Jahrhundert zurück, als Kaiser Justinian hier vermählt worden sein soll, wie die Dorfbewohner zu erzählen wissen. Über einem der Fenster gibt die Zahl 1776 das Datum von Renovierungsmaßnahmen nach einem Erdbeben an. So wird das Gotteshaus nicht ohne Grund gerne als bedeutendste byzantinische Kirche Albaniens bezeichnet. Neben seinem hohen Alter zeichnet es sich aber auch durch seinen untypischen Baustil, sein vielfältiges Schächtelmauerwerk sowie seine herrliche, aus verschiedenen Epochen stammende Innenausstattung aus. Im Innenraum beeindruckt nämlich die prachtvolle, geschnitzte Ikonostase mit wertvollen Ikonen ebenso wie die Fresken und die schönen Hängeleuchter. Einer der bedeutendsten Kunstgegenstände der Kirche, eine wertvolle Kreuzreliquie, verschwand allerdings während der politischen Unruhen im Jahr 1991.

Bild: Josef Hora

Um Einlass zu erhalten, muss man jene Nummer anrufen, die an der Tür angeschlagen ist, oder einen der Dorfbewohner nach dem Inhaber des Schlüssels fragen.

⌖ 40°04‘26.00“N, 20°17‘24.80“E

www.gjirokastra.org

Archäologiepark Antigonea

Gegründet wurde das illyrische Antigonea, heute der Archäologiepark Antigonea *Parku Arkeologjik i Antigonesë*, bereits im Jahr 296 vor Christus durch König Pyrrhos I., der es nach seiner geliebten Frau benannte. Die Stadt lag direkt an einer wichtigen Handelsroute an einem Ausläufer des Lunxhërisë-Gebirges *Mali i Lunxhërisë* und stieg daher schnell zu einem Zentrum mit überregionaler Bedeutung auf, doch war dieser Erfolg nicht von langer Dauer. Schon im Jahr 168 wurde Antigonea nämlich wieder zerstört und die Einwohner von den Römern als Sklaven verkauft. Man geht allerdings von einer erneuten Besiedelung zu einem späteren Zeitpunkt aus, denn eine Basilika mit einem teilweise erhaltenen Mosaikboden wurde auf das Jahr 500 datiert. Auf dem weitläufigen Gelände konnten bisher außerdem die Reste einer großen Stoa, einer byzantinischen Kirche, eines Brunnens und eines Nymphäums sowie die Grundmauern einiger Wohnhäuser freigelegt werden. Weiters entdeckten die Archäologen zahlreiche Gebrauchsgegenstände, welche Rückschlüsse auf Handwerk und Landwirtschaft in der damaligen Zeit zulassen. Englischsprachige Tafeln erleichtern die Orientierung während des Rundgangs, wobei das ehemalige Straßensystem der Stadt einem strengen Muster aus parallelen Straßen mit rechtwinkelig dazu verlaufenden Quergassen folgte. Man erreicht die Ausgrabungsstätte, indem man in Gjirokastër den Drin an der großen Kreuzung überquert

Bild: Josef Hora

Bild: Josef Hora

Bild: M. K.

und unmittelbar danach rechts zum Dorf Arshi Lengo abzweigt. Kurz vor Asim Zeneli wendet sich die Straße in Richtung Norden. Man passiert Krinë, hält sich bei der Abzweigung nach Treneshistë links und biegt schließlich vor Saraqinishta rechts ab, um rund zwei Kilometer nach Süden zu fahren, bis man den Park erreicht hat.

⌖ 40°05'15.40"N, 20°13'18.90"E

www.antigonea.com
www.archeoparks-albania.com

Gjirokastër

Gjirokastër, die Stadt der tausend Stufen, zählt ebenfalls zum UNESCO-Weltkulturerbe und verfügt neben zahlreichen Sehenswürdigkeiten auch über eine einzigartige Atmosphäre. Ausgrabungen belegen, dass die Region bereits früh besiedelt war und in der Antike hier bedeutende Handelsstraßen verliefen. Die ersten schriftlichen Aufzeichnungen zeugen außerdem vom Widerstand der illyrischen Bevölkerung gegen die Herrschaft der Byzantiner. Im frühen 14. Jahrhundert gelang es dem Familienclan der Zenebishi auch tatsächlich, das Gebiet unter seine Kontrolle zu bringen. Doch auch Gjirokastër konnte sich der enormen Macht der Osmanen nicht entziehen und gelangte 1419 unter deren Herrschaft. Den Zenebishi gelang es zwar, für ihre Stadt zahlreiche Privilegien auszuhandeln, jedoch mussten sie dafür ihren christlichen Glauben aufgeben und zum Islam konvertieren, was dem Großteil der Bevölkerung erspart blieb. Die auf diese Weise erreichte Vorrangstellung der Provinzhauptstadt ließ neben Schafzucht und Milchwirtschaft auch Handwerk und Handel aufblühen, vor allem im Laufe des 16. Jahrhunderts. Jene rege Bautätigkeit, welcher das heutige Erscheinungsbild Gjirokastërs zu verdanken ist, setzte allerdings erst im 18. und 19. Jahrhundert ein, da sich die Stadt damals immer mehr ausdehnte. Sie vermochte sich dem Einflussbereich der Osmanen bereits im Jahr 1880 zu entziehen, denn die Unabhängigkeitsbewegung verzeichnete hier ungewöhnlich viele Anhänger und so konnte beispielsweise bereits 1908 eine erste Schule, in der die albanische Sprache auf dem Stundenplan stand, eröffnet werden. Gjirokastër war in weiterer Folge jedoch von Albanern und Nordgriechen gleichermaßen begehrt und umkämpft, bis es nach dem Ende des Ersten Weltkrieges zu Albanien gelangte, wo es unter König Zogu erneut zu einem wirtschaftlichen Zentrum avancierte. Während des

Bild: Aleksandar Todorovic I Fotolia

Zweiten Weltkrieges gelang es verschiedenen Besatzungsmächten, die Stadt einzunehmen, obwohl die Bevölkerung überaus heftigen Widerstand leistete. Unter dem kommunistischen Regime setzte die Industrialisierung ein, doch neben der Bekleidungsproduktion spielten weiterhin auch Landwirtschaft und Kunsthandwerk eine bedeutende Rolle. Unmittelbar nach dem Zusammenbruch der Diktatur ließ sich allerdings der Verfall der nicht mehr rentablen Betriebe nicht länger aufhalten und zahlreiche Menschen traten die Flucht nach Griechenland an. Ähnliches geschah nach dem Zusammenbruch der Pyramiden-Spiele im Jahr 1997, doch heute zählt Gjirokastër wieder zu den aufstrebenden Städten des Landes.

Typisch für die unter Denkmalschutz stehende Altstadt sind das dunkle Kopfsteinpflaster der zumeist engen und vor allem sehr steilen Gassen, aber auch die silbergrau schimmernden, schiefergedeckten Steinhäuser, die düster und fast abweisend, gleichzeitig aber äußerst geheimnisvoll und faszinierend erscheinen, wobei dieser Eindruck durch die alles überragende Festung noch zusätzlich verstärkt wird. Die Häuser weisen oft riesig wirkende Holztore mit kunstvollen Schnitzereien auf und teilweise sind selbst die Steine mit schmückenden Gravuren versehen. Charakteristisch ist außerdem, dass das Erdgeschoß als Lager sowie Zisterne genutzt wurde, während sich die Wohnräume mit einem zentralen Balkon im oberen Bereich befanden.

Dass die osmanische Altstadt nicht wie an vielen anderen Orten modernen Plattenbauten weichen musste, ist ironischerweise ausgerechnet dem hier geborenen, später allerdings im ganzen Land gefürchteten Diktator Enver Hoxha zu verdanken, denn er erklärte Gjirokastër zur Museumsstadt und sorgte so dafür, dass die Gebäude erhalten blieben, wenn sie auch mittlerweile sanierungsbedürftig sind.

Als berühmtester Sohn Gjirokastërs ist aber zweifellos der Schriftsteller Ismail Kadare anzuführen, denn er genießt internationale Anerkennung.

Sämtliche Sehenswürdigkeiten sind gut beschildert und somit problemlos zu finden, doch sollte man nicht darauf vergessen, auch die Stadt in ihrer Gesamtheit auf sich wirken zu lassen, am besten in einem der Kaffeehäuser inmitten der Altstadt. Leider entstehen in deren Nähe immer mehr Neubauten, was einerseits den malerischen Anblick beeinträchtigt, andererseits die Gefahr mit sich bringt, auf die rote Liste der UNESCO gesetzt zu werden.

40°04‘46.30“N, 20°08‘43.00“E

www.gjirokastra.org

Festung

Die hoch über der Stadt thronende Festung *Kalaja* dominiert das Stadtbild von Gjirokastër nachhaltig, doch der Aufstieg lohnt sich aufgrund der hervorragenden Aussicht und des guten Erhaltungszustandes der Anlage. Errichtet wurde sie im 3. Jahrhundert vor Christus von den Illyrern, doch die Byzantiner bauten die bestehende Burg weiter aus und Ali Pasha Tepelene verlieh ihr im 19. Jahrhundert das heutige Aussehen. Während des Zweiten Weltkrieges sollen übrigens sämtliche Einwohner der Stadt innerhalb der schützenden Burgmauern Zuflucht gefunden haben. Ins Innere gelangt man durch ein riesiges Tor und einen düsteren, nach links abzweigenden Gang mit imposanten Geschützen sowie einem kleinen italienischen Panzer, der aus dem Zweiten Weltkrieg stammt. Direkt im Anschluss präsentiert das Waffenmuseum *Muzeu i Armëve* zahlreiche Ausstellungsstücke, wobei ursprünglich historische, in Albanien gefertigte Waffen dominierten, doch wurden während der Unruhen von 1997 viele entwendet, weshalb nun überwiegend neuere Modelle ausgestellt sind. Abgerundet wird die Ausstellung durch zahlreiche realistisch wirkende Modelle von Partisanenstellungen sowie Fotos. Ein weiteres Museum befindet sich in den ehemaligen Kerkern der Burg. Diese wurden bis in die 1960er Jahre hinein vom kommunistischen Regime als Gefängnis für politische Gefangene genutzt und verfügten daher auch über eigene Folter- und Hinrichtungskammern, weshalb der Museumsbesuch einen sehr bedrückenden Eindruck hinterlässt. Bei dem Flugzeug, welches man in der Folge auf dem offenen Plateau erspäht, handelt es sich angeblich um ein abgeschossenes amerikanisches Spionageflugzeug, eine Lockheed T33 aus den 1950er Jahren, welches allerdings während des Kalten Krieges in Albanien zu einer Notlandung ansetzen musste und deshalb erbeutet werden konnte. Auch andere Beutestücke wie etwa

Bild: Aleksandar Todorovic | Fotolia

Bild: M. K.

Kanonen haben hier Platz gefunden und die nahe Freiluftbühne wird für diverse Veranstaltungen genutzt. Im Nordosten der Festung ragt der dominante Uhrturm *Kulla e Sahatit* aus dem 19. Jahrhundert auf, in dessen Umkreis Bastionen sowie ein Pulverturm und noch ein weiteres Eingangstor angeordnet sind. Wendet man sich nach dem Betreten der Festung nach rechts, gelangt man zu einer Bektashi-Gedenkstätte. Geht man von dieser weiter in Richtung Südwesten, erreicht man nach dem Passieren einiger Tunnel die ehemaligen Lagerräume, doch benötigt man in diesem Bereich eine Taschenlampe. Generell sollte man Vorsicht walten lassen, wenn man beim Erkunden der Burganlage die Wege verlässt, denn es bestehen einige ungesicherte Stellen sowie Löcher im Boden, die vor allem für Kinder gefährlich werden können.

Museum des Kalten Krieges

Überaus bizarr wirkt schließlich die Tatsache, dass der Burghügel seit der Zeit Hoxhas förmlich von Bunkeranlagen mit eigenen Zisternen und Luftschleusen durchzogen wird. Die achtzig Zimmer inklusive Tagungs- und Arbeitsräumen sollten in erster Linie den ranghohen Regierungsmitgliedern im Falle eines atomaren Anschlages Schutz bieten und können nun in Form des Museums des Kalten Krieges *Muzeu të Luftës së Ftohtë* im Rahmen einer Führung besichtigt werden. Die Anlage beeindruckt vor allem durch ihre enormen Dimensionen, unterscheidet sich sonst aber nicht wesentlich von den vergleichbaren anderen, die im gesamten Land anzutreffen sind.

Bazarviertel

Im Bazarviertel, das sich unterhalb der Burg erstreckt, kann man auch heute noch Handwerkern bei ihrer traditionellen Arbeit über die Schulter schauen, zum Beispiel Steinmetzen, Malern oder Webern. Das Zentrum bildet der sogenannte Bazar-Pass *Qafa e Pazarit* am Kreuzungspunkt der beiden wichtigsten Bazarstraßen, wobei der Name der fast parallel zum Festungshügel verlaufenden Straße hier von Rruga Ismail Kadare zu Rruga Gjin Zenebishti wechselt. Bei der Bazar-Moschee *Xhamia e Pazarit* handelt es sich um die einzige der insgesamt fünfzehn Moscheen Gjirokastërs aus osmanischer Zeit. Aufgrund ihrer hohen Kuppel wurde sie nämlich unter der Regierung Hoxhas für Sportveranstaltungen

Bild: Josef Hora

genutzt. Obwohl sie mit Sicherheit nicht zu den herausragendsten islamischen Gotteshäusern des Landes zählt, verfügt sie über ein hohes Minarett und eine ästhetische Innenausstattung. Unmittelbar neben der Moschee befindet sich die Medrese, also eine Koranschule. Auch die weiter östlich gelegene orthodoxe Kirche des heiligen Sotir *Kisha e Shën Sotira* befindet sich in diesem Viertel, doch stehen ihre Tore leider nur während der Gottesdienste offen.

Skënduli-Haus

Folgt man der Rruga Ismail Kadare in nordwestlicher Richtung, erreicht man nach etwa zweihundert Metern eine kleine Gasse und unmittelbar dahinter das Skënduli-Haus *Shtëpia e Skendulatëve* mit nicht weniger als 64 Fenstern. Dieses ist definitiv einen Besuch wert, obwohl es von außen weniger spektakulär wirkt als das Haus der Familie Zekatë. Es wurde großteils bereits um 1700 erbaut und ist von innen vielleicht sogar noch ansprechender, wenn auch weniger pompös ausgestattet. Sämtliche Räume sind aber äußerst liebevoll eingerichtet und meist führen die Besitzer sogar persönlich durch ihr Haus und gewähren dabei interessante Einblicke in dessen Geschichte sowie die Lebensweise der früheren Bewohner, die sich ausschließlich im oberen Bereich aufhielten, während der untere für Arbeit, Vorratshaltung und Stallungen reserviert war.

Ethnographisches Museum

Folgt man der Straße noch ein kurzes Stück weiter, erreicht man eine Weggabelung, bei welcher man sich rechts hält und nur wenige Meter weiter das Ethnographische Museum *Muzeu Etnografik* erreicht. Es handelt sich dabei quasi um jenes Haus, in dem Enver Hoxha im Oktober 1908 das Licht der Welt erblickte, doch musste dieses nach einem Brand im Jahr 1966 fast von Grund auf neu erbaut werden. Zu Beginn beherbergte das Gebäude im Stil eines typischen Wohnhauses einer wohlhabenden Familie aus Gjirokastër noch ein antifaschistisches Museum, mittlerweile werden in der interessanten Ausstellung aber in erster Linie Haushaltsgegenstände und Trachten präsentiert und zwar auf insgesamt vier Stockwerken. Bei den Einrichtungsgegenständen handelt es sich um Originalstücke, die allerdings aus anderen Häusern stammen.

Bild: Wolfgang Sauber I CC BY-SA 4.0

Bild: M. K.

Zekatë-Haus

Wieder bei der Weggabelung kurz vor dem Museum angelangt, folgt man der Rruga Pertef Kokona, biegt links in die Rruga Karafil Bello ab und dann gleich wieder scharf rechts in die Rruga Mazellëm Shazivari. Dort gilt das sogenannte Zekatë-Haus *Shtëpia e Zekatëve* aus dem Jahr 1811 als hervorragendes Beispiel für die albanische Wohnkultur während der osmanischen Epoche. Man betritt das vierstöckige, wehrhaft wirkende Haus in der typischen Stein- und Holzbauweise beziehungsweise vorerst dessen Innenhof durch ein riesiges Tor. Auf beiden Seiten ragen die Gebäudeteile mit dem vorspringenden, schiefergedeckten Dach bis zu zwanzig Meter hoch auf. Im Erdgeschoss befinden sich lediglich Vorratsräume, Stallungen sowie eine Zisterne, doch bereits im ersten Stock erkennt man die prachtvolle Innenausstattung mit kunstvollen Schnitzarbeiten und Malereien. Hier befindet sich neben einem Empfangsraum für Gäste auch ein eigener Raum, welcher den Frauen vorbehalten war, doch wirkt dieser vergleichsweise kühl und ungemütlich. Im zweiten Stock liegen hingegen die Wohnräume für den Winter, die mit einem Kamin

Bild: M. K.

Bild: Josef Hora

beheizt werden konnten, und im dritten jene für den Sommer, wobei hier der geräumige Balkon eine große Rolle als Aufenthaltsraum spielte. Auch in dieser Etage gibt es einen Raum, der für den Empfang von Gästen beziehungsweise für Feste genutzt wurde. Er zeichnet sich durch äußerst bemerkenswerte Fresken, eine vergoldete Holzdecke sowie Fenster aus venezianischem Glas aus, was den Reichtum der Bewohner widerspiegelt. Das Haus ist übrigens kein offizielles Museum, da es sich in Privatbesitz befindet, steht interessierten Besuchern jedoch so gut wie immer offen.

Kadare-Geburtshaus

Bevor man wieder die Moschee erreicht, biegt man links in die Rruga Doktor Vasil Laboviti und bald darauf erneut links in die Rruga Fato Berberi ab. Nach etwa hundert Metern befindet sich auf der rechten Seite das Geburtshaus von Ismail Kadare *Shtëpia e Ismail Kadaresë*, der im Jänner 1936 hier geboren wurde und der Stadt seiner Jugend in seinem wohl persönlichsten Roman „Chronik in Stein" ein literarisches Denkmal setzte. Leider wurde das Gebäude im Jahr 1999 durch einen Brand schwer in Mitleidenschaft gezogen, doch ist

Bild: M. K.

Bild: M. K.

der Wiederaufbau im Gange. In naher Zukunft soll hier das Kulturzentrum der Stadt untergebracht werden.

Hazmurat

Auch das Stadtviertel Hazmurat kann im Rahmen eines Spazierganges leicht erkundet werden. Vom Bazar-Pass *Qafa e Pazarit* ausgehend, folgt man der Rruga Alqi Kondi nach Nordosten und erreicht bald auf der linken Seite die ehemalige Karawanserei *Han*, ein riesiges, steinernes Eckhaus. Geht man weiter bis zu jener Stelle, wo die Rruga Njazi Hadëri rechts abzweigt, ist man bereits beim restaurierten orthodoxen Seminar angekommen. Dort wendet man sich nach Süden, bis man an einer weiteren Gabelung den Hamam *Hamami*, also das ehemalige Badehaus, erreicht. Es handelt sich um einen direkt über einer Quelle gelegenen Kuppelbau mit drei beheizbaren Räumen, welcher ebenfalls renoviert ist, jedoch leider noch nicht von innen besichtigt werden kann. Noch ein Stück weiter südlich befinden sich schließlich die malerischen Meçite-Brunnen *Kroi i Meçite*, die bei näherem Hinsehen interessante Details aufweisen.
Sie sollten eigentlich den rituellen Waschungen vor dem Gebet dienen, doch wurde die zugehörige Moschee vom kommunistischen Regime im Jahr 1967 leider vollkommen zerstört und später nicht wieder aufgebaut.

Kurvelesh

Von Tepelenë aus führt eine kleine Straße ins Kurvelesh *Kurveleshi*, eine malerische und zugleich sehr wilde Berglandschaft mit tiefen Schluchten, rauschenden Wasserfällen und dichten Wäldern, aber auch kleinen Dörfern, in welchen Gästezimmer angeboten werden. Inmitten der herrlichen Natur erhebt sich ganz in der Nähe der kleinen Siedlung Bënçë ein imposantes Aquädukt, das noch aus der osmanischen Ära stammt. Der gleichnamige Fluss Bënçë folgt nämlich großteils einem weitläufigen Schotterbett, durchquert an dieser Stelle jedoch eine kurze Klamm, welche die Errichtung des Bauwerkes notwendig machte.

⌖ 40°17‘46.50“N, 20°01‘08.90“E

www.gjirokastra.org

Tepelenë

Tepelenë, direkt am Zusammenfluss von Drin und Vjosë gelegen, verdankt seinen Namen dem berühmten Ali Pasha Tepelene, der um 1740 im Ort beziehungsweise der näheren Umgebung zur Welt kam und aus diesem Grund mit einem Bronzedenkmal im Zentrum gewürdigt wird. Obwohl die umliegende Region nachweislich schon früh besiedelt war, geht die Gründung der Stadt selbst auf das 16. Jahrhundert zurück und auch die mächtige Burganlage wurde erst von den Osmanen erbaut. Sie war im 18. Jahrhundert über vier Hektar groß und wurde stets als prunkvoller Palast beschrieben, doch sind heute lediglich einige Mauerreste und Türme erhalten, welche allerdings aus der Entfernung noch immer sehr imposant wirken. Teile der Anlage, die vor allem 1929 während eines Erdbebens schwer in Mitleidenschaft gezogen wurde, sind bereits renoviert. Auch in Tepelenë wird das Areal der Burg nach wie vor bewohnt, denn es handelt sich quasi um einen Teil der Altastadt. Besonders malerisch ist allerdings die über den Fluss Vjosë führende Hängebrücke, deren Entstehung ebenfalls noch auf die Zeit Ali Pasha Tepelenes zurückgeht. Sie zu betreten erfordert auf jeden Fall einigen Wagemut, denn obwohl sie von massiven Steinpfeilern getragen wird, wirken die hölzernen Planken nicht unbedingt vertrauenserweckend. Nur einige Kilometer südlich des Zentrums befinden sich die Quellen Kaltes Wasser *Ujë i Ftohtë*, deren mineralhaltiges Wasser in Flaschen abgefüllt und im gesamten Land verkauft wird, weshalb zahlreiche Menschen aus Tepelenë diesem Naturphänomen ihren Arbeitsplatz verdanken. Der ansprechende Ort lädt aber nicht nur zum Auffüllen der Wasservorräte ein sondern auch zu einer gemütlichen Rast unter den schattenspendenden Bäumen.

⌖ 40°17'46.50"N, 20°01'08.90"E

www.bashkiatepelene.com
www.gjirokastra.org

Këlcyrës-Schlucht

Steuert man die Këlcyrës-Schlucht *Gryka e Këlcyrës* von Tepelenë aus an, überquert man zuerst den Drin und unmittelbar nach dem kleinen Ort Dragot die je nach Wetterlage oft fast türkis schimmernde Vjosë, wobei hier die schmale Eisenbrücke nicht von mehreren Fahrzeugen gleichzeitig befahren werden darf. Die Schlucht

Bild: Ollirg I Adobe Stock

selbst liegt zwischen zwei hoch aufragenden, bewaldeten Bergketten und erstreckt sich über eine Länge von rund dreizehn Kilometern. Man begegnet neben einer weiteren Wasserabfüllanlage auch einem modernen orthodoxen Kloster, einigen Restaurants sowie mehreren kleinen, jedoch sehr malerischen Wasserfällen. Mit der bescheidenen Stadt Këlcyrë, die sich vor allem durch die schöne Aussicht auszeichnet, ist auch das Ende der beeindruckenden Schlucht erreicht. Die Engstelle kurz vor der Stadt avancierte im Laufe der Geschichte mehrfach zum Kriegsschauplatz, sowohl während des Zweiten Makedonisch-Römischen Krieges im Jahr 198 vor Christus als auch während des Zweiten Weltkrieges. Im Prinzip kann die Schlucht zu jeder Jahreszeit besucht werden, doch am schönsten ist ein Ausflug definitiv im Frühling, wenn die Landschaft in satte Grüntöne getaucht ist, oder im Herbst, wenn man das bunte Farbenspiel der Natur bewundern kann.

⌖ 40°17‘49.80“N, 20°09‘46.90“E

www.bashkiatepelene.com

Bild: Wander.al

Bild: Fation Plaku I Albarafting.org

Canyoning in der Osum-Schlucht

Der Osum weist eine Länge von 161 Kilometern auf, wobei sein Oberlauf fast überall unzugänglich ist. Südlich von Çorovodë weitet sich das Flusstal zwar, doch das Wasser fließt trotzdem in einem tief in die rot und gelb leuchtenden Felswände eingeschnittenen Tal, der Osum-Schlucht *Kanioni i Osumit*. Im Rahmen einer geführten Tour mit entsprechender Ausrüstung und einem erfahrenen Führer steht auch Touristen von Juni bis September die Möglichkeit offen, einen etwa acht Kilometer langen Abschnitt dieser einzigartigen Landschaft zu durchqueren. Für das sogenannte Canyoning ist ein gewisses Maß an körperlicher Fitness Grundvoraussetzung, denn man bewegt sich watend, kletternd sowie schwimmend fort und muss sich sogar in tosende Wasserfälle stürzen, um schließlich in tiefe Becken einzutauchen. Wer sich an dieses Abenteuer wagt, sollte keinesfalls auf Kleidung zum Wechseln vergessen, denn dass man dabei nass wird, ist absolut unvermeidlich. Wenn der Wasserstand in der Schlucht höher ist, kann man hingegen an einer Rafting-Tour teilnehmen, meist von Februar bis Juni.

⌖ 40°29‘09.00“N, 20°14‘06.90“E

www.outdooralbania.com
www.albrafting.com

Bild: G. Tsoumpas – Adobe Stock

Südost-albanien

Ein ganz besonderes Naturjuwel stellt die sogenannte Prespë-Ohrid-Region im Dreiländereck von Albanien, Mazedonien und Griechenland dar, denn unmittelbar an die malerischen, teilweise von einem sehr dichten Schilfgürtel umringten Seen schließen Wiesen und Felder an, die schließlich in hohe Berge übergehen und das Gebiet auf diese Weise mehr als würdig einrahmen. Die Nähe der Nachbarländer spürt man auch in der gepflegt wirkenden Stadt Korçë deutlich, obwohl das Land während der kommunistischen Ära so lange von der Außenwelt abgeschnitten war. Dass Bildung und Kultur hier schon immer eine sehr wichtige Rolle spielten, spiegelt sich in der hohen Dichte an Museen wider, aber das Gebiet ist überdies reich an historischen Kirchen, welche sich oft durch ihre Fresken auszeichnen und die Atheismus-Kampagne Hoxhas glücklicherweise überdauern konnten. Außerdem hinterließen wie im gesamten Land Illyrer und Osmanen ihre Spuren in Form von architektonischen Baudenkmälern, wie Nekropolen, Festungen, Brücken und sogar ganzen Stadtteilen.

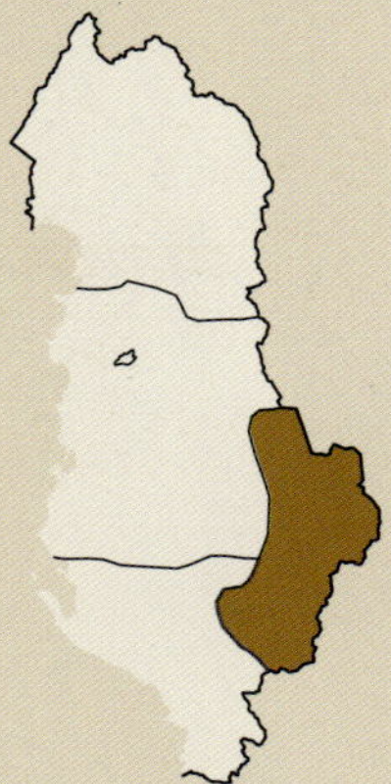

Librazhd
Radolista
Радолишта
Struga
Струга
Kališta
Калишта
Radožda
Радожда
Përrenjas
Qafa e Thanës
933
Piskupat
Kotodesh
Golik-Brücke • 219
Selcë
Nekropole von Selcë • 220
Farret
Ven
1520
Homezh
Uden
Velçan i Mokrës
Slabinjë
Çervenakë
Trebinje
Çezmë
Pogradec
Pogradec • 218
Remenj
Shpellë
Kamjës-Stein • 217
Prenisht
M. Valamarë
Lenie
Leniës
Strelcë
2812
Moglicë
Zvarisht
Devol
Nikollarë
Kirche des heiligen Georg • 217
Sh. Gjergji
Kloster des heiligen Johannes des Täufers • 216
Sh. Thanasit
Voskopojë
Voskopoje • 215
Ostrovicë
2383
Shtyllë
Vithkuq
Vithkuq • 213
Potom
Kaltund-Stratobërdhë
Treskë
Qytezë
Kaltanj
Osum
Qinam-Radovickë
Lenckë
Muzhenckë
Suropull
Frashër
Nationalpark Bredhi i Hotovës • 212
Shijan
Bredhi i Hotovës
Dërmen
Dangëlli
Përmet
Përmet • 209
Petran
Kirche der heiligen Maria von Leusë • 211
Badëlonjë
Postenani
1552
Stëmbec
Çarshovë
Sopik
Drimades
Δρυμάδες
Molivdoskepastos
Hllomo
Labovë e Poshtme
Suhë
Stegopul
Saraqinishtë
Dhoksat
1536
M.i. Lunxhërisë
Erind
Palokastër
Çepune
Mashkullorë
Gjirokastër
Nemërçkë
Poliçan
Skore
Sheper
Topovë
Konckë
Tërbuq
Hormovë
Leskaj
Dhëmbel
Këlcyrë
Kirche der heiligen Maria von Kosinë • 211
Tepelenë
Katundishtë
Mezhgoran
Trebeshinë
1922
Damës
Memaliaj
Salari
2122
Kendervices
Luzat
Shtëpëz
Progonat
Nivicë
Kurvelesh
Golem
Kuç
Fterë
Çorraj
Podgoran
Arrëz e Madhe
Arrëz e Vogël
Sukë Goricë
Ballaban
Zaberzan
1282
Frataj
Qesarat
Çërrilë
Maricaj
Kamcisht
Krahës
Luftinjë
Levan
Gllavë
Ninësh
Damës
Vokopolë
Rehovë
Çorogjaf
Therepel
Çorovodë
Kakrukë
Rafting
Mollas
Radesh
Veleshtë
Skrapar
Dobrushë
Kulmakës
2173
Zaloshnjë
Gjerbës
Bargullas
Poliçan
Mbrakull
2379
Zhitom i Madh
Terpan
Gjerbës
Vodicë
1197
Berat
Mali i Tomorrit
P.K.
M. i Tomorrit
Dardhë
Çuka Partizan
2416
Romas
Bardhëz
Opari
Dobërçan
Skënderbegas
Bregas
Kodovjat
Bulçar
Zamsh
Snosmë
Posnovisht
Vreshtas
Kukur
Rashtan
Vinë
Gramsh
Lapardha
Sheqez
Kuçovë
Kozarë
Poshnjë
Dragot-Dumre
Prënjas
Selitë
Dëshiran
Sult
Mollas
Kajan
Selvias
Drizë
Kotorr
Kabash
Poroçan
Selitë
Kamiçan
Nezhan
Zavalinë
Shtepanjë
Gostimë
Shtërmen
Shalës
Belsh
Allajbeg
Cërrik
Mjekës
Kryezjarth
Hajdaran
Bradashesh
ELBASAN
Godolesh
Labinot-Mal
Branesh
Mirakë
Babjë
Polis
Dardhë
Qukës-Skënderbej
Bërzeshtë
Gjinar
1830
Bukanikut
M. Shpat
Derven

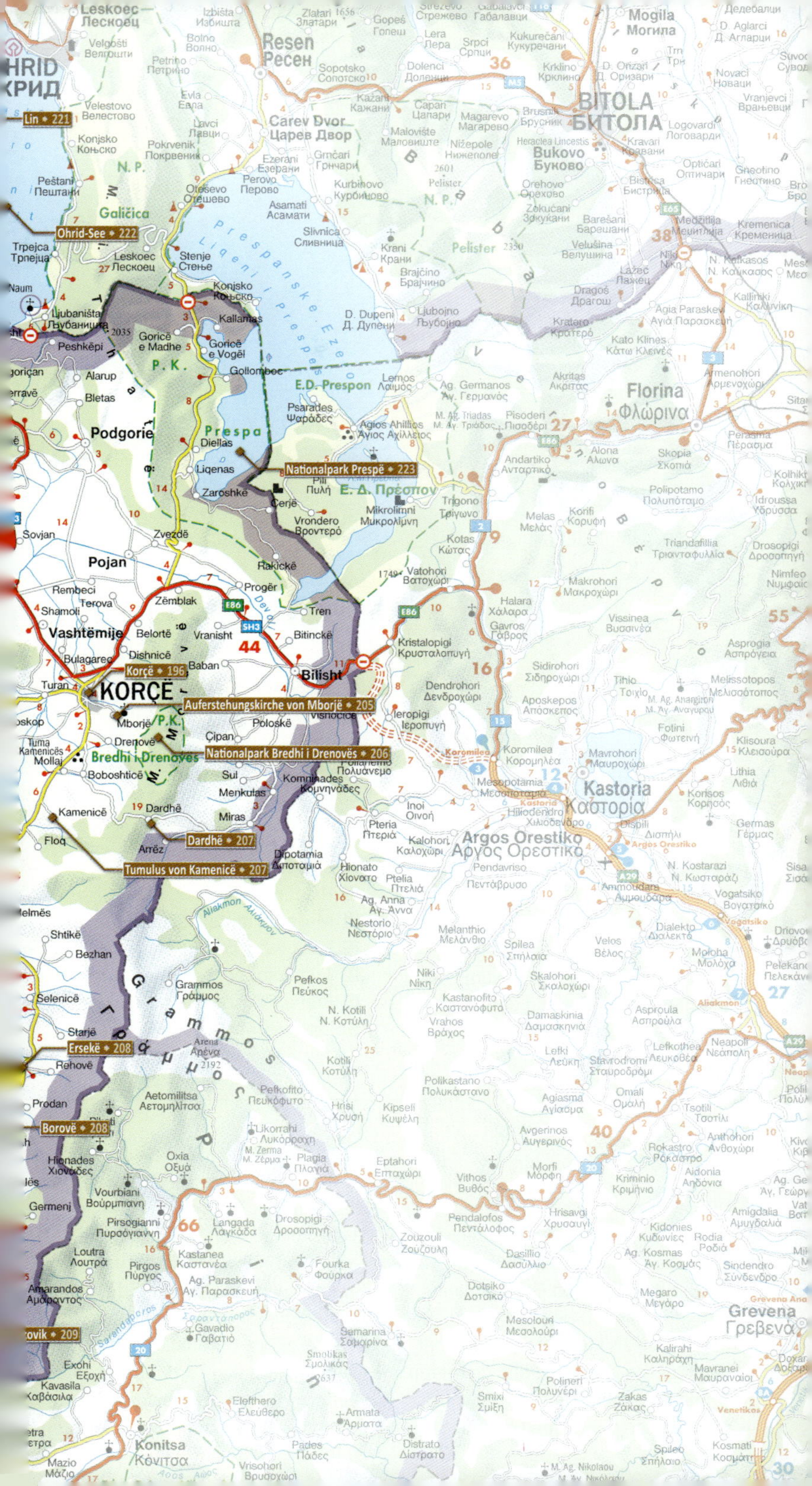

Resen
Bitola
Битола
Ohrid-See • 222
Lin • 221
Galičica
Prespa
Nationalpark Prespë • 223
E.D. Prespon
Florina
Φλώρινα
Korçë • 196
KORÇË
Auferstehungskirche von Mborjë • 205
Nationalpark Bredhi i Drenovës • 206
Dardhë • 207
Tumulus von Kamenicë • 207
Bilisht
Kastoria
Καστοριά
Argos Orestiko
Άργος Ορεστικό
Grammos
Ersekë • 208
Borovë • 208
Grevena
Γρεβενά
Konitsa
Κόνιτσα

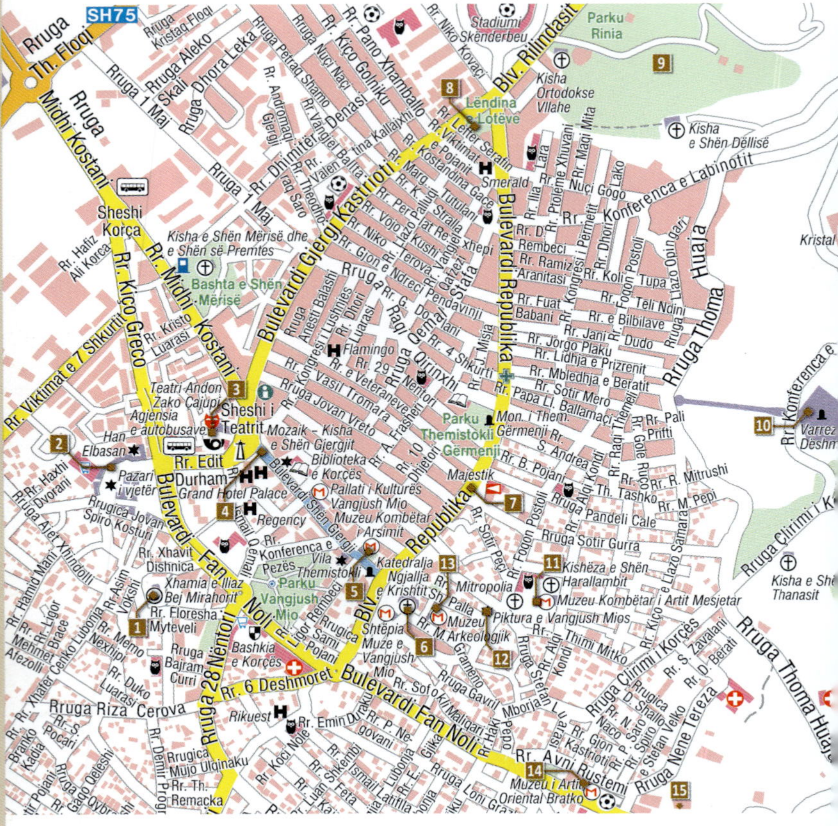

1 Mirahor-Moschee
2 Bazarviertel
3 Theater-Platz
4 Heiliger Georg-Boulevard
5 Nationales Bildungsmuseum
6 Auferstehungskathedrale
7 Boulevard der Republik
8 Wiese der Tränen
9 Rinia-Park
10 Heldenfriedhof
11 Museum mittelalterlicher Kunst
12 Vangjush Mio-Museum
13 Archäologisches Museum
14 Bratko-Museum
15 Brauerei Korçë

Korçë

Die gepflegte, von hohen Bergen umringte Stadt liegt auf einer großen Hochebene im Osten des Landes, ganz in der Nähe von Griechenland und Mazedonien. Liebevoll wird Korçë auch als Klein-Paris bezeichnet, denn die Stadt weist neben mehreren Grünanlagen auch ein interessantes Künstlerviertel auf. Ihre Gründung geht auf das Jahr 1280 zurück, doch wurde der Ort bereits Mitte des 15. Jahrhunderts von den Osmanen vollkommen zerstört und musste ab etwa 1465 wieder aufgebaut werden, wovon das nun leider sehr renovierungsbedürftige osmanische Viertel zeugt. Erstaunlicherweise verwandelte sich Korçë ab diesem Zeitpunkt jedoch umso schneller in ein prosperierendes Handelszentrum, denn die Stadt lag direkt auf einem Karawanenweg. Auch das Handwerk war von großer Bedeutung, in erster Linie die Teppichknüpferei sowie die Weberei beziehungsweise die Stoffproduktion. Die Stadt spielte eine wichtige Rolle während der albanischen Nationalbewegung, der Rilindja, denn hier entstand beispielsweise die erste Volksschule, in der Buben unterschiedlicher Religionen gemeinsam unterrichtet wurden und 1893 folgte auch eine Mädchenschule. Außerdem wurde in Korçë nicht nur die albanische Sprache unterrichtet, es wurden sogar Zeitungen in dieser Sprache herausgegeben. Aus jener Zeit stammt das Herz von Korçë, die Lindenallee, deren prächtige Villen an die Zeit zwischen 1916 und 1918 erinnern, als die Stadt in Form eines französischen Protektorats ein autonomes Gebiet darstellte. Zu Beginn des 20. Jahrhunderts verließen allerdings viele Einwohner die Stadt, die in der Folge sehr unter den Übergriffen während der beiden Weltkriege zu leiden hatte. Griechenland hatte sogar schon zuvor territoriale Ansprüche geltend gemacht, was in Kombination mit der schlechten Wirtschaftslage ebenfalls eine große Auswanderungswelle nach Amerika nach sich gezogen hatte.

Bild: Albania National Tourism Agency

Bild: Josef Hora

Während des kommunistischen Regimes zählte die Stadt sowohl durch den Ackerbau als auch den Kohleabbau zu den wohlhabendsten des gesamten Landes. Bedingt durch die politischen Unruhen kam es zwar erneut zu einer Abwanderungswelle, doch besonders in den letzten Jahren vermag die lebhafte Stadt wieder viele Bewohner anzuziehen. Sie bietet nämlich neben einer Universität und einer Kunstschule mit einem Kulturzentrum ein besonders breit gefächertes Kulturangebot in Form von mehreren Museen, einem Kino, einem der ältesten Theater des Landes sowie diversen Festivals. Überdies zeichnet sie sich durch die ethnische Vielfalt ihrer Einwohner und deren Toleranz im religiösen Bereich aus, wobei der Einfluss des nahegelegenen Griechenlandes auch heute noch in vielen Belangen des täglichen Lebens spürbar ist. Bekannt ist Korçë außerdem für die hier gefertigten, farbenfrohen Teppiche, die nicht nur qualitativ hochwertig sondern noch dazu relativ günstig sind. Überdies wird das lokale Bier im gesamten Land geschätzt, denn die erste Brauerei Albaniens wurde hier gegründet und die Tradition des Bierbrauens konnte bis in die heutige Zeit überdauern. So ist es nicht verwunderlich, dass die Stadt jeden

August ganz im Zeichen des Bierfestes *Festa e Birrës* steht, jedoch werden hier auch andere Feste in großem Stil gefeiert. In der Umgebung gedeihen außerdem Wein, Gemüse und Getreide und die holzverarbeitende Industrie bietet viele Arbeitsplätze. Eine weitere Besonderheit von Korçë ist, dass ein beschilderter Rundweg Touristen zu den interessantesten Sehenswürdigkeiten der Stadt führt.

40°36'52.60"N, 20°46'45.30"E

www.bashkiakorce.gov.al
www.albania.al
www.akt.gov.al

Mirahor-Moschee

Die Mirahor-Moschee *Xhamia e Mirahorit* aus dem späten 15. Jahrhundert stellt eine der ältesten, wenn nicht sogar die älteste erhaltene Einkuppelmoschee und außerdem das zweitälteste islamische Gebetshaus des Landes dar und ist somit von enormer historischer Bedeutung, wenn auch Teile des Gebäudes einem Erdbeben zum Opfer gefallen sind. Obwohl zum Beispiel ihr über dreißig Meter hohes Minarett komplett rekonstruiert werden musste, gilt sie nach wie vor als ältestes Wahrzeichen der Stadt. Leider hat die Moschee während der Renovierung viel von ihrem früheren Charme eingebüßt, doch ist die facettenreiche Struktur der Mauern aus weißem Kalkstein und roten Ziegeln nun wieder gut zu erkennen. Möchte man einen Blick in den quadratischen Innenraum werfen, empfiehlt es sich, einen Besuch direkt nach den Gebetszeiten einzuplanen. Der osmanisch anmutende Uhrturm *Kulla e Sahatit* neben der Moschee stammt zwar aus dem Jahr 2016, orientiert sich jedoch an einem Vorgängerbau aus dem 18. Jahrhundert, welcher ebenfalls dem schweren Erdbeben zum Opfer fiel.

Bazarviertel

Weiter nördlich erstreckt sich das Bazarviertel, einst das Herz der Stadt, bis es unter dem kommunistischen Regime seine Bedeutung schlagartig verlor, als die Wirtschaftsbeziehungen zum Ausland abgebrochen wurden. Allerdings ist auch heute noch das Flair des ehemaligen Handelsviertels zu spüren, denn in einer Vielzahl von kleinen Geschäftslokalen werden neue ebenso wie gebrauchte Waren zum Kauf angeboten, wobei die Palette von Kleidung über Spielsachen bis hin zu Autoteilen reicht. In der

Bild: Wolfgang Sauber I CC BY-SA 4.0

Bild: Josef Hora

Bild: Josef Hora

Früh stellen die Bauern aus der Umgebung außerdem ihre Stände auf und verkaufen frisch geerntetes Obst und Gemüse sowie Milchprodukte und verschiedenste hausgemachte Köstlichkeiten, während bereits die ersten fliegenden Händler versuchen, ihre Waren an den Mann zu bringen. Dieser Bereich der Altstadt müsste dringend saniert werden, denn er steht zwar unter Denkmalschutz und birgt großes touristisches Potential in sich, ist jedoch massiv vom Verfall bedroht, da es wie so oft in Albanien an den notwendigen finanziellen Mitteln für die Bauarbeiten mangelt. Trotzdem sind hier noch einige alte Karawansereien *Han* zu sehen, also jene Häuser, die während der osmanischen Herrschaftsperiode sowohl Reisenden als auch deren Tieren Unterkunft und Versorgung boten. Frisch renoviert erstrahlt die Elbasan-Karawanserei *Hani i Elbasanit*, welche vor allem von Händlern aus der Stadt Elbasan geschätzt wurde, in neuem Glanz. Im Zentrum des Innenhofes verfügt das zweistöckige Gebäude mit dem typischen, umlaufenden Balkon sogar über einen eigenen Brunnen. In der renovierten Manastir-Karawanserei *Hani i Manastirit* residiert hingegen ein Einkaufszentrum, doch wurden die nötigen Sanierungsmaßnahmen so stark ausgeweitet, dass vom ursprünglichen Gebäude kaum noch etwas zu erkennen ist.

Theater-Platz

Der Theater-Platz *Sheshi i Teatrit* wird von mehreren Gebäuden umringt, die das Stadtbild von Korçë nachhaltig prägen, bietet jedoch auch dem Tourismusbüro Platz. Besonders auffällig sind die beiden Hotels im südlichen Bereich des Platzes, wobei eines durch seine moderne Glasfassade alle Blicke auf sich zieht. Als typischer Vertreter der kommunistischen Architektur erweist sich hingegen das Postamt *Zyra postare* in der südwestlichen Ecke, während die Bank *Banka* aus der italienisch dominierten Epoche stammte, jedoch erneuert wurde. Das namensgebende Theater Andon Zako Çajupi *Teatri Andon Zako Çajupi* liegt schließlich im Nordwesten des Platzes. Eröffnet wurde es bereits im Jahr 1951 und auch während des kommunistischen Regimes konnte es seinen Betrieb aufrecht erhalten, wobei das Gebäude 1971 erneuert werden musste. Nichtsdestotrotz zählt es aber zu den bedeutendsten kulturellen Einrichtungen des südalbanischen Raums. Möchte man

Bild: Josef Hora

die Innenstadt perfekt überblicken, empfiehlt sich ein Besuch des 2014 eröffneten, futuristisch anmutenden Korçë-Turmes *Kulla e Korçës*.

Heiliger Georg-Boulevard

Entlang des Heiliger Georg-Boulevards *Bulevardi Shën Gjergji*, der als Fußgängerzone ausgewiesen ist und von Bäumen sowie Bars und Restaurants geziert wird, liegen einige interessante Gebäude. Ist man in Richtung Süden unterwegs, erreicht man allerdings zuerst ein Mosaik *Mozaik*, das an die Kathedrale des heiligen Georg *Kathedrale së Shën Gjergjit* erinnert. Sie galt als größtes steinernes Gebäude der Stadt, bevor sie wie so viele andere Sakralbauten Albaniens der Atheismus-Kampagne zum Opfer fiel. Anschließend gelangt man zum ehemaligen Kulturpalast, in welchem nun das Kulturzentrum *Qendra kulturore* mit dem Vangjush Mio-Museum *Muzeu Vangjush Mio* logiert. Eine kleine Ausstellung ist auch dem amerikanischen Fotografen Gjon Mili gewidmet. Dieser hatte albanische Wurzeln und machte als einer der ersten Menschen weltweit Aufnahmen mit einem elektronischen Blitz. Auf der rechten Seite folgt ein auffälliges gelbes Gebäude mit einer Art Turm. Es stammt noch aus der Gründerzeit und wurde ab 1930 von zwei aus Rumänien stammenden Schwestern dazu genutzt, jungen Mädchen Unterricht zu erteilen, weshalb es als Rumänisches Haus *Shtëpia Rumune* bekannt ist.
Schräg gegenüber befindet sich das sogenannte MAPO, ein Bauwerk aus kommunistischer Zeit. Hier waren die exklusivsten Mietwohnungen der Stadt zu finden, während im Erdgeschoß luxuriöse Exportwaren zur Schau gestellt wurden. Am südlichen Ende des Boulevards folgen gegenüber vom Museum das Wohnhaus von Themistokli Gërmenj, welcher 1916 die autonome Republik Korçë ausrief, sowie ein bronzenes Heldendenkmal zu Ehren des unbekannten Soldaten vor der Kathedrale.

Bild: Josef Hora

Nationales Bildungsmuseum

Das Nationale Bildungsmuseum *Muzeu Kombëtar i Arsimit* ist in einem altehrwürdigen Haus aus Naturstein untergebracht. In dem ehemaligen Schulgebäude wurde nämlich bereits ab dem Jahr 1887 einerseits die albanische Sprache vermittelt, andererseits erfolgte auch der Unterricht aller anderen Fachgebiete auf Albanisch. Da dies sogar offiziell geschah, spricht man gerne von der ersten albanischen Schule des Landes. Die Exponate beschäftigen sich jedoch, wie der Name des Museums bereits erkennen

Bild: A. Dida I CC BY-SA 4.0

lässt, nicht nur mit der Sprache und der Schrift sondern auch mit der Bildung beziehungsweise Erziehung an sich sowie mit der albanischen Literatur. Zu sehen sind zum Beispiel Fotos der ersten Schüler und Lehrer, alte Schulhefte und -bücher sowie ein Originaldokument des albanischen Alphabets. Dessen Anfangsbuchstaben sind außerdem in Form einer verspielt wirkenden Marmorskulptur im Garten verewigt.

Auferstehungskathedrale

Obwohl die erst 1995 fertiggestellte Auferstehungskathedrale *Katedralja*

Bild: TPS Dave I Pixabay

Ngjallja e Krishtit neueren Datums ist, gilt sie bereits als Wahrzeichen der Stadt, denn sie stellt nicht nur das größte orthodoxe Gotteshaus Albaniens und das drittgrößte auf dem Balkan dar sondern auch ein Symbol für die Rückkehr der Religion nach dem Sturz des kommunistischen Regimes. Die wertvollen Ikonen des Vorgängerbaus, welcher einer romanischen Dorfkirche glich und von der Regierung abgerissen wurde, sind nun im Museum mittelalterlicher Kunst *Muzeu Kombëtar i Artit Mesjetar* ausgestellt, doch auch die neue Kirche ist sehenswert. Ihr ganz in Weiß und Gold gehaltener Innenraum wirkt erstaunlich dezent, obwohl die geschnitzte Ikonostase sowie die Luster relativ dominant sind. Wer sehr viel Zeit und Geduld mitbringt, kann versuchen, die albanischen Adler in den kunstvollen Schnitzereien zu zählen, doch scheint dies eine fast unlösbare Aufgabe zu sein, da sie überaus zahlreich vertreten sind.

Boulevard der Republik

Auch entlang des Boulevards der Republik *Bulevardi Republika* trifft man im Rahmen eines Spazierganges auf mehrere interessante Gebäude.

Bild: Euriditi

Bild: Kukushiedi I Wikimapia

Im Süden erhebt sich der sogenannte Sky Tower, der über ein Kaffeehaus mit einer verglasten Aussichtsterrasse verfügt und quasi auf der anderen Seite der Kathedrale folgt sogleich die Präfektur *Prefekturë*. Überquert man dann die Straße, gelangt man zur evangelischen Kirche *Kisha Ungjillore* und nur etwas mehr als hundert Meter weiter erheben sich rechts das französische Lyzeum sowie das Kino *Kinema*. Bei ersterem handelte es sich früher um eine der bedeutendsten Schulen des Landes, welche auch vom späteren Diktator Enver Hoxha besucht wurde. Das Kino zeichnet sich hingegen durch seine herrliche Innenausstattung im Art-déco-Stil aus und zeigt Originalfilme mit albanischen Untertiteln, weshalb ein Besuch durchaus auch für Touristen ein spannendes Erlebnis sein kann. Dies lässt sich perfekt mit einem Abendspaziergang verbinden, denn sobald es dämmrig ist, zeigt sich der Boulevard von seiner schönsten Seite. Dann werden nämlich viele der herrlichen Villen, die bereits renoviert sind, geschmackvoll beleuchtet. Außerdem empfiehlt es sich, einen Abstecher in die eine oder andere Seitengasse zu machen, da hier noch Wohnviertel aus dem 19. bis 20. Jahrhundert mit einfachen Häusern und gepflasterten Gassen erhalten sind und auf diese Weise einen guten Eindruck vom Korçë vor mehreren hundert Jahren vermitteln. Immer wieder sieht man auch interessante Details wie etwa verzierte Tore und Fenster oder Balkone mit kunstvollen, schmiedeeisernen Balustraden. Folgt man dem Boulevard noch ein Stück weiter, erreicht man auf der linken Seite einen kleinen Park mit einer Statue von Themistokli Gërmenj, einem sehr berühmten Freiheitskämpfer.

Wiese der Tränen

Die sogenannte Wiese der Tränen *Lëndina e Lotëve* erlangte im Laufe des 19. Jahrhunderts Berühmtheit, denn an dieser Stelle teilte sich damals die Straße und all jene Menschen, die den Gang ins Exil

Bild: Kukushiedi I Panoramio

antreten mussten, verabschiedeten sich hier von ihrer Familie und der Heimatstadt. Zahlreiche Frauen warteten an diesem Ort außerdem auf die Rückkehr ihrer Männer oder wenigstens auf Nachrichten aus der Ferne, wenn sie in einer anderen Stadt oder sogar im Ausland Arbeit gefunden hatten.

Rinia-Park

Ganz im Norden der Stadt befindet sich der große Rinia-Park *Parku Rinia*, also der Park der Jugend, direkt gegenüber des Skanderbeg-Stadions *Stadiumi Skënderbeu* und der Universität *Universiteti*. Berühmt ist das Naherholungsgebiet vor allem aufgrund des internationalen Symposiums Skulpturenpark Korçë, an welches diverse Kunstwerke innerhalb der Grünanlage erinnern, denn diese wurden der Stadt zum Geschenk gemacht.

Heldenfriedhof

Der Heldenfriedhof *Varrezat e Dëshmorëvë e Kombit* befindet sich in einer erhöhten Lage, doch der steile Aufstieg lohnt sich, denn man kann von hier aus die Stadt gut überblicken und außerdem die Aussicht auf die umliegenden Berge perfekt genießen. Die an einen Park erinnernde Anlage lädt somit auch zum Spazieren ein. Besonders auffällig ist ein großes Denkmal, welches einen Soldaten mit erhobener Faust darstellt und an die meist jungen Gefallenen aus dem Zweiten Weltkrieg erinnern soll.

Museum mittelalterlicher Kunst

Das Museum mittelalterlicher Kunst *Muzeu Kombëtar i Artit Mesjetar* logiert in der ehemaligen orthodoxen Kathedrale von Korçë, die von außen eher schlicht wirkt und bereits seit der kommunistischen Ära nicht mehr als Gotteshaus sondern als Ausstellungshalle genutzt wird. Gezeigt werden rund dreihundert der insgesamt mehr als sechstausend Ausstellungsstücke aus dem südalbanischen Raum, welche die Zeitspanne vom 14. bis hin zum 19. Jahrhundert abdecken. Darunter befinden sich in erster Linie sakrale Kunstgegenstände, die aus allen Landesteilen und sowohl aus katholischen als auch aus orthodoxen Kirchen stammen. Präsentiert werden unter anderem Schnitzereien, Bibeln mit schweren, metallgetriebenen Einbänden, Gemälde und Ikonen, wobei der Schwerpunkt letzterer bei

Bild: Josef Hora

Bild: Josef Hora

Arbeiten aus der sogenannten Berat-Schule des 16. Jahrhunderts gesetzt wird. Als bedeutendster Vertreter dieser ist ohne Zweifel Onufri zu nennen, denn seine Malereien weisen einen ganz charakteristischen Rotton sowie eine Vielzahl an Details auf. Die bedeutendsten Werke der Korçë-Schule, welche sich im 18. Jahrhundert einen Namen machen konnte, stammen hingegen von den Zografi-Brüdern, die auch auf dem griechischen Berg Athos tätig waren. Ein Teil des Gebäudes wird heute übrigens von Gläubigen wieder als Gotteshaus genutzt, wovon ein improvisierter Glockenturm zeugt.

Vangjush Mio-Museum

Auch das Vangjush Mio-Museum *Muzeu Vangjush Mio* ist nach einem Künstler benannt, der ab dem frühen 20. Jahrhundert seine Heimatstadt sowie die umliegende Landschaft zum Gegenstand von zahlreichen impressionistischen Gemälden und Zeichnungen machte. Die Ausstellung wechselt von Zeit zu Zeit, wobei auch lokalen zeitgenössischen Malern Raum gewidmet wird. Eine Besichtigung des Museums, welches ebenfalls in einem wunderbaren Gebäude aus osmanischer Zeit logiert, ist allerdings nur nach Voranmeldung möglich, denn es handelt sich genau genommen um eine private Sammlung.

Bild: Josef Hora

Archäologisches Museum

Untergebracht in einem traditionellen Gebäude aus der osmanischen Ära mit dem typischen hölzernen Balkon, bietet das Archäologische Museum *Muzeu Arkeologjik* eine umfangreiche Ausstellung, deren 1 200 Exponate von etwa 6 000 vor Christus bis 600 nach Christus reichen. Sie stammen mehrheitlich aus der Bronze- und Eisenzeit und widmen sich vor allem dem täglichen Leben jener Menschen, welche die Region um Korçë im Laufe der Jahrhunderte besiedelten, sowie deren oft erstaunlich weitreichenden Handelsbeziehungen. Besonders interessant sind dabei Modelle jener Gräber, welche in der Nähe der Stadt freigelegt werden konnten, aber auch die dort entdeckten Grabbeigaben.

Bild: Ina Myrtollari | CC BY-SA 4.0

Bratko-Museum

Das Bratko-Museum *Muzeu Bratko* logiert in einem Gebäude mit Glasfassade, nicht zu verwechseln mit

Bild: Josef Hora

dem direkt daneben untergebrachten Präfekturgericht, das ebenfalls in einem avantgardistischen Glasgebäude residiert. Leicht zu erkennen ist es allerdings an den roten Bauelementen, die stark an fernöstliche Tempel erinnern. Doch auch die Ausstellung selbst ist eher ungewöhnlich für Albanien, denn sie bietet Kunstgegenstände aus verschiedenen afrikanischen und asiatischen Ländern. Diese sammelte der renommierte Militärfotograf während des Zweiten Weltkrieges sowie in den darauffolgenden Jahren und vermachte sein umfangreiches Lebenswerk schließlich seiner albanischen Heimatstadt, obwohl er nach Amerika ausgewandert war. Präsentiert werden beispielsweise Schmuck, Textilien und Teppiche, Masken, Statuen und Gemälde, aber auch Werkzeuge sowie Waffen.

Brauerei Korçë

Wer gerne Bier trinkt, kann schließlich noch dem imposanten Bauwerk der Brauerei Korçë *Birra Korça* einen Besuch abstatten. Dazu folgt man vom Museum einfach dem Bulevardi Fan Noli noch rund fünfhundert Meter weiter in Richtung Südosten.

Bild: Josef Hora

Der Betrieb wurde bereits im Jahr 1928 von einem Italiener gegründet und ist somit die älteste bestehende Brauerei des Landes, doch wurde sie in der Zwischenzeit renoviert und auf den neuesten Stand der Technik gebracht. Sie produziert mittlerweile rund 120 000 Hektoliter Bier pro Jahr, darunter auch eine dunkle Sorte, die für den Balkanraum einzigartig ist. Nach Voranmeldung kann die Produktion besichtigt werden und im Anschluss hat man noch die Möglichkeit, im Biergarten Platz zu nehmen und den kühlen Gerstensaft zu verkosten.

Auferstehungskirche von Mborjë

Der kleine Ort Mborjë direkt vor den Toren von Korçë war früher ein bedeutender Marktort, wovon noch heute die Auferstehungskirche *Kisha e Ristozit* zeugt. Die byzantinische Kreuzkuppelkirche aus dem 13. bis 14. Jahrhundert ist der heiligen Maria geweiht und kann problemlos zu Fuß erreicht werden, wenn man genug Zeit für einen ausgedehnten Spaziergang hat. Es handelt sich um einen hallenförmigen Bau, welcher

Bild: Timea I Wikimapia

Bild: Rainer Sturm I PIXELIO

außergewöhnlich gut erhalten ist, obwohl er von außen vorerst ein wenig unscheinbar wirkt. Im Inneren beeindruckt allerdings der überaus reiche, farbenfrohe Freskenschmuck, doch muss man zuvor im Dorf nach dem Schlüssel fragen, da die Tore des Gotteshauses fast immer versperrt sind. Da sich der Innenraum relativ dunkel präsentiert, empfiehlt es sich, eine Taschenlampe mitzunehmen, um die Malereien genau betrachten zu können.

40°36'20.80"N, 20°48'16.50"E

www.bashkiakorce.gov.al
www.akt.gov.al

Nationalpark Bredhi i Drenovës

Der Nationalpark Bredhi i Drenovës *Parku kombëtar Bredhi i Drenovës*, was soviel wie Tannen von Drenovë bedeutet, ist zwar klein, jedoch von großer Bedeutung, denn er stellt quasi einen Korridor für Bären, Wölfe und Rotwild dar, welche sich vom nahegelegenen Griechenland nach Albanien beziehungsweise in die entgegengesetzte Richtung bewegen. Unter anderem findet hier der gefährdete, in Albanien heimische Bozdovec-Bär ein abgeschiedenes Rückzugsgebiet vor. Im Bereich der Flora trifft man, wie der Name des Parks bereits erkennen lässt, vor allem auf dichte Tannenwälder, aber auch auf Buchen, Kiefern, eine Vielzahl an Haselnusssträuchern sowie alpine Weideflächen. Schön zu betrachten sind schließlich auch einige malerische Felsformationen inmitten der unberührten Natur. Am bekanntesten ist der Ziegen-Stein *Guri i Cjapit*, ein einzigartig geformter, circa dreißig Meter langer Sandstein, welcher durch Erosion und Wind geschaffen wurde, jedoch eher an ein liegendes Kamel als an eine Ziege erinnert. Wer den Park besuchen möchte, muss entweder über ein Allradfahrzeug oder über ziemlich gute Kondition verfügen, denn ab dem malerischen Dorf Dardhë auf rund 1 400 Metern Seehöhe führt lediglich eine mit zunehmender Höhe immer schlechter werdende Piste ins Moravë-Gebirge *Mali i Moravës*. Die Umgebung der Ansiedlung ist übrigens, ebenso wie der gesamte Nationalpark, reich an kleinen Quellen, die sich durch ihr klares Wasser auszeichnen.

40°34'00.50"N, 20°49'40.60"E

www.akzm.gov.al
www.visit-korca.com

Tumulus von Kamenicë

Der Tumulus von Kamenicë *Tuma e Kamenicës* zählt unumstritten zu den interessantesten archäologischen Stätten, die das Land, wenn nicht sogar der gesamte Balkanraum, zu bieten hat. Mit einer Gesamtfläche von rund dreitausend Quadratmetern handelt es sich um eine einzigartige Grabstätte, die bereits vor drei- bis fünftausend Jahren erstmals genutzt wurde. Besonders auffällig ist, dass das Zentrum von einem zweireihigen Steinkreis umgeben ist, doch kann die einstige Höhe von etwa drei Metern heute lediglich erahnt werden. In den zahlreichen Gräbern, die auf dem Areal angeordnet sind, wurde unter anderem das Skelett einer schwangeren Frau mit ihrem Fötus entdeckt. Interessant sind außerdem einige Schädel mit Löchern, die auf chirurgische Eingriffe hindeuten. Obwohl die prähistorische Stätte während der politischen Unruhen während der 1990er Jahre teilweise geplündert wurde, konnten bei späteren Ausgrabungsarbeiten mehr als vierhundert Skelette sowie eine Vielzahl an Grabbeigaben geborgen werden. Ein kleiner, jedoch modern gestalteter Ausstellungsbereich informiert im Anschluss nicht nur über die archäologischen Arbeiten und deren Ergebnisse sondern auch über das Leben jener Menschen, welche die Gräber im Laufe mehrerer Jahrhunderte angelegt haben.

40°32'39.00"N, 20°43'34.50"E

www.albania.al
www.akt.gov.al

Dardhë

Dardhë zählt zwar nicht zu jenen Orten des Landes, die sich mit herausragenden Sehenswürdigkeiten einen Namen machen, doch handelt es sich um ein sehr ansprechendes Bergdorf auf 1 344 Metern Seehöhe, welches über ein ausgesprochen homogenes Ortsbild verfügt. Zu den Attraktionen zählen die mittlerweile schon zum Teil renovierten, mit Steinplatten gedeckten Häuser, die großteils sehr ansprechend wirken, sowie im Winter der Skilift, denn es handelt sich um eines der wenigen Wintersportgebiete des Landes, welche über einen solchen Komfort verfügen und so erfreut es sich natürlich überaus großer Beliebtheit. Aufgrund der herrlichen Landschaft und der sauberen Luft entwickelte sich Dardhë außerdem bereits während der kommunistischen

Bild: Vasjan Gulka I Panoramio

Bild: Owen Moorepopp I Pixabay

Bild: Albinfo I CC BY 3.0

Regierung zu einem Kurort, der auch heute definitiv noch Potential hat. In diesem Zusammenhang wird zum Beispiel dem mineralhaltigen Wasser der nahegelegenen Scharfen Quelle *Uji i Qelbur* nachgesagt, dass es sich positiv auf Magen- und Nierenbeschwerden auswirken soll.

40°31'09.20"N, 20°49'36.70"E

www.visit-korca.com

Ersekë

Nachdem man von Norden kommend den Qarr-Pass *Qafa e Qarrit* auf einer Seehöhe von rund 1 170 Metern überwunden hat, erreicht man bald Ersekë, die höchstgelegene Stadt Albaniens auf einer Seehöhe von circa tausend Metern. Obwohl das Umland bereits früh besiedelt war, geht die Gründung der regionalen Hauptstadt auf das 17. Jahrhundert zurück, erfolgte also durch die Osmanen. Für Touristen ist neben dem auffälligen Denkmal im Stadtpark vor allem das Museum interessant, denn dieses bietet einen guten Überblick über die lokalen Trachten, das traditionelle Kunsthandwerk der Region und geht außerdem auf die Entwicklung der albanischen Schriftsprache ein. Wer auf der Suche nach Souvenirs ist, wird eventuell in der Kupferschmiede fündig, denn deren handgefertigte Produkte genießen einen guten Ruf im ganzen Land. Außerdem wurden in der näheren Umgebung mehrere prähistorische Gräber entdeckt, doch ist das Ausgrabungsfeld leider nicht für Besucher zugänglich. Einige Fundstücke wie zum Beispiel Figuren aus dem Neolithikum oder ein illyrischer Helm befinden sich nun in der Hauptstadt Tiranë.

40°20'19.10"N, 20°40'51.00"E

www.kolonja.gov.al
www.visit-korca.com

Borovë

Borovë ist kein touristisches Ziel im eigentlichen Sinne, jedoch aufgrund seiner überaus bewegten Geschichte erwähnenswert. Hier verübte die deutsche Wehrmacht nämlich im Juli 1943 das sogenannte Massaker von Borovë, da den Bewohnern des Ortes vorgeworfen wurde, den Partisanen anzugehören. Über hundert Zivilisten, vor allem Frauen, Kinder und ältere Menschen wurden von den Soldaten getötet, sämtliche Häuser zerstört und zusätzlich in Brand gesteckt. Die Gräber am Ortsrand bilden nun das Zentrum einer Gedenkstätte,

Bild: Albinfo | CC BY 3.0

über deren Neuerrichtung derzeit diskutiert wird.

⌖ 40°18′43.30″N, 20°39′08.30″E

www.kolonja.gov.al

Leskovik

Leskovik zeichnet sich vor allem durch seine malerische Lage auf einer Bergkuppe vor dem hoch aufragenden Meles-Gebirge *Mali i Melesit* aus. Ähnlich wie Ersekë war der Ort unter den Osmanen ein bedeutendes Zentrum, doch wurden im Verlauf der beiden Weltkriege zahlreiche Häuser so schwer in Mitleidenschaft gezogen, dass nun lediglich wenige traditionelle Bauwerke zu sehen sind. Allerdings verfügt Leskovik über mehrere herrschaftlich wirkende Häuser aus der osmanischen Epoche, zwei Kirchen sowie ein Denkmal zu Ehren von Jani Vreto, dessen erklärtes Ziel es war, die albanische Schriftsprache zu verbreiten, obwohl dies von den Osmanen untersagt wurde.

⌖ 40°09′07.40″N, 20°35′52.20″E

www.kolonja.gov.al

Përmet

Përmet liegt direkt an der Vjosë inmitten einer überaus pittoresken Landschaft, direkt am Fuße des über zweitausend Meter hoch aufragenden Dhëmbël-Gebirges *Mali i Dhëmbëlit*. Der gepflegt wirkende Ort mit einladenden Grünflächen kann auf eine lange Geschichte zurückblicken, denn er wurde bereits von illyrischen Stämmen gegründet. Da die Partisanen allerdings während des Zweiten Weltkrieges heftigen Widerstand gegen die faschistischen Besatzungsmächte Italien und Deutschland leisteten, wurde die Stadt mehrmals niedergebrannt und musste schließlich fast zur Gänze neu aufgebaut werden, weshalb von der osmanisch geprägten Altstadt lediglich ein kleiner Teil erhalten geblieben ist. Im Mai 1944, als hier der Kongress von Përmet stattfand,

Bild: Albinfo | CC BY-SA 3.0

Bild: Wander.al

wurde eine Übergangsregierung unter Enver Hoxha gewählt, nämlich das sogenannte antifaschistische Befreiungskomitee. Im Zuge dessen wurde der König verbannt und damit die Monarchie abgeschafft, doch es erfolgte auch bereits der Ausschluss sämtlicher nicht-kommunistischer Gruppierungen von den Regierungsgeschäften. So wird Përmet auch heute noch von vielen Albanern als kommunistische Hochburg betrachtet. Sehenswert sind vor allem zwei Kirchen, darunter die Mitte des 18. Jahrhunderts errichtete Kirche des heiligen Nikolaus *Kisha e Shën Kollit*, welche jedoch während der Atheismus-Kampagne großen Schaden nahm. Erhalten blieb in erster Linie ein Teil des Deckengewölbes, doch durch die finanzielle Unterstützung von Auslandsalbanern konnte das Gotteshaus, ein wehrhaft wirkender Bau mit Säulengang, mittlerweile weitgehend renoviert werden. Ganz in der Nähe befindet sich außerdem die Kirche des heiligen Freitag *Kisha e Shën Premtes* aus dem Jahr 1776. Es handelt sich um eine spätbyzantinische Kirche mit Steindach, die jedoch aufgrund ihres wehrhaften Charakters und vor allem wegen des fehlenden Turmes nicht sofort als Sakralbau zu erkennen ist. Weiters verfügt der Ort über eine protestantische Kirche sowie über eine Moschee, die in friedlicher Nachbarschaft vor dem imposanten Solitärfelsen, dem sogenannten Stadt-Stein *Guri i qytetit*, existieren. Dessen Gipfelplateau kann von schwindelfreien Besuchern, die zudem nicht an Höhenangst leiden, über zahlreiche Stufen erreicht werden und der Aufstieg lohnt sich, denn oben angelangt, eröffnet sich ein herrlicher Panoramablick. Einige Mauerreste lassen noch eine Wehranlage der Osmanen erahnen. Die Umgebung ist außerdem für den Weinbau und die Rosen, die hier an jeder Ecke zu blühen scheinen, bekannt, denn Përmet trägt nicht umsonst den hübschen Beinamen Stadt der Rosen. Ein besonderes Flair kann man genießen, wenn man das Zentrum schon in den frühen Morgenstunden erkundet, denn zu diesem Zeitpunkt wird dort ein lebhafter Markt *Treg* abgehalten. Im Angebot sind vor allem regionale Produkte wie Brot, Käse, Wurst und Wein, aber auch eingelegte Früchte und Honig kann man erstehen.

⌖ 40°13'59.10"N, 20°21'12.60"E

www.albania.al

Kirche der heiligen Maria von Leusë

Bei der Kirche der heiligen Maria von Leusë *Kisha e Shën Mërisë ne Leusë* unmittelbar vor den Toren des kleinen Bergdorfes Leusë handelt es sich um einen der herausragendsten Sakralbauten Albaniens und dies nicht nur aufgrund der malerischen Lage inmitten eines üppig grünen Waldgebietes. Der Innenraum der ab dem 13. Jahrhundert errichteten, byzantinischen Kreuzkuppelkirche, die durch eine Vorhalle betreten

Bild: Josef Hora

wird, ist nämlich zur Gänze mit farbenfrohen, sorgfältig restaurierten Fresken aus dem 17. Jahrhundert dekoriert. Dargestellt sind unter anderem diverse bedrohliche Szenen, welche dem Betrachter das ewige Fegefeuer mahnend vor Augen führen sollen. Doch auch der aufwändig gestalteten Fassade mit dekorativem Schächtelmauerwerk sollte man seine Aufmerksamkeit schenken. Da die Kirche einst von der Regierung als Kulturmonument deklariert wurde, konnte sie im Gegensatz zu zahlreichen anderen Gotteshäusern die Atheismus-Kampagne vollkommen unbeschadet überdauern. Vor dem Eingang befinden sich schließlich einige steinerne Gräber aus dem 18. Jahrhundert. Erreichbar ist die

Bild: Josef Hora

Kirche direkt von Përmet aus, doch sollte man sich am besten zu Fuß auf den Weg machen, da die Straße in einem sehr schlechten Zustand und die Strecke nur knapp über einen Kilometer lang ist. Keinesfalls vergessen sollte man allerdings, zuvor den schmiedeeisernen Schlüssel bei der Tourismusinformation in Përmet zu organisieren, da man andernfalls meist vor verschlossenen Toren steht.

⌖ 40°13‘11.10“N, 20°21‘26.20“E

Kirche der heiligen Maria von Kosinë

Einfacher zu erreichen, wenn auch im Inneren wesentlich schlichter, ist die Kirche der heiligen Maria von Kosinë *Kisha e Shën Mërisë Kosinë*, welche sich etwa auf halber Strecke nach Këlcyrë im gleichnamigen Dorf Kosinë befindet. Die auf einem Hügel thronende Kreuzkuppelkirche entstand zwischen dem 13. und dem 15. Jahrhundert und zeichnet sich durch ihr dekoratives Mauerwerk aus, etwa durch eingelassene Rundziegel, Säulen, Muster und Reliefs, welche das Gotteshaus erstaunlich verspielt wirken lassen. Im Inneren dominiert ein Fresko von Christus, der von mehreren Heiligenfiguren umgeben wird, doch ist dieses leider nicht so gut erhalten wie die Malereien in der Kirche von Leusë.

⌖ 40°16'15.10"N, 20°18'07.20"E

Nationalpark Bredhi i Hotovës

Der Nationalpark Bredhi i Hotovës *Parku Kombëtar Bredhi i Hotovës* erstreckt sich unmittelbar östlich der Vjosë, einem der letzten großen Flüsse Europas, dessen Bett sowie Uferbereich noch immer unverbaut bestehen. Zur Errichtung von Wasserkraftwerken bestehen zwar Pläne, doch konnten ambitionierte Naturschutzorganisationen deren Umsetzung bislang verhindern. Charakteristisch für den Park, der sich durch seine hohe Biodiversität auszeichnet, sind ausgedehnte Tannenwälder mit zahlreichen Exemplaren, die mehrere hundert Jahre alt sind, und wildromantische Gebirgslandschaften. Das Angebot für Touristen beschränkt sich allerdings im Wesentlichen auf einige markierte Wanderwege, die zu Aussichtspunkten, Schluchten oder historischen Ruinen führen. Die Straßen sind nämlich mehrheitlich noch in einem relativ schlechten Zustand, weshalb der Park bevorzugt mit Allradfahrzeugen angesteuert werden sollte, was eine relativ geringe Anzahl an Besuchern zur Folge hat. So finden hier unter anderem noch Bären, Wölfe, Füchse und Wildschweine, aber auch eine Vielzahl an Rehen ein Rückzugsgebiet vor, doch soll auch das touristische Potential dieses Gebietes in Zukunft besser ausgeschöpft werden, um den Park für Gäste attraktiver zu machen. Als beliebtestes Ausflugsziel im Herzen des geschützten Areals gilt derzeit das kleine Dorf Frashër. Ein Museum im Geburtshaus der Brüder Frashëri, deren richtiger Name eigentlich Abdyl, Sami und Naim Durmellare lautet, gibt hier Auskunft über ihre bedeutende Rolle während der albanischen Rilindja-Bewegung. In der Nähe des Zentrums befindet sich außerdem eine Bektashi-Tekke mit angeschlossener Schule, denn die Glaubensgemeinschaft, der auch die berühmten Brüder angehörten, hat hier eine bedeutende Niederlassung. Erstaunlich gut über eine geschotterte Straße erreichbar, befindet sich im Randbereich des Nationalparks,

Bild: Wander.al

Bild: Angie Conscious I PIXELIO

Bild: Josef Hora

etwa sechs Kilometer nördlich von Petran auch ein architektonisches Highlight Albaniens, nämlich die Kadi-Brücke *Ura e Kadiut*. Dabei handelt es sich um eine osmanische Steinbogenbrücke, welche die hier seichte Lengaricë südlich des Ortes Bënjë überspannt und sich malerisch vor dem über zweitausend Meter hoch aufragenden Nemërçkë-Gebirge *Mali i Nemërçkës* erhebt. Die am anschließenden Berghang gelegenen Höhlen waren bereits in prähistorischer Zeit bewohnt, was durch diverse Felszeichnungen belegt wird, und sollen später teilweise von Mönchen als Einsiedelei genutzt worden sein, doch sind sie bislang noch nicht touristisch erschlossen. Noch wesentlich größerer Beliebtheit erfreuen sich allerdings die nur etwa fünfhundert Meter von der Brücke entfernten, schwefelhaltigen Thermalquellen *Llixhat*. Ihr bis zu 32 Grad Celsius warmes Wasser wird nämlich teilweise in steinernen Becken, welche zum gemütlichen Plantschen oder auch einfach nur zum Entspannen einladen, gefasst. Noch ein kleines Stück weiter beginnt die imposante, rund vier Kilometer lange Lengaricë-Schlucht *Kanioni i Lengaricës*. Diese ist bis zu hundert Meter tief ins Gestein eingeschnitten und dabei so schmal, dass sich an einigen Stellen die Bäume der beiden Steilhänge fast zu berühren scheinen. Im Sommer, wenn das Wasser warm und der Pegelstand niedrig ist, kann man problemlos ein Stück in die Schlucht hineinschwimmen beziehungsweise sogar waten und dabei die bunt schimmernden, oft bizarr geformten Felswände auf sich wirken lassen, doch ist bei der Erkundung natürlich Vorsicht geboten. Auf ein weiteres Naturphänomen trifft man beim Ort Postenan etwa fünf Kilometer nordwestlich von Leskovik, wobei die Strecke zu Fuß zurückgelegt werden muss. Hier tritt heißer Dampf aus, weshalb man gerne von den Saunas *Saunë* spricht. Je nach der gewünschten Temperatur nimmt man ganz einfach in geringerer oder größerer Entfernung Platz und genießt den wohltuenden Dampf unter freiem Himmel.

⌖ 40°21'58.20"N, 20°25'37.90"E

www.akzm.gov.al

Vithkuq

Obwohl das kleine Bergdorf Vithkuq im Laufe des 18. Jahrhunderts mehrfach zerstört wurde, ist es definitiv einen Besuch wert, denn es verfügt über interessante Kirchen, welche zum Teil wertvolle Kunstwerke

beherbergen. Diese lassen noch den einstigen Glanz des vor allem um die Wende vom 17. zum 18. Jahrhundert sehr bedeutenden Handwerks- und Handelszentrum erkennen. Besonders erwähnenswert ist die Kirche des heiligen Michael *Kisha e Shën Mëhillit*, eine dreischiffige Basilika. Sie gilt als älteste Kirche der Region, da als Baubeginn das Jahr 1685 genannt wird, wobei ihr heutiges Erscheinungsbild großteils auf das 18. Jahrhundert zurückgeht. Sie verfügt über einen ungewöhnlich langen Wandelgang mit nicht weniger als zwölf Säulen, denn ihr Narthex weist fast die gleiche Größe wie der Hauptraum auf und der Säulengang überdeckt beide. Außerdem wird die Kirche von mehreren Kuppeln, welche allerdings vor dem Betreten nicht erkennbar sind, geziert. Die osmanischen Herrscher gestatteten nämlich lediglich die Errichtung eines steingedeckten Flachdaches, da das Gotteshaus von außen keinesfalls als solches erkennbar sein sollte. Obwohl der Innenraum der Kirche in seiner Gesamtheit relativ düster erscheint, wirken die Malereien überaus lebhaft und auch die Ikonostase ist teilweise original erhalten, wobei sämtliche Ikonen nun in Museen ausgestellt sind. Die Kirche des noch etwas weiter außerhalb gelegenen Klosters des heiligen Petrus *Manastiri i Shën Pjetrit* aus dem 18. Jahrhundert zeichnet sich hingegen durch bemerkenswerte Fresken, die den Brüdern Zografi zugeschrieben werden, sowie eine besonders reich vergoldete Ikonostase aus. Ein fensterloses Haus in der Nähe wurde im Mittelalter für Gruppenbestattungen genutzt und beherbergte dann ein Ossarium. Mittlerweile sind zwar einige Kirchen renoviert oder rekonstruiert, doch begegnet man bei ausgedehnteren Spaziergängen auch heute noch mehreren Ruinen, denn die Stadt hatte ehemals nicht weniger als 18 repräsentative Gotteshäuser zu bieten. Die Umgebung mit weitläufigen Eichen- und Buchenwäldern sowie einem großen Wildtierbestand lädt

Bild: Josef Hora

in erster Linie zum Wandern ein. Zur Verfügung stehen dabei einige markierte Spazier- und Wanderwege, deren Begehung relativ einfach ist.

⌖ 40°31'34.90"N, 20°34'57.50"E

www.visit-korca.com

Voskopoje

Auch das Dorf Voskopoje genoss einst wesentlich mehr Ansehen, denn es war bereits im 14. Jahrhundert Zentrum der Aromunen, eines lokalen Hirtenvolkes, und fungierte unter den Osmanen als eines der bedeutendsten Handwerks- und Handelszentren der gesamten Region. Außerdem war Voskopoje in kultureller Hinsicht ein wichtiges Zentrum mit guten Schulen sowie einer umfassenden Bibliothek und ab dem Jahr 1720 sogar mit einer eigenen Buchdruckerei. Im Laufe des 18. Jahrhunderts wurde die Stadt jedoch mehrfach überfallen und zerstört, bis die Bewohner sie schließlich aufgaben und sich im nahen Korçë, das heute wesentlich bedeutender ist, niederließen. Ähnlich wie in Vithkuq existierten auch in Voskopoje zahlreiche Kirchen, deren Errichtung unter der Bedingung gestattet wurde, dass sie von außen nicht als christliche Sakralbauten zu identifizieren waren. Man gewinnt allerdings den Eindruck, dass versucht wurde, das Fehlen von schmückenden Türmen und Kuppeln mit den enormen Dimensionen der Gebäude sowie einer umso prachtvolleren Gestaltung ihrer Innenräume zu kompensieren. Heute sind immerhin fünf Kirchen des Ortes, welche in der ersten Hälfte des 18. Jahrhunderts errichtet wurden, relativ gut erhalten, wobei die Fresken teilweise noch auf ihre Restaurierung warten. Darunter befinden sich unter anderem die Überreste der Kirche der heiligen Maria *Kisha e Shën Mërise*, einer dreischiffigen Basilika, welche als ehemalige Kathedrale unter den größten Kirchen des Landes rangiert. Leider hat sie jedoch sehr unter der unerbittlichen Atheismus-Kampagne des diktatorischen Regimes gelitten und wurde bislang nicht renoviert. Interessanter ist heute ohne Zweifel die Kirche des heiligen Nikolaus *Kisha e Shën Kollit* mit ihrer vielfältig ornamentierten Ziegelfassade, welche sogar über einen Glockenturm verfügt, der allerdings aus einer späteren Epoche stammt. Sie zeichnet sich nämlich durch ihre überaus reiche Ausstattung, die sogar noch hervorragend erhalten ist, aus.

Bild: Josef Hora

Bild: Markussep I CC BY-SA 3.0

Bild: Josef Hora

Obwohl es im Innenraum sehr finster ist, beeindrucken herrliche, fast plastisch wirkende Malereien, vergoldete Leuchter, sowie eine filigrane, sehr aufwändig geschnitzte Ikonostase, wobei die originalen Ikonen nun im Museum der nahen Stadt Korçë präsentiert werden. Etwas außerhalb, nördlich des Zentrums befindet sich die Kirche des heiligen Athanasius *Kisha e Shën Thanasit*, bei der es sich allerdings teilweise um eine Rekonstruktion handelt. Das Gebäude war einst zur Gänze mit großartigen Malereien der berühmten Zografi-Brüder bedeckt. Diese stellten zwar fast ausschließlich grausame Szenen dar, vermochten jedoch durch ihre enorm starke Ausdruckskraft alle Betrachter unweigerlich in ihren Bann zu ziehen. Da die Kirchen wie fast überall im Land meist verschlossen sind, muss man auch hier im Dorf nach dem Schlüssel fragen, am besten in einem der Restaurants, und wenn man Glück hat, ist der Priester gerade in der Nähe und öffnet sogar ganz persönlich die Tore zur Besichtigung. Auch rund um Voskopoje lädt die reizvolle Landschaft zum Verweilen ein und der Ort ist selbst während der kalten Jahreszeit ein beliebtes Ziel für Wintersportler. Nicht umsonst werden hier sogar nationale Wettkämpfe ausgetragen.

⊕ 40°37'59.60"N, 20°35'25.80"E

www.visit-korca.com
www.akt.gov.al

Kloster des heiligen Johannes des Täufers

Nordöstlich des Ortes Voskopoje liegt auf einer dicht bewaldeten Anhöhe das Kloster des heiligen Johannes des Täufers *Manastiri i Shën Prodhromit*, wobei besonders die

Bild: Markussep | CC BY-SA 3.0

letzten fünfhundert Meter nach der Abzweigung zum Hotel ausschließlich zu Fuß bewältigt werden können. Wer über ein wenig Kondition verfügt, kann alternativ auch die gesamte Strecke vom Dorf aus im Rahmen einer gemütlichen Wanderung in Angriff nehmen. Bei der Klosterkirche aus dem Jahr 1632 handelt es sich um eine relativ kleine Kreuzkuppelkirche, deren Kuppel bereits von außen deutlich erkennbar ist. Besonders bemerkenswert ist die restaurierte Ikonenwand, doch gingen große

Teile der Innenausstattung ebenso wie die Bestände der Bibliothek leider verloren, als das Gotteshaus vom kommunistischen Regime in ein Militärlager umfunktioniert wurde. Auch die Fresken im Inneren bieten eine Überraschung, denn sie sind ausschließlich in zwei Farbtönen gehalten. Errichtet wurde die mittlerweile teilweise renovierte Kirche, um welche sich noch einige andere Gebäude gruppieren, übrigens auf den älteren Fundamenten einer Bektashi-Tekke.

⌖ 40°38‘44.10“N, 20°36‘10.40“E

www.albania.al

Kirche des heiligen Georg

Ein weiteres sehenswertes Gotteshaus in der Umgebung befindet sich in Shipskë, nämlich die Kirche des heiligen Georg *Kisha e Shën Gjergjit*. Sie geht auf das 5. Jahrhundert zurück und dürfte somit die älteste Kirche der umliegenden Region darstellen. Das Bauwerk präsentiert sich heute perfekt renoviert, was in erster Linie einem privaten Großspender aus Griechenland zu verdanken ist. Im Inneren ziehen sowohl die aufwändigen Fresken als auch die verzierten, bunten Säulen die Blicke der Betrachter sofort auf sich. Leider ist die Anfahrt nur mit einem Allradfahrzeug zu empfehlen und selbst dann muss man den letzten Kilometer in Form eines Fußmarsches auf sich nehmen. Der Aufwand lohnt sich allerdings aufgrund der Schönheit der Kirche und selbst wenn sie verschlossen ist, hat man hier die Möglichkeit, durch eine Glasfläche einen Blick ins Innere zu werfen.

⌖ 40°39‘51.20“N, 20°35‘49.90“E

www.orthodoxalbania.org

Kamjës-Stein

Inmitten des landschaftlich traumhaft schönen und vor allem nach wie vor fast unberührten Mokrë-Gebirges *Mali i Mokrës* südwestlich von Pogradec erhebt sich zwischen den kleinen Orten Dardhas und Osnat ein berühmter Felsen, der sogenannte Kamjës-Stein *Guri i Kamjës*. Dabei handelt es sich um einen durch Erosion geformten, sehr markanten Solitärfelsen, der etwa hundert Meter lang, achtzig Meter breit und mehr als siebzig Meter hoch ist und auch erklommen werden kann, wenn man über das nötige Geschick verfügt. Obwohl geplant ist, die durch diese

Bild: Timea I Wikimapia

Bild: Amaro

Bergregion führenden Straßen zu asphaltieren, ist das Naturdenkmal derzeit noch ausschließlich über Pisten erreichbar, indem man die Hauptstraße bei Leshnicë verlässt und in Richtung Westen fährt, vorbei an den Orten Stropckë und Dardhas. Wer Zeit hat, kann im Anschluss dem Straßenverlauf etwa zwanzig Kilometer weit in Richtung Norden folgen, die beiden Ansiedlungen Remenji und Kalivaç passieren und schließlich das kleine, aber reizvolle Bergdorf Potkozhan besichtigen. Bei einem Spaziergang durch die engen, gepflasterten Gassen, die von kleinen Häusern mit den typischen Steindächern gesäumt werden, fühlt man sich fast ins vorige Jahrhundert zurückversetzt. Maulbeerbäume und Weinreben sind allgegenwärtig und auch die zwei Kirchen können mit etwas Glück sogar von innen besichtigt werden.

⌖ 40°50'14.40"N, 20°36'50.80"E

Pogradec

Pogradec am Ufer des Ohrid-Sees *Liqeni i Ohrit* galt bereits im 9. und 10. Jahrhundert als bedeutender Ort, zählte damals jedoch noch zum mazedonischen Reich. An die Illyrer erinnern noch heute die Ruinen der Festung *Kalaja* auf einem Hügel oberhalb des Zentrums. Sie wurde zwar von den illyrischen Stämmen bereits im 4. Jahrhundert vor Christus errichtet, doch die noch erhaltenen Reste gehen fast ausschließlich auf das Mittelalter zurück. Der Aufstieg ist aber auf jeden Fall lohnenswert, denn es bietet sich ein herrlicher Panoramablick über das Häusermeer, den klaren See sowie die Berge im Hintergrund. Abgesehen davon hat die Stadt kaum Sehenswürdigkeiten zu bieten, wenn man von einigen alten Häusern und einem Museum absieht, denn nach Erstem und Zweitem Weltkrieg brachten auch die beiden Balkankriege eine fast völlige Zerstörung der osmanischen Altstadt mit sich. Bereits unter der Herrschaft Hoxhas entwickelte sich Pogradec allerdings zu einem aufstrebenden Erholungsort, in dem die Albaner gerne ihren Urlaub verbrachten und auch heute noch verfügt es über ein besonders angenehmes Ambiente. Bekannt ist die Stadt unter anderem als Geburtsort der beiden Literaten Lasgush Poradeçi und Mitrush Kuteli,

Bild: Wander.al

Bild: Josef Hora

Bild: Josef Hora

doch sind es heute in erster Linie Maler, die Pogradec aufgrund seiner landschaftlich reizvollen Umgebung zum Ort ihres künstlerischen Schaffens erkoren haben. Mit etwas Glück kann man auch einen Blick in das eine oder andere Atelier werfen. Leider wird der idyllische Gesamteindruck ein wenig durch die Ruinen von Industrieanlagen aus der kommunistischen Ära getrübt, doch tröstet das gepflegte Erscheinungsbild der Stadt mit ihren einladenden Grünanlagen darüber ebenso hinweg wie über einige Bausünden aus dieser Zeit. Pogradec trägt heute verdientermaßen den wohlklingenden Beinamen Stadt der Blumen, denn die neu gestaltete Uferpromenade leuchtet nun fast das ganze Jahr über in bunten Farben und lädt nicht zuletzt deshalb zu ausgedehnten Spaziergängen ein. Wer sich mit frischem Obst und Gemüse eindecken möchte, findet hier nicht nur qualitativ hochwertige Produkte sondern auch eine große Auswahl vor, denn die umliegende Region ist in ganz Albanien für ihre landwirtschaftlichen Erzeugnisse bekannt. Weiters werden in Pogradec diverse Folkloreveranstaltungen abgehalten, darunter das Fest des heiligen Johannes des Täufers im Jänner, wenn äußerst wagemutige Jugendliche nach einem Kreuz tauchen, das vom Bischof in das zuvor gesegnete Wasser des Sees geworfen wird. Wesentlich gemütlicher ist es allerdings, im Sommer ein Ruderboot zu mieten, um den See zu erkunden und dann vielleicht sogar einen Sprung ins kühle Nass zu wagen, denn die gute Wasserqualität lässt dies ohne Frage jederzeit zu.

⌖ 40°54'06.20"N, 20°39'22.00"E

www.pogradec.info
www.akt.gov.al

Golik-Brücke

Die Golik-Brücke *Ura e Golikut* war einst Teilstück der berühmten Via Egnatia und soll der Legende nach sogar vom Apostel Paulus überquert worden sein, als er auf dem Weg nach Konstantinopel war. Sie war vor allem für den Warentransport von enormer Bedeutung und wurde aus diesem Grund noch von den Osmanen laufend instandgesetzt oder erneuert. Die heutige Konstruktion, eine elegante Bogenbrücke mit einer Länge von rund 17 Metern und einer Breite von etwa drei Metern sowie einer Höhe von circa zehn Metern, stammt aus dem 18. Jahrhundert.

Bild: Albanien.ch

Um das Bauwerk zu erreichen, fährt man von Përrenjas aus in Richtung Südwesten und passiert mehrere kleine Dörfer, bis man nach etwa acht Kilometern am Ende des Dorfes Golik i Poshtëm eine Weggabelung erreicht und sich links hält, also nach Süden ins Tal des Flusses Shkumbin fährt und zwar rund einen Kilometer weit. Auf der rechten Seite kann man schließlich die Brücke ausmachen, während sich auf der linken Seite das Dorf Golik i Sipërm befindet.

⌖ 41°00'57.90"N, 20°30'49.30"E

www.pogradec.info

Nekropole von Selcë

In der historischen Nekropole von Selcë *Gradishta e Selcës* wurden Grabstätten aus dem 5. bis 3. Jahrhundert vor Christus, also aus illyrischer Zeit, entdeckt. Diese wurden direkt in den Fels gehauen und sind teilweise sehr aufwändig verziert, weshalb man davon ausgeht, dass sie für bedeutende Fürsten beziehungsweise aller Wahrscheinlichkeit nach sogar für Könige reserviert waren. Zu den schmückenden Elementen zählen neben Pilastern in erster Linie Reliefs, darunter zum Beispiel ein Helm oder

Bild: Albinfo I CC BY-SA 3.0

der Schädel eines Stiers. In einem der Gräber konnten sogar noch die originalen Grabbeigaben in Form von Schmuck und Keramikgegenständen geborgen werden, doch sind diese aufgrund ihrer enormen Bedeutung nun im Nationalmuseum von Tiranë und nicht mehr vor Ort ausgestellt. Archäologen nehmen übrigens sogar an, dass es sich bei der Stätte um die antike Stadt Pelion handeln könnte, doch in jedem Fall dürfte die Ansiedlung ein wirtschaftliches und kulturelles Zentrum gewesen sein. Es ist somit davon auszugehen, dass das Gelände abgesehen von den Felsengräbern selbst noch mit der einen oder anderen Überraschung aufwarten kann, bis seine Erforschung schließlich abgeschlossen sein wird. Um zur Nekropole zu gelangen, folgt man der Straße von Golik i Sipërm aus weiter in Richtung Süden, bis man nach etwa fünfhundert Metern zu einer weiteren Brücke gelangt. Hier darf man den Fluss allerdings nicht überqueren sondern muss dem Weg weiter folgen, bis man nach vier Kilometern das südliche Ortsende von Selcë e Poshtëme erreicht hat. In einer Kurve bei einem Waldstück gegenüber von einem kleinen Berg, wo bereits ein Schild auf die Grabstätte hinweist, kann man schließlich parken. Nach etwa zweihundert Metern Fußmarsch hat man sein Ziel endgültig erreicht, wobei die interessantesten Gräber im südlichen Bereich des Areals zu finden sind. Die Ausgrabungsstätte wurde übrigens als Kandidat für die Liste des UNESCO-Weltkulturerbes vorgeschlagen, doch ist bislang nicht entschieden, ob die Nekropole in Zukunft tatsächlich zum Welterbe zählen wird.

⊕ 40°59'26.80"N, 20°31'10.30"E

www.pogradec.info
www.akt.gov.al

Lin

Obwohl Lin eigentlich nicht mehr als ein kleines Fischerdorf ist, muss man es quasi gesehen haben. In den engen Gassen reihen sich traditionelle Steinhäuser aneinander, Fischernetze sind zum Trocknen aufgehängt und bunte Holzboote schaukeln friedlich in den Wellen. Perfekt abgerundet wird ein Besuch in dem idyllischen Ort, der oft sogar als schönster Albaniens bezeichnet wird, durch die große Freundlichkeit seiner Bewohner. Wer das Hochplateau über dem Dorf erklimmt, kann außerdem die Mosaike von Lin *Mozaiku i Linit* aus dem 6. Jahrhundert sowie die Überreste der zugehörigen Basilika besichtigen. Beim zentralen Mosaik handelt es sich mit einer Fläche von rund 220 Quadratmetern um das größte des gesamten Balkans, doch es zeichnet sich nicht nur durch seine Dimensionen alleine sondern auch durch seine kunstvolle Fertigung aus. Neben floralen Motiven sind Tiere dargestellt, vor allem Vogel- und Fischmotive, also christliche Symbole. Das Mosaik ist zwar zum Schutz mit Sand bedeckt, doch werden so gut wie immer einige schöne Teile zur Besichtigung freigelegt, vor allem während der Sommermonate, wenn mit vielen Touristen zu rechnen ist. Außerdem gibt es eine Stelle, die lediglich mit einer Plane bedeckt ist und daher mit ein wenig Aufwand begutachtet werden kann. Die Basilika selbst wies eine Länge von nicht weniger als 26 Metern und eine Breite von 23 Metern auf und war ursprünglich zur Gänze mit Bodenmosaiken geschmückt, doch sind sie leider nicht komplett erhalten. Im Zentrum des Ortes Lin bestehen außerdem eine byzantinische Kirche, deren Fresken schön renoviert sind, sowie eine Moschee. Vor allem

Bild: Wander.al

Bild: Wander.al

lädt aber das herrliche Seeufer zum Spazierengehen oder Picknicken und an besonders heißen Tagen natürlich auch zum Schwimmen und Plantschen ein.

⌖ 41°03‘57.80“N, 20°38‘34.50“E

www.pogradec.info
www.visit-korca.com

Ohrid-See

Der Ohrid-See *Liqeni i Ohrit* ist in vielerlei Hinsicht bemerkenswert und zeichnet sich dabei auch noch durch sein kristallklares Wasser aus, seit in Pogradec eine Kläranlage errichtet wurde. Er stellt nicht nur einen der ältesten Seen der Erde dar sondern mit einer Fläche von über 360 Quadratkilometern auch den zweitgrößten der Balkanhalbinsel. An seiner tiefsten Stelle erreicht der außerdem tiefste See des Balkans, welcher jedoch zu circa zwei Dritteln zum benachbarten Mazedonien zählt, eine Tiefe von knapp dreihundert Metern und die Wassertemperatur liegt selbst im Sommer höchstens bei 23 Grad Celsius, denn er wird fast ausschließlich aus unterirdischen sowie ufernahen Quellen gespeist. Zusätzlich besteht aufgrund des vom Karst geprägten Untergrundes eine Verbindung zu den Prespë-Seen *Liqenet e Prespës*. Im Wasser tummeln sich zahlreiche Fische, darunter auch Vertreter mehrerer endemischer Arten, wie zum Beispiel die mittlerweile vom Aussterben bedrohte Ohridforelle, die als Koran bezeichnet wird, während für europäische Gewässer typische Fischarten wie Barsche, Hechte oder Saiblinge vollkommen fehlen. In den teilweise mit Schilf bewachsenen Uferregionen lassen sich hingegen vor allem Vögel wie zum Beispiel Haubentaucher, Blesshühner, Enten, Kormorane oder auch Pelikane nieder. Zwischendurch trifft man immer wieder auf kiesige und sandige

Bild: Wander.al

Abschnitte, die zum Entspannen und natürlich zum Baden einladen. Im Süden kann man dem schmucken Grenzdorf Tushemisht sowie dem nahegelegenen Feuchtgebiet Drilon mit schattenspendenden Bäumen und zahlreichen kleinen Quellen einen Besuch abstatten. Ganz in der Nähe befindet sich eine Station, in der die seltene Ohridforelle gezüchtet wird, damit der schmackhafte Fisch auch weiterhin die Speisekarten der lokalen Restaurants bereichern kann. Wer möchte, hat die Möglichkeit, von Tushemisht aus einen Abstecher nach Mazedonien einzuplanen, denn dort befindet sich das noch bis zum Jahr 1925 zu Albanien gehörende Kloster des heiligen Naum *Manastiri i Shën Naumit*, welches Ende des 9. Jahrhunderts gegründet wurde. Das Konvent selbst ist zwar leider nicht erhalten, doch die dreischiffige Kreuzkuppelkirche zeichnet sich durch ihre reiche Freskenverzierung aus. Sie

Bild: M. K.

zählt gemeinsam mit dem Ohrid-See *Liqeni i Ohrit* und der gleichnamigen Stadt zum UNESCO-Welterbe und kann vom Grenzübergang aus sogar zu Fuß problemlos erreicht werden. Seit dem Sommer 2014 verbindet außerdem eine Bootslinie die Stadt Pogradec mit dem mazedonischen Ohrid, welches auf jeden Fall einen längeren Besuch wert ist. Ein ganz besonderes Souvenir aus dieser Region stellen übrigens die sogenannten Ohrid-Perlen dar, welche aus den Schuppen kleiner Fische hergestellt werden. Wie dies genau vonstattengeht, bleibt allerdings leider ein wohlgehütetes Familiengeheimnis.

Bild: Wander.al

⌖ 40°54‘13.70“N, 20°39‘33.10“E

www.visit-korca.com
www.akt.gov.al

Nationalpark Prespë

Mit einer Fläche von rund 278 Quadratkilometern rangiert der Nationalpark Prespë *Parku Kombëtar i Prespës* unter den größten Albaniens, wobei sich das geschützte Areal auch über Mazedonien und Griechenland erstreckt und somit noch wesentlich weitläufiger ist. Inbegriffen sind nicht nur die beiden lediglich durch eine schmale Landbrücke getrennten Prespë-Seen *Liqenet e Prespës* sondern auch Waldgebiete, Wiesenflächen und Weideland sowie die östlichen Bereiche des Thatë-Gebirges *Mali i Thatë*. Dieses Karstgebirge wird übersetzt nicht umsonst als trockener Berg bezeichnet, denn es gibt so gut wie keine Quellen oder Bäche und die illegale Abholzung hat leider auch die

Wälder stark dezimiert. Dennoch sind hier zahlreiche Wölfe heimisch und in den nördlichen Regionen können hin und wieder auch Bären beobachtet werden. Im selbst in heißen Sommern maximal 24 Grad warmen Wasser des Sees konnten insgesamt acht endemische Fischarten nachgewiesen werden, in der näheren Umgebung überdies 56 ausschließlich in dieser Region gedeihende Pflanzenspezies. Außerdem kommen hier zahlreiche Schmetterlingsarten vor, doch lassen genaue Untersuchungen über die Tier- und Pflanzenwelt des Gebietes leider noch immer auf sich warten. Vor der kommunistischen Ära war in dieser Region überdies eine riesige Pelikankolonie anzutreffen, denn während der Schneeschmelze trat der See über die Ufer, seine Wassermassen ergossen sich in den nahegelegenen Fluss Devoll und es entstand ein riesiges Feuchtgebiet. Vom Regime wurden allerdings Bewässerungssysteme für die Felder angelegt und der Fluss bei Hochwasser sogar noch in den See umgeleitet, um ausreichend Wasser für die heiße Jahreszeit zur Verfügung zu haben. Obwohl die mitgeführten Sedimente zu einer sehr starken Verlandung führten, bekommt man immer noch Pelikane zu Gesicht, denn die weltweit größte Kolonie des Krauskopfpelikans brütet noch auf dem Territorium des Nationalparks, allerdings auf griechischem Gebiet. Jener Teil des Kleinen Prespë-Sees *Liqeni i Prespës së vogël*, der zum albanischen Staatsgebiet zählt, ist kaum als Gewässer zu identifizieren, denn er ist fast vollständig mit Schilf bewachsen, doch wurde mit der Schaffung des Nationalparks auch der natürliche Abfluss des Sees wieder hergestellt. Ornithologen kommen auf jeden Fall auch in Albanien auf ihre Kosten, denn in ihrer Gesamtheit ist die riesige Seenlandschaft definitiv ein herrliches Naturparadies, in dem zahlreiche Vogelarten überwintern und schließlich ihre Nester bauen. In kultureller Hinsicht ist vor allem die Wolfshöhle *Shpella e ujkut* oder Höhle von Tren *Shpella e Trenit* nordwestlich der gleichnamigen Ortschaft am Fuße des Hügels nahe der Brücke von Interesse. Sie war vom Neolithikum bis in die Bronzezeit hinein bewohnt und wurde auch im frühen Mittelalter noch genutzt, doch gibt es heute so gut wie nichts mehr zu sehen, da sämtliche Fundstücke, sowohl Waffen als auch Gebrauchs- und Kunstgegenstände, nun im Nationalmuseum präsentiert werden. Die Höhle bietet allerdings einer Vielzahl an Fledermäusen einen sicheren Unterschlupf, wobei auch

Bild: Wander.al

Bild: René Lutz I PIXELIO

Bild: Wander.al

endemische Arten vertreten sind. Weiter oben am Berg befinden sich Wandmalereien, die ebenfalls zu den ältesten Zeugnissen menschlicher Besiedelung in Albanien zählen. Spektakulärer ist die Maligrad-Insel *Ishulli i Maligradit* im großen See, welche von Liqenas, beziehungsweise Pustec, wie der Ort auch genannt wird, mit dem Boot angesteuert werden kann. Sie ist zwar unbewohnt, hat jedoch eine reich geschmückte Kirche aus dem 14. Jahrhundert zu bieten, die Kirche der heiligen Maria *Kisha e Shën Mërisë*. Diese ist direkt in eine natürliche Felsengrotte integriert und sowohl im Außen- als auch im Innenbereich mit bunten Malereien verziert, wobei vor allem jene an der Außenwand durch die oft hohen Wasserstände in Mitleidenschaft gezogen wurden. In unmittelbarer Nähe befinden sich außerdem kleine Höhlen, die einst von Eremiten als Rückzugsort genutzt wurden. Um sie zu besuchen, muss man allerdings eine nicht sehr vertrauenerweckende Leiter überwinden, was vermutlich nicht jedermanns Sache ist. Ähnliche Felsenhöhlen, die meist schwer zugänglich oder überhaupt nur vom See aus erreichbar sind, befinden sich weiter nördlich, nahe der Grenze zu Mazedonien, wobei eine nach wie vor als Andachtsstätte genutzt wird. Nördlich des Ortes trifft man je nach Jahreszeit oft auf ein weiteres Naturphänomen, nämlich die sogenannten Schlucklöcher von Zaveri *Zgavra e Zaverit*. Hier ist ganz in der Nähe des Ufers eine starke Strömung zu bemerken und dann scheint das Wasser plötzlich zu verschwinden, weshalb anzunehmen ist, dass es sich um den Abfluss zum Ohrid-See *Liqeni i Ohrit* handelt.

Bild: Wander.al

⌖ 40°47‘31.50“N, 20°55‘54.10“E

www.prespanationalpark.gov.al
www.akzm.gov.al
www.visit-korca.com

Anhang

Hier finden Sie eine Vielzahl an praktischen Tipps und Informationen, welche die Planung Ihrer Reise in eines der schönsten und abwechslungsreichsten Länder des Balkans perfekt unterstützen. Die angeführten Unterkunfts-Empfehlungen umfassen lediglich eine Auswahl der Redaktion, da hier aus Platzgründen leider nicht alle Hotels und Unterkünfte des Landes angeführt werden können. Sie sind nach Regionen gegliedert und bieten sicher für jeden Geschmack etwas. Der Reise-Sprachführer unterstützt Sie beim Erlernen der wichtigsten Ausdrücke für den Bade- oder Aktivurlaub in Albanien. Da die Bevölkerung des Landes weithin für ihre Gastfreundschaft bekannt ist, fällt es Ihnen so bestimmt leicht, Land und Leute kennen zu lernen und mit den Menschen in Kontakt zu treten. Damit Sie außerdem sämtliche in diesem Reiseführer vorgestellten Sehenswürdigkeiten auf einen Blick finden, gibt es ganz zum Schluss einen alphabetisch geordneten Index, welcher die Suche nach dem gewünschten Ausflugsziel ganz einfach macht.

Bild: Panorama Krujë

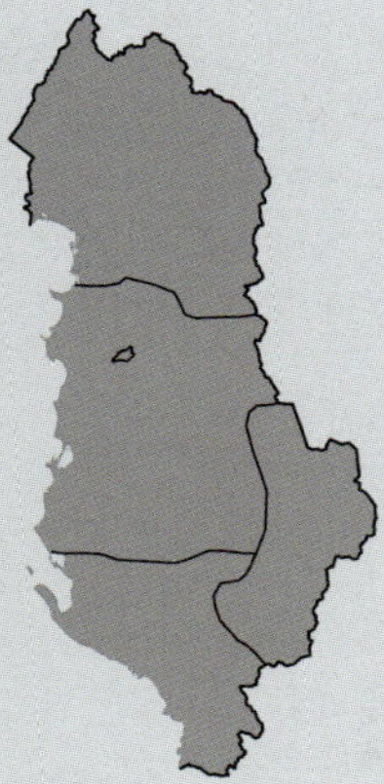

Tiranë

Freddy`s Hotel B&B
1001 Tiranë, Bardhok Biba 75
www.freddyshostel.com

Hotel Green House
1001 Tiranë, Rruga Variboba 6
www.greenhouse.al

Hotel Lugano
1001 Tiranë, Rruga Mihal Duri 34
Telefon: +355/68/209 87 88

Hotel Sheraton Tirana
1001 Tiranë, Sheshi Italia
www.sheratontiranahotel.com

Sar'Otel Hotel & Spa
1001 Tiranë, Sar'Otel Street
Kostandin Kristoforidhi Nr.1
www.sarotel.com

Sky Hotel
1000 Tiranë,
Rruga Ibrahim Rugova
www.skyhotel-al.com

Vila Fernando Boutique
1001 Tiranë, Rruga Bardhyl 107
www.vilafernando.com

Zentralalbanien

☐ Berat

Hotel and Guesthouse Nasho Vruho
Mangalem Berat,
Xhymyrteka Road
www.berathotelnashovruho.com

Hotel Mangalemi
Berat, Rruga Mihal Komneno
www.mangalemihotel.com

Hotel Rezidenca Desaret
Berat, Rruga Dr. Lluka
www.desaret.com

☐ Durrës

Hotel Bleart
Durrës, Shkëmbi i Kavajës
www.hotelbleart.com

Hotel Lido
Durrës, Rruga A. Goga
Telefon: +355/(0)52/22 79 41

Hotel Nais Beach
Durrës, Rruga Taulantia 67
www.hotelnaisbeach.com

Vila Lule
Durrës, Shetitorja e Plazhit,
Porta e Detit
www.hotelvilalule.com

Vila Verde Beach
Durrës, „Pavarësia" Street,
Plazhi Apollonia
www.vilaverdebeach.com

☐ Elbasan

Hotel Guri
Elbasan, Bulevardi Aqif Pasha,
Lagja Kala
Telefon: +355/(0)69/208 30 89

Hotel Univers
Elbasan, L. Emin Matraxhiu
www.univershotel.eu

Bild: Hotel Mangelemi

Bild: Hotel Panorama

☐ Kavajë

Hotel Camping Mali i Robot
Durrës-Kavajë, Mali i Robit, Golem
www.hotelcampingmr.webs.com

Kamping Pa Emer
Kavajë, Rrakull Karpen
www.kampingpaemer.com

Pishat e Buta
Kavajë-Golem, Rruga Nacionale
www.pishatebuta.com

☐ Krujë

Hotel Grand
Krujë, Rruga Donika Kastrioti
Telefon: +355/(0)511/245 57

Hotel Panorama
Krujë, Rruga Kala
www.hotelpanoramakruje.com

Rooms Emiliano
Krujë, Castle of Kruja
www.roomsemiliano.com

☐ Librazhd

Vila Zeneli
Librazhd, Murash
www.vilazeneli.com

☐ Llixha

Terma Iliria
Llixha
www.termaliliria.com

☐ Nationalpark Dajti

Dajti Park
Dajti, SH54
www.dajtipark.com

Dajti Tower Belvedere
Dajti, SH47
www.dajtiekspres.com

■ Nordalbanien

☐ Bajram Curri

Hotel Halili 1
Bajram Curri, Rruga Ram Sadria
www.hotelhalili1.al

Hotel Vllaznimi
Bajram Curri
Telefon: +355/(0)68/406 49 09

☐ Burrel

Hotel Orkidea
Burrel, Rruga Gjimnazit
www.hotelorkidea.weebly.com

Vila Bruci
Burrel, Rruga Ibrahim Temo 24
Telefon: +355/(0)68/215 99 26

☐ Kukës

Hotel Amerika
Kukës
www.baramerika.com

Bild: Hotel Liss I Uldedaj

Hotel Gjallica
Kukës, Dituria Road
www.hotelgjallica.al

☐ Lezhë

Hotel Kompleksi Sebastiano
Lezhë, Rruga Shaban Arifi
Telefon: +355/(0)68/225 64 06

Hotel Liss
Lezhë, Shëtitorja Gjergj Fishta
www.hotelliss.al

Jolly Hotel
Lezhë, Shëtitorja Gjergj Fishta
Telefon: +355/(0)68/21 52 20 17

☐ Nationalpark Valbona-Tal

Hotel Rilindja
Valbona, Valbona Valley
Telefon: +355/(0)67/301 46 37

Villa Dini
Valbona, Valbona Valley
Telefon: +355/(0)67/323 09 51

☐ Peshkopi

Hotel Korabi
Peshkopi,
Bulevardi Elez Isufi 17
Telefon: +355/(0)68/207 01 07

Hotel Piazza
Peshkopi, Bulevardi Elez Isufi
www.hotelpiazza.al

☐ Pukë

Hotel Turizem
Pukë, Rruga Shteterore 5 prane Liqenit
www.hotel-puka.com

☐ Shëngjin

Hotel Ermiri Palace
Shëngjin, Rruga Shëngjin – Kune
www.ermiripalace.com

Hotel President
Shëngjin, Bulevardi Nënë Tereza
www.hotelpresident.al

☐ Shkodër

Hotel Kaduku
Shkodër, Rruga Sudenti 84/1
www.hotel-kaduku.com

Hotel Tradita G&T
Shkodër, L.Ndoc Mazi,
Rruga Edith Durham, Nr.4
www.hoteltradita.com

Mi casa es tu casa
Shkodër, Bulevardi Skënderbeu
www.micasaestucasa.it

☐ Thethi

Guesthouse Thethi Shpella
Thethi, Kolaj Thethe
Telefon: +355/(0)69/377 48 51

Villa Gjecaj
Thethi, Center Thethi
www.villagjecaj.com

Bild: Villa Gjecaj

☐ Tropojë

Aste Guesthouse
Tropojë
Telefon: +355/(0)68/582 74 45

Guesthouse Hani Kol Gjoni
Tropojë, Rrogam Margegaj
Telefon: +355/(0)69/264 08 36

☐ Velipojë

Aparthotel Vila Tufi
Velipojë, Rruga Nr.1
www.aparthotelvilatufi.com

Hotel Valz
Velipojë, Qendër Rr. Nr.9
www.hotelvalz.com

☐ Vermosh

Guesthouse Frati
Vermosh, Malesi e Madhe
www.guesthouse-frati.weebly.com

■ Südwestalbanien

☐ Borsh

Guesthouse Luiza
Borsh, Rruga Rimi Nane,
Lagja Shkalle
www.houseluiza.com

Hotel Blue Days
Borsh, Rruga Plazhit
www.bluedayshotel.al

Bild: Mi casa es tu casa

☐ Butrint

Hotel Livia
Butrint, Sarandë
www.hotel-livia.com

Vila Marku Soanna
Butrint, Rruga Ksamil Butrint
www.hotevilamarku.webs.com

☐ Dhërmi

Hotel Summer Dream
Dhërmi, Drymardes beach
Telefon: +355/(0)69/248 14 07

Pastarella Summer
Dhërmi
Telefon: +355/(0)69/248 14 07

Royal Blue Hotel
Dhërmi, Dhërmi Beach
www.royalbluehotel.weebly.com

☐ Gjirokastër

Hashorva Guesthouse
Gjirokastër,
Rruga Doktor Vasil Laboviti
Telefon: +355/(0)69/356 20 98

Hotel Gjirokastra
Gjirokastër, Lagjia Partizani,
Rruga Shezai Como
Telefon: +355/(0)68/409 96 69

Hotel Kalemi
Gjirokastër, Lagjia Palorto
www.hotelkalemi.tripod.com

Kotoni House
Gjirokastër, Lagjia Palorto No. 8/
Rruga B. Kokona
www.kotonihouse.com

☐ Himarë

Himara Hostel
Himarë, SH 8
www.himarahostel.com

Hotel Likoka
Himarë, Potam
Telefon: +355/(0)69/221 14 84

Rapo's Resort Hotel
Himarë, SH 8
www.raposresorthotel.com

☐ Libohovë

Hotel Libohova
Libohovë, City centre
Telefon: +355/(0)69/546 46 05

☐ Lukovë

Hotel Palace Lukova
Lukovë, SH 8
www.hotelpalacelukova.eu

Vila Kafe
Lukovë
Telefon: +355/(0)69/135 84 62

☐ Nationalpark Llogara

Llogara Tourist Village
Dhërmi, Llogara National Park
www.llogora.com

☐ Orikum

Blue Paradise Hotel
Orikum, Rruga Pashaliman S/N
Telefon: +39/(0)67/535 46 29

☐ Porto Palermo

Agavia Village
Porto Palermo, SH 8
www.ecoturist.com

☐ Radhimë

Hotel Regina
Radhimë, SH 8
www.hotelregina.al

Bild: Hotel Regina

Bild: Hotel Kaonia

Paradise Beach Hotel
Radhimë, SH 8
www.paradisebeachhotel.al

☐ Sarandë

Harmony Hotel
Sarandë, Kanali i Cukes
Telefon: +355/(0)68/900 21 17

Hotel Kaonia
Sarandë, Rruga Jonianet
Telefon: +355/(0)85/22 26 00

Porto Eda
Sarandë, Rruga Jonianet
www.portoeda.com

Backpackers SR
Sarandë,
Rruga Mithat Hoxha Nr. 10
www.backpackerssr.hostel.com

☐ Tepelenë

Hotel Olindi
Tepelenë, Rruga Ali Pashe
Telefon: +355/(0)81/423 68

☐ Vlorë

Hotel Bologna
Vlorë, Rruga Çamëria
Telefon: +355/(0)33/20 36 76

Hotel Vlora International
Vlorë, Skele
www.vlora-international.com

Hotel Liro
Vlorë, Rruga Aleksandër Moisiu
www.hotel-liro.com

Gold Hotel
Vlorë, Uji I Ftohte
Telefon: +355/(0)33/40 67 06

■ Südostalbanien

□ Dardhë

Hotel Alpin Dardha
Dardhë
www.hoteldardha.com

□ Ersekë

Hotel Devi
Ersekë, Rruga Nacionale
www.hotel-devi.com

□ Gozhdarazhdë

Farma Sotira
Gozhdarazhdë,
Rruga Leskovik-Erseke
Km 15, SH75
www.farmasotira.com

□ Korcë

Guesthouse Bujtina Leon
Korcë, Rruga Shpresa Palla Nr. 14
Telefon: +355/(0)822/564 05

Hotel Gold
Korcë, Rruga Kico Golniku, Nr. 5
www.hotelgoldkorce.com

Hotel Regency
Korcë, Ismail Qemali, Nr. 7
www.hotelregencyalbania.com

Life Gallery Hotel
Korcë, Boulevard Republika Nr. 24
www.lifegallery.al

□ Lin

Guesthouse Lin
Lin, SH 87
Telefon: +355/(0)68/235 38 52

□ Përmet

Hotel Alvero
Përmet, Përmet City Center
Telefon: +355/(0)68/208 13 34

Hotel Ana
Përmet, Lagja Kongresi
www.hotelana.eu

□ Pogradec

Hotel Enkelena
Pogradec, Rruga Reshit Collaku
www.enkelanahotel.com

Hotel Perla
Pogradec, Rruga 10
Deshmoret e Pojskes
Telefon: +355/(0)68/209 01 06

Hotel Pogradeci
Pogradec, Rruga 10
Deshmoret e Pojskes
www.hotelpogradeci.com

Hotel Victoria
Pogradec, Memelisht, Pogradec E86
www.hotelvictoria.weebly.com

Bild: Hotel Akademia

□ Voskopoje

Hotel Akademia
Voskopoje, Voskopoje Korce
www.hotelakademia.al

Vila Falo
Voskopoje, Rruga Gjergj Simon Sina
Telefon: +355/(0)68/336 94 36

Spezielle Aussprache

ç	wie **tsch**echiesch
dh	wie in englisch **th**is
ë	wie **ö**, oft kaum hörbar
gj	wie „dj" in italienisch buon **gi**orno
q	wie Ma**tj**es
rr	auf der Zunge gerolltes r
sh	wie in **Sch**ule
th	wie in englisch **th**ink
xh	wie **Dsch**ungel
y	wie **Ü**bung
z	wie **S**ilber

Besonderheiten

Sehr oft trifft man bei Ortsnamen auf unterschiedliche Schreibweisen, etwa Tirana oder Tiranë, da sowohl eine bestimmte als auch eine unbestimmte Form in Gebrauch ist. Eine weitere Besonderheit bei der Kommunikation ist das Heben des Kopfes, wenn der Sprecher eine Aussage verneinen möchte, was für uns natürlich sehr ungewöhnlich ist.

Worte und Phrasen

Allgemeines

ja	po
nein	jo
bitte	ju lutem
danke	faleminderit
Was?	ç?
Willkommen	mirëserdhët
Es freut mich.	gëzohem
Guten Morgen	mirë mëngjes
Guten Tag	mirë dita
Guten Abend	mirë mrama
Gute Nacht	natën e mirë
Hallo	tung | ç'kemi
Auf Wiedersehen	mirupafshim
Entschuldigung	më falni
Wie geht es Ihnen?	Si jeni?
Gut	mirë
Wie heißen Sie?	Si ju quajnë?
Ich heiße	Emri im ... .

Woher kommen Sie?
Nga jeni?

Ich komme aus Österreich.
Jam nga Austri.

Sprechen Sie deutsch | englisch?
A flisni gjermanisht | anglisht?

Ich spreche nicht albanisch.
Unë nuk flas shqip.

Ich verstehe Sie nicht.
Nuk kuptoj.

Orientierung

hier	këtu
dort	atje
links	majtas
rechts	djathtas
geradeaus	drejt
nah	afër
weit	larg
hinauf | oben	sipër
hinunter | unten	poshtë
Eingang	hyrja
Ausgang	dalja
Norden	veri
Süden	jug
Osten	lindje
Westen	perendim
Wo ist ... ?	Ku është ... ?

Geographische Ausdrücke

Touristen-informationen	informacjon per turista
Parkplatz	parking
Platz	sheshi
Straße	rruga
Autobahn	autostradë
Brücke	urë
Stadt	qytet
Dorf	fshat
Museum	muzeu
Moschee	xhamia
Kirche	kisha
Kloster	manastir
Burg	kalaja
Denkmal	monument
Garten | Park	kopsht | park
Wald	pyll

Fluss	lumi
Teich I See	liqeni
Wasserfall	ujëvarë
Strand	plazh

☐ Unterwegs

Führerschein	patenta e shoferit
Reisepass	pasaporte
Auto	makinë
Tankstelle	stacion benzine
Werkstatt	garage
Bus	autobus
Minibus	furgon
Busbahnhof	stacioni i autobus
Zug	tren
Bahnhof	stacioni i trenit
Flughafen	aeroport
Fähre	traget
Hafen	port I limani
Taxi	taksi
Abfahrt	nisja
Ankunft	mbërritja
Fahrkarte	biletë
einfach	vajtja
mit Rückfahrt	vajtja e ardhja

Ich möchte eine Fahrkarte nach ... .
Dua te ble biletë per ... .

Wann fährt der Zug nach ...?
Kur niset treni tjetër për në ... ?

☐ Zeitangaben

heute	sot
morgen	nesër
gestern	dje
Montag	e hënë
Dienstag	e martë
Mittwoch	e mërkurë
Donnerstag	e enjte
Freitag	e premte
Samstag	e shtunë
Sonntag	e diel
jetzt	tani tashi
später	pastaj
Wann?	Kur?

☐ Unterkunft

Hotel	hotel
Campingplatz	kamp
Bett	krevat
Einbettzimmer	dhomë njëshe
Doppelzimmer	dhomë per dy
Dusche	dush
Toilette	tualet
Handtuch	peshqir
Gepäck	bagazhi

Haben Sie ein Zimmer frei?
A keni një dhomë e lire?

Wieviel kostet es pro Tag?
Sa kushton për ditë?

Ist das Frühstück inkludiert?
E përfshihet mëngjesi?

Ich habe eine Reservierung.
Une kam rezervuar.

... funktioniert nicht.
... nuk punon.

☐ Post und Bank

Post	postë
Briefmarke	pullë
Postkarte	kartolinë
Brief	letër
Paket	paketë
Telefon	telefon
Bank	bankë
Geld wechseln	të ndryshojë para

☐ Einkaufen

Geschäft	dyqani
Supermarkt	supermarket
Markt	treg
geöffnet	hapur
geschlossen	mbyllur
groß	i I e madh
klein	i I e vogël
teuer	i I e shtrentjë
günstig	i I e lirë
kostenlos	falas

Ich möchte gerne ... .
Dua të blej ... .

Haben Sie ... ? A keni ... ?

Wie viel kostet das?
Sa kushton kjo?

Akzeptieren Sie Kreditkarten?
A mund të paguaj me kartë?

☐ Restaurant

Restaurant	restorant
Kaffeehaus	kafe
Kellner(in)	kamerieri
Speisekarte	menu

Frühstück	mëngjës
Mittagessen	drekë
Abendessen	darkë
Vorspeise	meze
Hauptspeise	pjatë kryesore
Nachspeise	embelsirë | buding
Glas	gotë
Flasche	shishe
Messer	thikë
Gabel	pirun
Löffel	lugë
Zahlen bitte!	Do të paguaj!

☐ Speisen und Getränke

heiß	nxehtë
kalt	ftohtë
süß	ëmbël
sauer	lagësht
scharf	ashpër
gekocht	të ziera
gebraten	i fërguar
gegrillt	zgare
frittiert	të skuqura
Wasser	ujë
Limonade	limonadë
Saft	lëng
Milch	qumësht
Tee	çaj
Kaffee	kafe
Bier	birrë
Wein	verë
Rotwein	verë e kuqe
Weißwein	verë e bardhë
Brot	bukë
Butter	gjalpë
Käse	djathë
Ei	vezë
Salz	kripë
Pfeffer	piper
Zucker	sheqer
Suppe	supë
Salat	sallatë
Fisch	peshk
Meeresfrüchte	fruta deti
Fleisch	mish
Huhn	pulë
Schweinefleisch	derri
Rindfleisch	lope
Lammfleisch	mish qengji
Wurst	sallam
Erdäpfel	patate
Reis	oriz
Gemüse	zarzavatet
Obst	fruta
Kuchen	tortë
Eis	akullorë

☐ Zahlen

eins	një
zwei	dy
drei	tri
vier	katër
fünf	pesë
sechs	ghjashtë
sieben	shtatë
acht	tetë
neun	nëntë
zehn	dhjetë
elf	njëmbëdhjetë
zwölf	dymbëdhjetë
dreizehn	trembëdhjetë
vierzehn	katërmbëdhjetë
fünfzehn	pesëmbëdhjetë
sechzehn	gjashtëmbëdhjetë
siebzehn	shtatëmbëdhjetë
achtzehn	tetëmbëdhjetë
neunzehn	nëntëmbëdhjetë
zwanzig	njëzet
einundzwanzig	njëzet e një
zweiundzwanzig	njëzet e dy
dreißig	tridhjetë
vierzig	dyzetë
fünfzig	pesëdhjetë
sechzig	gjashtëdhjetë
siebzig	shtatëdhjetë
achtzig	tetëdhjetë
neunzig	nëntëdhjetë
hundert	njëqind
hunderteins	njëqind e një
tausend	mijë

☐ Notfall

Apotheke	farmacia
Arzt	mjek
Krankenhaus	spitali
Polizei	polici
Hilfe!	Ndihmë!
Stop!	Ndal!

Ich brauche einen Arzt | Zahnarzt.
Kam nevojë për një mjek | dentist.

Im folgenden Index sind alle Sehenswürdigkeiten sowie die Kultur- und Veranstaltungstipps angeführt. Die angegebene Seitenzahl bezieht sich jeweils auf jene Stelle, wo der relevanteste Bezug gegeben ist.

D

E

F

G

L

Q

R

U

V

W

Graphik, Bildbearbeitung und Texte: Ing. Petra Binder
Bildrecherche und Lektorat: Melanie Grotter
basierend auf einem Konzept von Josef Hora